웹시대의 지성

21세기의 새로운 지성, 어떻게 말할 것인가?

이원희 지음

말·글빛냄

우리는 지금 커뮤니케이션의 새로운 세계인 인터넷 은하계에 진입했다. 엄지 클릭 몇 번만으로 너무도 쉽게 내 생각을 전 세계에 알릴 수 있게 된 지금, 때때로 과도하고 무책임한 헛소문으로 대중을 공포에 빠뜨리는 '정보의 바다' 인터넷을 '말의 진창'으로 만들 것인가, '말의 성찬'으로 만들 것인가?

웹시대의 지성

웹의 등장

전문가들은 1990년대를 인터넷 혁명기라고 한다.[1] 인터넷이라는 뛰어난 연결고리가 비로소 실생활에 스며든 시대였다. 많은 사람들이 웹 브라우저를 수용하여 더 넓은 망을 이용하기 시작했고,[2] 인터넷은 1960년대부터 시작된 정보혁명에 가장 효과적이고 효율적으로 기여했다.

그 연결망은 매우 촘촘하고 방대하다. 그래서 어느 누구의 일관된 통제 아래 놓이지 않았다. 인터넷은 국경을 쉽사리 넘나들었고, 거기에 많은 관점과 문화가 녹아들었다. 웹에는 모든 게 있을 것 같았다. 다만 모든 지식이 있을 것 같기 때문에 인터넷이 대단한 것은 아니다.

실제로 인터넷에서 제대로 유통되지 않거나 쓸모없는 정보도 많다.

그럼에도 "뭔가 표현하면 반드시 그것을 필요로 하는 누군가에게 전달된다"는 희망이 생긴다는 데서 분명 놀라웠다.[3] 예컨대 2003년 4월 네티즌들은 의미 있는 방백을 발견했다. 살람 팍스라는 이라크 청년이 자신의 사이트인 〈Where is Raed?〉에서 바그다드의 상황을 기록으로 알렸다. 그의 방백은 이라크전쟁 상황을 궁금해 하던 전 세계인들에게 소중한 소식이었다. 누군가 봐주길 바라면서 사적으로 적었던 글이 전 세계로 퍼졌다. 블로그의 위력을 실감하는 사건이었다.[4]

블로그와 같은 사이버 매체는 서서히 힘을 얻고 있다. 블로그말고도 미니홈피가 있다. 또 최근에는 마이크로 블로그라고 해서 단문 위주의 기록을 남기는 변형 블로그도 생겼다. 개인 홈페이지도 있다. 실패한 유형 중에는 플래닛도 있었다.[5] 이처럼 포털사이트들은 다양한 상품을 내놓으며 네티즌을 유혹한다.

블로그를 잘 다루는 사람 중에서 파워블로거들도 태어난다. 그들은 블로그만으로 돈을 벌기도 하고 그것을 바탕에 두고 책을 써서 베스트셀러 작가가 되기도 한다. 전문성을 지향하며 칼럼 등과 같이 양질의 정보를 제공한다. 또한 포털사이트에서는 '전문 블로거'가 탄생할 수 있도록 지원책을 마련하기도 한다. 그들이 양질의 정보를 생산해

주기 때문이다. 물론 아직 이것이 대세가 되지는 않았다.

사실 여전히 수준 낮은 정보, 잘못된 정보가 판을 치는 곳이 인터넷이며 블로그다. 이를 비판적으로 보는 이들은 '아마추어리즘의 확산'을 경계한다. 인터넷에 넘치는 말을 우려하기도 한다.**6** '말의 성찬'이 반드시 진리로 다가가게 해주는 것은 아니다. 때때로 과도하고 무책임한 헛소문으로 대중을 공포에 빠뜨린다. 그래서 '정보의 바다'를 '말의 진창'이라고 폄하할 수도 있다.

그러나 나는 '지나친 것이 모자람만 못하다'는 격언을 현실사회와 보통사람들에게 적용하기 힘들다고 느낀다. 물론 말을 아끼는 자세는 중요하다. 당연히 적절한 말과 행동이 가장 바람직하다. 말을 적극적으로 개진하려면 근거를 대야하고 오래 숙고해야 한다. 굳이 따지자면 과유불급은 성인과 군자의 논리다. 노력해야 할 덕목이긴 하다.

그런데 이것을 현실에 적용하면 얘기가 조금 달라진다. 현실에는 언제나 정보를 만들거나 통제하는 축이 있고, 이미 만든 정보를 수동적으로 받는 축이 있다. 결국 제한된 정보를 공유해야 하는 사람들은 적극적으로 '말'을 해야 한다.

다만 그 말들을 과신해서는 안 될 것이다. 분명 인터넷을 떠도는 말은 허술한 경우가 많다. 오류가 있거나 완전히 오답일 경우도 있다. 무책임하게 과격하거나 허무맹랑한 공상에 불과한 것도 있다. 근거

없는 소문을 바탕에 두고, 만나본 적도 없는 사람을 손쉽게 비난하기도 한다.[7]

그럼에도 그 말을 철저히 외면할 수는 없다. 어차피 모든 대화나 정보는 완벽하게 확실하지 않다. 물론 상대적으로 인터넷의 정보들은 더 불확실하다. 신속하게 올라오는 정보 그리고 그것을 다루는 자의 비전문성이 결합해 오류 가능성은 높아진다.

그러나 우리는 '언제든 그것을 수정할 수 있다'는 희망마저 포기할 수는 없다. 사실 인터넷 정보들이 문제가 되는 원인은 자꾸 그것을 확정적인 진실로 받아들이는 데 있다. 만일 그 정보가 언제든 수정될 수 있는 잠재적 진실이라고만 여기더라도 우리는 '넘치는 말'을 긍정적으로 이용할 수 있을 것이다. 그때 우리는 확실해 보이는 모든 것을 회의하고, '단언'하기를 유보하며, 수없이 다양하게 펼쳐질 수 있는 예상사례와 과정을 검토하여 다음을 대비할 수 있다.

물론 "워드프로세서가 보급됐다고 해서 모두가 일류 작가가 되는 것은 아니듯" 인터넷이 모든 걸 해결해줄 수는 없다. 우리는 단지 꿈을 꾸어볼 수는 있었다. 무수한 사람들이 현실에 매몰되어 꿈과 취향을 잊고 산다. 이때 참여의 벽이 낮아진 인터넷 공간에서 비슷한 관심사를 지닌 사람들을 만난다면 어떨까. 이제 자신이 뭔가를 표현했을 때 전달하지 못할까봐 걱정하는 때는 지났다. 오히려 뭔가를 표현했을 때 반드시 그것을 필요로 하는 누군가에게 전달할 수 있다고 믿는다.[8] 이러한 변화 덕에 사람들은 더 구체적으로 소통하길 원했다. 그들은 자신의 작은 재능을 활용하여 다양한 창작을 할 수 있었다. 함께 뭔가를 도모할 수 있게 된 것이다![9]

마뉴엘 카스텔에 따르면, 우리는 이제 커뮤니케이션의 새로운 세계인 인터넷 은하계에 진입했다. 과도기를 거쳐 2000년대가 끝나갈 무렵 그 세계가 폭발했다. 인터넷 인구가 월드 와이드 웹의 사용이 확산되기 시작한 첫 해인 1995년 말 1,600만 명에서 2010년에는 20억 명에 근접할 것으로 예상됐다.[10] 한국 역시 2002년 10월 기준으로 1,000만 가구가 초고속 인터넷에 가입했다. 전체 가구의 70%에 이르는 수치다. 이는 캐나다의 약 2배, 미국의 약 4배, 일본의 약 8배에 달한다.[11]

물론 웹이 등장했다고 새로운 기술혁신이나 지식혁명이 일어난 것은 아니다.[12] 다만 사람들은 웹에 있는 수많은 정보를 이용할 수 있었다. 또한 여러 사람들과 연대하여 새로운 시대를 맞을 수 있다는 '아직은 불투명한' 미래를 기대했다. 그것이 중요했다.

CONTENTS

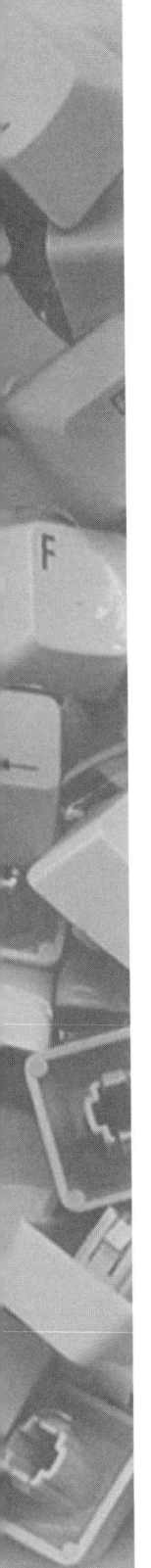

Chapter 1 프로앰 – 프로같은 아마추어

1. 프로앰 - 프로같은 아마추어

인터넷에 정보가 쏟아지면서 사람들은 더 많이 사이버세상으로 유입됐다. 정보를 간편하고 방대하게 수집할 수 있게 되면서 사람들은 예전보다 많은 것을 알게 되었다. 이제 그들에게 전문가들은 그 직함만으로는 위압적인 권위를 행사할 수 없다.

그렇다고 모두가 탁월하게 똑똑해져 전문가 수준으로 의견을 낸다는 뜻은 아니다. 그들은 여전히 정보를 단순하게 소비하고 배설한다. 그 정보를 활용한다기보다는 그것을 설명하고 분류하며 추천해줄 또다른 전문가를 기다리는 경우도 많다. 정보 생산의 임무가 네티즌 모두에게 광범위하게 퍼진 것처럼 묘사하면서 인터넷의 미래에는 오로지 청사진만이 있다고 말할지도 모르겠다. 하지만 기실 "야후 블로그의 90% 정도가 휴면 블로그였고, 엠파스 블로그의 98% 정도가 일주일 평균 하나의 글도 올라오지 않았다(2006년 5월 기준)."[13]

물론 당시 국내에서는 블로그의 매력이 떨어졌는지 몰라도 검색자의 능력에 따라 블로그 정보를 이용할 수 있는 범위는 세계로 확대될 수 있었다. 게다가 언제나 매체를 잘 이용하는 사람보다는 그렇지 못하는 사람이 많다. 말하자면 블로그가 활성화되지 않은 부분을 확대 해석할 필요는 없었다. 그보다는 '얼마나 되는 이들이 매체를 잘 활용하며 그들의 활동이 네티즌에게 얼마큼 영향을 주는지'가 궁금했다.

시간이 흐르면서 블로그는 늘어났다. 정보의 양이 자연히 늘면서 실력 있는 블로거들이 눈에 띄었다. 블로거들이 블로그를 사용하면서 정보를 검색·분석·활용하는 능력이 향상했는지, 원래 정보력이 뛰어난 사람들이 뒤늦게 블로그를 사용하기 시작하면서 인터넷의 정보 환경이 개선되었는지는 알 수 없다.

어쨌든 나는 블로그 정보가 질적으로나 양적으로 좋아졌다고 느낀다. 요즘엔 전문가와 버금가는 아마추어라는 용어로 '프로앰'이라는 표현이 심심치 않게 거론된다.[14] 혹자는 파워 블로거라고도 하고, 전문 블로거라고도 했다. 블로그 저널리스트라는 표현도 있다. 이들은 대개 일반사용자보다는 탁월한 역량을 지녔다. 인기 블로그를 운영하면서 자신의 가치나 관심사를 적극적으로 드러낸다. 취미만으로도 블로거로서 성공하는 사례도 제법 생겼다.[15]

이런 일은 미니홈피나 마이크로 블로그라는 사이버 매체에서는 일어나기 힘들다. 미니홈피나 마이크로 블로그에서는 사교적이고 단편적인 교류에 역점을 두다보니, 정교한 정보를 생산하기에는 취약한 면이 있다. 물론 기존 오프라인에서 명성을 얻은 사람이 이러한 매체를 이용할 때 효과적이고도 효율적으로 네티즌과 교류할 수 있다.

그렇다고 블로그가 최고의 사이버 매체라고 할 수는 없다. 블로거들은 자신의 주소에 근거지를 두었지만, 블로거들의 마을을 강력한 연대의 주거지라고 단정할 수 없다. 오히려 오프라인을 중심으로 온라인 커뮤니티를 활용할 때 생산성이 더 높은 경우가 많다.

물론 나는 블로그가 개인성과 상호성, 심지어 연대성까지 아우를 수 있는 매력적인 인터넷 매체라는 점을 인정한다. 그 때문에 블로거들을 대표적으로 거론했다. 다만 이 장에서는 여기서는 파워 블로거나 전문 블로거라는 표현만으로 프로앰의 움직임을 아우를 수 없다고 판단한다. 사실 프로앰은 다양한 방면에 걸쳐있다. 블로거로 성공하는가 하면, 카페의 한 구성원으로 활동하여 두각을 나타내기도 한다. 그런가하면 여러 매체를 넘나든다. 그들은 전문가들에 버금가는 실력을 갖추고, 인터넷 환경에 긍정적으로 기여한다.

이러한 프로앰은 세 가지 유형으로 분류될 수 있다.

첫째, 순수하게 온라인에서 출발하여 두각을 나타낸 부류요,

둘째, 오프라인에서 이미 실력을 갖추고 온라인에 진입한 프로앰이다.

셋째는, 집단창작을 하는 프로앰 무리를 한데 묶은 소위 집단지성을 들 수 있다.

(가칭) 순수 온라인 프로앰은 보통 블로그를 운영하여 유명해진다. 그들은 가치관이나 관점을 명확히 하여 그에 맞춰 잡탕으로 정보를 수집 분석 가공한다. 또는 전공분야를 선택하여 정보를 생산한다. 예컨대 블로그 저널리즘을 표방하는 프로앰은 전자요, 경제 분야를 집

중적으로 분석 비평하는 프로앰은 후자다. 그들은 출판까지 하여 오프라인에서도 명성을 얻곤 한다.

초기 블로그 시대에 그들은 문자 위주로 정보를 만들었다. 지금도 문자는 프로앰들에게 중요한 표현수단이다. 아마추어 비평가들은 아고라나 카페에서 활동하며, 글로 생각을 효과적으로 밝힌다.

블로그 기능이 향상하면서, 순수한 온라인 프로앰들은 정보를 가공할 때 글·이미지(그림, 사진, 움짤 등)·음원·동영상 등을 이용했다. 이러한 표현수단의 확장 덕분에 글을 심오하게 쓸 수 있는 것은 아니지만, 생각을 더 다양하게 표현할 수 있다.

온라인 프로앰들이 가공 생산하는 정보들은 그 나름대로 독자적인 가치를 지녔다. 블로그에 내어놓는 칼럼이나 분석기사는 그들에게 하나의 작품과도 같았다.[16] 혹은 박람회장을 연상시킬 정도로 방대한 정보의 출처를 체계적으로 링크해놓은 블로그도 있다. 이들의 블로그와 그 데이터베이스 자체가 중요한 가치를 띤다. 그것이 두 번째 유형인 오프라인 프로앰의 정보와 비교할 때 결정적으로 달랐다.

오프라인에서 이미 실력을 쌓은 후 블로그를 활용하기 시작한 프로앰들은 그들이 이룬 성과를 블로그를 통해 알리는 데 주력했다. 그들 역시 글, 이미지(그림·사진·움짤 등), 음원, 동영상을 이용했지만 블로그의 정보 자체가 그들에게 본질적인 것은 아니다. 예컨대 어린 나이에 천재적인 기타 실력을 뽐내는 프로앰이 자기 연주를 동영상으로 찍어서 올릴 수 있다. 그 동영상 자체는 작품이라 하기는 힘들다. 대개는 작품을 만드는 과정을 담고 있는 단순기록물이라 해야겠다. 전문 요리사에 버금가는 실력을 지닌 프로앰이 요리정보를 올릴 수도 있다. 그 정보로 블로거의 실력을 알 수 있다. 이때 그 블로거는 글과 이미지로 요리 정보를 만든다. 이들에게 글 자체의 질적 수준은 부차적이다.

마지막으로 집단창작의 프로앰을 들 수 있다. 흔히 이들은 집단지성이라는 용어로 불린다. 사실 이 표현은 집단창작에 참여하는 모든 프로앰, 심지어 일반 네티즌까지 아우를 수 있다. 이들은 특정 집단이 아니다. 그래서 모호하다. 그들은 집단 자체보다는 어떤 집적물을 설명하면서 파생하는 개념 같다. 예컨대 위키피디아*는 집단지성의 힘이다. 그것은 오류가 많다고 비판받거나 의외로 높은 완성도를 갖추고 있어 집단지성의 가능성을 대변하기도 한다.[17] 위키피디아는 구체적으로 자주 접할 수 있지만, 집단지성을 구체적으로 꼽으라면 난감하다. 그런가하면 반골기질을 지닌 기술 엘리트나 프로앰도 힘을 합쳐 오픈 소스 운동을 펼쳤다. 그들은 집단지성의 기술적인 축을 담당하고 있다. 기술적인 면에서 리눅스는 인문학적인 성과물인 위키피디아와 함께 자주 거론된다.

집단지성의 유형은 팀블로그나 블로그 커뮤니티, 카페 등을 중심으로 교류한다. 이를 통해 구체적으로 자신들의 성과를 집적한다. 반대

---

* 집단지성이 구축한 온라인 백과사전

로 각자가 희미한 연대의식만을 지닌 채 자료를 자유롭게 공유하여 자율적인 성과물을 만들어내기도 했다.[18]

그러나 늘 '개방'과 '공유'와 '참여'의 열망은 저작권 윤리와 충돌했다.[19] 떠돌아다니는 정보를 자유롭게 쓸 수 없는 상황에서 폭넓게 공유하여 새로운 집적물을 만들어낼 수는 없었다. 글에도, 사진에도, 그림에도, 동영상에도 누군가의 권리가 따라붙었다. 이것이 무조건 나쁘다는 의미는 아니다. 다만 아마추어들은 주로 기존 정보에 의존한다. 그런데 이것을 자꾸 가로막는 제도적 장벽이 있을 때 공격적인 2차 창작 등이 어려워진다. 그것은 때때로 저급한 것으로 낙인찍힌다.

저작권에 대해 위 세 유형의 프로앰들 역시 무관할 수 없다. 적어도 제대로 된 프로앰이 되려면 저작권을 주장할 수 있을 만큼 독창적이어야 한다. 또는 저작권 소송을 휘말리지 않을 수 있도록 개별적이어야 한다. 그러한 프로앰들 중에서 상업적 잠재력을 인정받은 이들이 최근 다양한 방식으로 기업이나 포털사이트와 제휴한다. 파워블로거들이 생겨나면서 균질적이고 안정된 정보를 제공하고 이 정보에 광고를 붙인다. 혹은 블로거가 포털사이트나 기업에서 정보 연재비를 받는 등 '실험적인' 모색을 지속한다. 자율적인 정보 생산자는 산업의 굴레로 편입되고 있다. 이는 체제에서 자유로운 정보 생산을 기대할 수 없게 한다. 반면 경제생활이 안정되어 정보를 지속적으로 생산하도록 해준다. 이 가운데 새롭고도 뛰어난 프로앰이 탄생할 것이라 예측해볼 수도 있다.

이러한 현상을 비판하든, 긍정하든 일단 프로앰 자체의 자질을 향상하는 것이 중요하다. 그들이 기존 전문가들을 어설프게 흉내 내는 것에 그친다면, 결국 프로앰이라는 존재는 한계를 지닐 수밖에 없다. 아무래도 그들보다는 전문가들이 나아 보인다. 나라면 수십 년간 한 분야에서 매진한 엘리트 지성을 신뢰하겠다. 인터넷이 더 활성화된다면 결국 엘리트 지성 역시 블로거로 활동할 것이다. 그러면 더 고급한 오프라인 정보들이 온라인에 제공될 것이다.

그렇기에 프로앰은 가장 자기다우면서 정보로서 경쟁력을 지니는 자료를 만들려고 노력해야 한다. 예를 들어, "단순히 아날로그 글쓰기를 그대로 디지털로 옮겨오는 것은 디지털의 가능성을 모독한 처사일 것이다."[20] 또한 단순히 브리태니커와 위키피디아의 오류율이 비슷하다는 것으로 집단지성의 가치를 증명했다는 생각도 버려야 한다. 진짜 경쟁력 있는 가치를 만들어내지 못하면 프로앰의 성과는 한낱 장식품에 지나지 않을 것이다. 있으면 좋고 없어도 상관없는 건 좀 슬프다.

1-1.

기울어진 정보

더 나은 프로앰이 되기 위해 우선 모든 정보 앞에 평등해야 한다. 원칙적으로는 그렇다. 인터넷의 방대한 정보에 공평하게 노출될수록 좋다. 다다익선이다. 질도 양을 채운 다음에야 높아질 수 있다. 물론 정보의 질적 수준을 차치하고서라도 우리는 수많은 정보를 인터넷에서 얻을 수 있다. 실생활에 영향을 크게 줄 정도다.

그럼에도 많은 이들이 여전히 '정보 불평등'이라는 용어를 고민한다. 전체를 조망하지 않더라도 당장에 '프로앰'이라는 표현은 소수의 성공한 아마추어에게 초점이 맞추어져있다. 그들은 여전히 그리 많지 않다. 그 때문에 역설적으로 상품성을 지닌다고도 설명할 수 있다. 프로앰이라는 말에는 평범할 줄 알았던 '아마추어가 프로답다'는 의외성이 묻어있다. 사실 여전히 정보를 제대로 활용할 수 없는 일반적인 아마추어들이 많다. '정보 불평등' 현상을 개선하는 것은 아마추어의 수준이 골고루 상향하는 데 중요하다. 그래야 더 많은 프로앰이 등장할 것이다.

수용자에게 정보 불평등은 중요한 화두다. 그러나 나는 정보 불평등이라는 용어를 불필요하게 느낄 만큼 그것을 잘 모른다. 대체 정보 불평등이라는 현상은 실제로 있긴 한 건가? 그것은 보이지 않는다. 나는 눈에 보이지 않는 것을 감각하기 어렵다. 게다가 그 범위마저 광범위하다. 그런 정보 불평등 현상을 나는 어떻게 인식하고 그 문제를 말하고 있는 것일까?

우선 정보와 인터넷에 관련된 책에서 이 용어가 자주 나온다. 허버트 실러는 이 문제만을 놓고 책을 쓰기도 했다. 또한 '정보 불평등'이라는 검색어를 포털 사이트에 기입했을 때도 수없이 많은 자료가 검색된다. 그 자료를 분류해 정리해보면 다음과 같다.

첫째, 정보 검열이 정보 불평등의 원인이 될 수 있다. 2009년 한국에서도 미디어 검열 문제는 심각하게 비판받는다. 특히 인터넷 검열이 첨예한 사안이었다. 예컨대 e-메일 압수 수색이나 블로그 사찰 등이 민감한 사안으로 떠올랐었다. 카페나 다음 아고라 등에 올렸던 자료가 문제가 되어, 법적으로 처벌되는 사례도 있었다. 그러다보니 네티즌들 사이에서 '사이버 망명'이라며 구글 등 정부의 통제력이 미치지 않는 사이트로 사이버 근거지를 옮기는 경우도 생겼다.[21]

이와 같은 정보 검열은 사생활 보호권과 표현의 자유와 관련 있다. 특히 절차를 무시하거나 법을 폭넓게 해석하여 '적극적으로' 적용했다는 데 문제가 있었다. 권력이 정보검열을 자꾸 하면 네티즌은 스스로를 사전 검열하거나 입을 닫는다.

둘째, 정보 통제는 정보 불평등을 강화한다.[22] 통제되지 않는 인터넷은 수많은 비밀을 비밀이 아니게 해준다. 살람 팍스의 이라크 상황 보도는 기존 미디어가 제대로 수행할 수 없는 부분을 메워주었다. 중국의 천안문 사태 때도 국가 보안이 완전히 유지될 수 없었다. 인터넷 때문이다. 멕시코의 사파스티따 반군은 인터넷에서 자신들의 정치적 신념을 설파한다. 그 덕분에 해외의 많은 지지를 이끌어낼 수 있었다. 그래서 인터넷은 정부의 입장에서 골칫거리일 때가 있다. 권력의 입장에서는 통제하기 힘든 '입'인 셈이다.[23]

그렇다고 통제하려는 노력을 포기하지 않는다. 공식적인 사전검열이나 불법적인 감시, 그도 안 된다면 사후라도 엄격하게 법을 적용하여 차후 생길 수 있는 문제를 봉쇄하려 한다. 정부는 명예훼손이나 허위사실 유포죄 등 엄격하게 법을 적용한다. 금전적인 배상 판결을 내려 네티즌을 압박하고, 불법의 소지가 있는 자료를 지속적으로 삭제한다.

그런가하면 기존 미디어는 인터넷보다 효과적으로 통제될 수 있다. 통제당한 미디어는 때때로 현상에 대해 왜곡하고 심지어 침묵한다. 기관에서 고급 정보를 엄격하게 관리하기도 한다.

정보 민주화는 '얼마나 적확하고 적절한 정보를 원하는 때에 얻을 수 있느냐'가 좌우하기도 한다.

셋째, 정보 상업화는 정보 불평등의 중요한 원인 중 하나다.[24] 자본주의 사회에서 정보는 하나의 중요한 상품일 수 있다. 더구나 정보는 시대의 핵심으로 떠올랐다. 이를 기업이 가만히 놓아둘 리 없다. 심지어 구글·야후 등 인터넷의 유력한 기업들은 인터넷을 크게 나누어 정보 서비스를 하려고도 했다.[25] 즉 구글의 회원이 되어야 구글이 관장하는 정보를 이용할 수 있고, 야후에 자신이 원하는 정보가 있다면 야후에 가입해야 할 것이다. 과거 PC 통신의 개념이 적용되었다고 할 수 있다. 다행히 이러한 분할은 실현되지 않았다.[26]

이외에도 다양한 방식으로 정보는 상품이 되고 있다. 접근 제한되는 많은 고급 정보는 가격이 책정되어 구입해야 할 상품이 된다. 심지어 대학교 리포트까지 각 주제별로 다양한 상품으로 쏟아진다.

또한 저작권이 인터넷 사용자를 압박한다. 과거 저작권 윤리 자체가 제대로 확립되지 않았을 때 많은 정보가 무료로 유통되었다. 이 때문에 많은 문화산업이 위축되기도 했다. 산업적인 면에서 보자면 이는 부정적이었다.

다만 네티즌 입장에서 보면 자유롭게 정보를 이용하면서 정보를 폭넓게 활용할 수 있는 혜택을 누렸다. 단기적으로는 그랬다. 이것이 긍정적인 것인지 부정적인 것인지 간단히 단정할 수 없지만, 어쨌든 정보는 무료로 이용되었다. 많은 이들이 다양한 정보를 자유롭게 소비했다.

이제는 이러한 이용이 쉽지 않다. 저작권 윤리가 강화되면서 그에 반하는 행위는 단속되어야 할 범죄로 인식된다. 불법음원 다운로드

문제로 첨예했던 소리바다나 냅스터 사건도 이미 일단락되었다. 영화 등 동영상 관련한 저작권 문제도 어느 정도 해결됐다. 이제는 많은 정보들이 창작자의 개인 재산이다. 우리는 그것을 창작자가 묵인하거나 허락할 때 사용할 수 있다. 앞으로 위키피디아나 리눅스는 집단지성의 예외적인 사례로 남을지도 모른다. 인터넷의 다수는 이제 '빌리는 자'일 뿐이다. 이는 현실 세계를 옮겨놓은 듯하다. 국가 간의 디지털 양극화 현상도 그렇다. 『지식사회의 신화』에 따르면, 전 세계 인구의 절반은 아직 전화를 걸어본 적이 없다. 인터넷은 말할 것도 없다.[27] 이는 인터넷을 활용할 인터넷 인프라 자체가 구축되지 않았기 때문일 수도 있고, 설령 인프라가 구축되어 있어도 이를 이용하려면 만만찮은 비용을 치러야 하기 때문일 수도 있다. 가난한 나라의 사람들은 인터넷의 위키피디아에서 많은 도움을 받을 수 있다. 공유, 협력하여 만들어진 지식이 '빌리는 자'들의 미래를 위해 쓰일 여지가 있다.[28] 다만 모든 논리가 자본주의에 귀속되는 마당에 이마저 여의치는 않다.

넷째, 정보 격차는 정보 불평등과 관련 있다.[29] 이는 네티즌의 정보 수용력에 따른 표현이다. 당연히 수용자끼리도 공개된 정보를 선별·분석·활용하는 데 수준 차이가 난다. 여기서 정보 격차가 발생한다. 정보량이 많아질수록 정보 민주화가 가까워질 것이라는 주장도 있고, 반대로 정보 격차가 커져 디지털 양극화 현상이 더욱 심해진다는 의견도 있다.[30]

정보를 잘 활용하여 가공하는 측에서는 정보가 많아질수록 더 이롭다. 반면 정보 소화 능력이 떨어지는 측에서는 정보가 많아도 제대로 활용하지 못해 별로 득이 될 게 없다. 그러면 정보량이 많아질수록 양측의 정보력에 점점 더 큰 격차를 보인다고 한다.

즉 정보 검열, 정보 통제, 정보 상업화 그리고 정보 격차는 정보 불평등을 유발하는 네 가지 유형이다. 이처럼 정보 불평등을 나누어보지만, 나는 여전히 정보 불평등을 실감하지 못한다.

나는 숲 안에 있어 숲 전체를 보지 못하는 것일 수도 있다. 그나마 왜곡된 정보라도 있으면, 그 행간을 분석해 문제를 발견하고 숨겨진 의미를 추론해볼 수 있다. 그렇게라도 질 좋은 정보가 우리에게 오지 않는다는 사실을 어렴풋이나마 깨달을 수 있다면 다행이다. 이런 경우는 학문적인 전문지식보다는 시사적이고 정치적인 뉴스를 접할 때 자주 느낀다. 헛소문이 자주 돈다. 헛소문이 많다는 건 신뢰가 그만큼 땅에 떨어져있다는 것을 방증한다. "미디어는 늘 거짓말한다"는 해묵은 불신을 걷어내는 것은 모두가 노력해야 할 일이다.

그럼에도 정작 가장 무서운 것은 침묵이다. 말해야 할 자들이 아무것도 말하지 않을 때 일반인이 알 수 있기란 더더욱 어렵다. 애초에 추론 자체가 불가능해진다. 내가 무엇을 모르는지를 인식하지 못하는데 문제의식이 생길 수 없다.

그래서 나는 관련 분야에서 전문가들이나 기자의 의견을 참고할 수밖에 없다. 그러나 끝내 우리는 그들의 말을 전적으로 믿고만 있을 수는 없다. 누군가의 목소리를 무비판적으로 수용해버리는 습관은 바람직하지 않다. 모든 인용이 결국은 '권위에 호소하는 오류'겠지만, 우리가 모든 부분을 논증할 수 없다는 한계 때문에 부득이 이 오류를 수용할 수밖에 없다.[31] 매번 논증해야 하는 것은 매우 비효율적이다. 또한 우리가 전문가에게 과도하게 의존하는지, 누가 적절한 권위자인지 판별해내는 것 역시 쉽지 않다. 자칫 잘못된 권위자의 목소리에 지나치게 의존할 수 있다.

결국 나는 여러 사람의 의견을 참고하고 이를 섞거나 특정한 견해를 수용하려한다. 그러면서도 어디까지나 '어떤 의견'을 선택하고 있다는 사실을 자각하려한다. 그리고 그 선택마저 언제나 철회할 수 있다는 점 또한 잊지 않을 것이다. 그때야 비로소 나는 균형감각을 지닐 수 있다. 현상에 대한 문제의식과 그 문제의식에 대한 의심, 그 각각에 대해 완전히 단정 짓지 않는 유보적 자세를 지닐 수 있을 것이다. 그때부터 시작할 수 있다.

교과서적인 얘기다. 그러나 그 외 해결책이 많지 않다.

누군가 생산하면 누군가는 수용한다

누군가 물건을 생산하면 누군가 수용한다. 만약 아무도 수용하지 않으면 남은 생산물을 처리하지 못해 문제가 생긴다. 생산물의 양은 수용 정도에 따라 조절된다.

원래 생산할 수 있는 수준에 이르려면 다양한 기초자료를 수용하는 단계가 있기 마련이지만, 이것은 원론적이다. 예컨대 인터넷에서는 좀 다르다. 사람들은 어느 정도 경험이 쌓인 나이에 인터넷을 사용한다. 그 때문에 블로거는 처음부터 (아주 간단하더라도) 정보를 생산할 수 있다. 나는 "문을 열었다"는 문구로 내 블로그를 열었다. 아마도 많은 이들이 간단한 문장을 써내면서 자신의 문을 열었다는 사실을 알렸을 것이다. 지극히 간단해보이지만 가장 솔직담백한 첫 '생산'이다. 생산이라는 표현을 쓰기 민망하겠다. 나는 이 작은 생산 이후 이것저것 정보를 수집하는 데 탐닉했다. 고급지식이라 할 만한 것도 있었고, 효용가치가 낮은 지식도 있었다. 지식이라 하기에도 민망한 자료를 모으는 데도 열을 올렸다. 내 블로그는 잡다한 정보의 좌판으로 변하고 있었다. 그즈음 나는 정보를 나름대로 다듬겠다고 생각했다. 좀 더 보기 좋게 정보를 진열하려 했다. 처음에는 그저 일기나 끼적거렸다. 그러다 정보를 구체적이고도 깔끔하게 수집해놓은 블로그를 모방했다. 조금 더 지나자 내 나름의 블로그를 꾸미기 시작했다. 내게 필요한 정보를 분별해내는 기준을 세울 수 있었다. 이 같은 과정을 많은 아마추어 블로거들도 겪을 것이다. 그들이 자율적으로 즐겁게 생산한 정보는 인터넷에 진열된다.

다만 자율성이 마냥 좋은 것은 아니다. 사실 그러한 정보 중엔 쓸 만한 정보가 적다. 자신만의 이야기를 풀어낼 때 그 일기를 진지하게 봐줄 사람이 몇이나 될까. 또한 아마추어가 다른 사이트에서 복제해 가공한 정보를 유용하게 쓰는 경우는 얼마나 될까.

물론 시간이 흐르면서 좋은 정보가 생기고 이를 바탕에 두고 가공된 쓸 만한 정보가 있다. 검색어를 치고 올라온 자료들은 파생을 거듭하여 다양하다. 그것이 일정 정도 유용한 것은 사실이다. 그러나 거기까지다.

간혹 실력자들이 블로그나 사이트를 운영하면서 고급 정보를 공유한다. 이들 역시 나처럼 블로그를 가꾸면서 시행착오를 겪었다. 여러 정보를 가공하다보니 나름의 체계를 갖춘 것일 수도 있다. 혹은 인터넷에서 희망을 발견한 전문가들이 과감히 공유정신을 실천하는 것일 수도 있다. 그 어느 쪽이든 쓸 만한 정보를 부담 없이 이용할 수 있어서 이런 블로그가 많은 것은 좋다.

이들은 전체적으로 인터넷의 정보 수준을 높여준다. 이들이 많이 포진한 포털사이트의 정보는 수준 높다. 더구나 요즘엔 파워블로거들이 좋은 정보를 안정적으로 생산한다. 포털 사이트 입장에서는 이러한 이들이 오랫동안 블로그를 운영하면 나쁠 것이 없다. 그래서 이들에게 다양한 포상을 할 수 있는 방안을 모색한다. 블로거는 유명해져서 좋고, 포털사이트에서는 양질의 정보를 제공하여 더 많은 네티즌이 들어오도록 유도할 수 있어 좋다. 또한 블로거 간의 연대가 끈끈하면 네티즌들의 포털 사이트에 대한 충성도를 높이고 향후 이탈을 막아줄 수 있다. 더구나 인터넷의 민주성이라는 이상을 실현하는 것처럼 보여 나쁠 것 없다. 우리가 자율적인 주체로서 인터넷의 주역이라는 이상은 듣기에 썩 괜찮다.

그러나 그것은 이상일 뿐일 때가 많다. 집단지성이나 웹지성 등으로 언급되는 모호한 존재를 거론하는 이 순간에도 인터넷은 점점 자본의 논리에 종속되고 있다. 마이크로소프트의 인터넷 익스플로러는 이제 그것밖에 존재하지 않는 것처럼 압도적으로 시장을 장악했다. 그런가하면 전문자료를 '구매'해야 할 때도 있다. 오프라인에서 유입된 수많은 영화, 음악 등 질 높은 자료들은 점점 유료화되고 있다. 함부로 불법 다운로드를 할 수 없도록 법적인 측면, 기술적인 측면도 정비되고 있다.

그동안 자료를 무료로 공유하면서 오프라인에서 해당 산업이 큰 피해를 입었다. 그래서 저작권 관련 법안이 어느 정도 정비되자, 소리바다나 넵스터와 같은 자료 공유 사이트는 많은 저작권 소송에 휘말려 진통을 겪었다. 게다가 전문성을 갖춘 자료 뿐 아니라 다양한 정보를 사고판다. 예를 들어 대학생의 리포트 역시 상품으로 팔린다. 간혹 갓난아기를 사고파는 엽기적인 사건이 벌어진다. 앞서 언급했듯이 구글이나 야후 등 유력한 온라인 기업들이 인터넷의 영역을 분할하는 것을 검토한 적도 있었다. 인터넷에서 자본의 논리는 점점 강해진다.

그나마 원하는 자료를 살 수 있으면 낫다. 사실 사지도 못하는 경우가 많다. 전문가들은 정보 공급 단계나 정보 접근 단계에서부터 정보 불평등이 발생한다고 언급한다.[32] 나는 이를 잘 알지 못한다. 적어도 고급정보를 방대하고 심도 깊게 이용한 적이 없어서 그럴지 모른다. 탁월한 편집가 수준에 오른 프로앰들이라면 이를 겪었을 것이다. 외국의 저명한 사이트나 전문가 집단이 고급 자료를 올리는 사이트에는 아무나 들락날락 할 수 없다. 그들은 오프라인의 연장선상에서 온라인을 이용할 뿐이다. 그들의 자료는 분명 대단히 고급하다. 하지만 인터넷에서 유통되지 않는 한 일반인들이 접근하기 까다롭다.

물론 나는 이를 구체적으로 겪어본 적이 없다고 말했다. 차라리 이보다는 내 수준이 낮아서 유통되는 정보조차 제대로 이용하지 못했다고 해야겠다. 우선 나는 외국어로 구성된 정보를 잘 사용하지 못한다. 번역된 자료가 아니라면 군이 외국 자료들을 이용하지 않는다.

영어로 적힌 자료만 잘 이용해도 우리는 방대한 인터넷의 많은 부분에서 혜택을 얻을 수 있다. 그것을 쓸 만한 정보로 재가공할 수 있을지는 그 다음에 생각해도 된다. 이처럼 정보 격차는 정보이용단계와 정보처리단계에서 주로 나타난다.

또한 나는 기업과 같은 자본주의의 중요한 집단에 영향을 받을 수밖에 없다. 그것은 수용의 성격을 바꾸어버리는 데서 드러난다. 저작권 윤리에서 비도덕적이라 규정된 무조건적 공유 행위는 이미 제한받는다. 이제 "나는 공유한다, 고로 존재한다"는 집단지성의 명제는 "나는 소비한다, 고로 존재한다"로 수정을 강요받는다.

최근 기업들은 인터넷을 '다양한 상품들을 홍보하고 네티즌과 피드백 하는' 소통의 장으로 활용한다. 그들에게 인터넷은 좀 더 많은 제품을 다양한 방식으로 소비자에게 팔 수 있는 장터다. 이때 네티즌은 전문성을 지향하는 '프로앰'이 아니라 제품을 적극적으로 소비하는 '프로슈머'라는 정체성을 권유받는다. 프로앰을 비롯하여 수많은 평범한 블로거들이 '프로슈머' 역할을 한다. '프로앰'은 '프로슈머'의 성격에 반하지 않는 범위 내에서 인터넷의 민주성이라는 환상을 대표하는 수단으로 전락할 수도 있다. 기업의 입장에서 네티즌은 어디까지 소비자다. 약간은 제품 생산에 관여하기까지 하는 적극적인 소비자다.

이제 '알 수 없는 뭔가'가 우리를 정보 공유자라고 천명해주지만, 사실은 정보 소비자여야 한다고 속삭인다. 인터넷 역시 기업의 논리에서 자유로울 수 없다. 정보 상업화는 자본주의 체제의 순리다. 너무도 당연해 보이는 일종의 '진실'이요, '진리'다.

우리는 '알 수 없는 뭔가'의 자비 아래 그것이 허락하는 범위 내에서 적당히 자유롭다. 그러면서 실질적으로는 '소비'를 해야 하는 것일지 모른다. 자본주의 사회에서 수용자는 '소비'를 위해 존재한다. 자본주의적 가치는 모두가 합의하는 무의식의 독재자처럼 보인다.

물론 나는 아직도 많은 자료를 특별히 제재 받지 않고 사용한다. 그러나 상품성이 높아 막대한 이익을 보장하는 정보에 대해서도 그렇게 하기는 힘들다. 당장 상품이 되지 않을 만한 단순 자료나 사진 등만이 복제되어 여기저기 새로운 정보로 가공된다.

인터넷의 오픈소스(copyleft) 운동은 저작권 윤리와는 '대체로' 대치하는 성질을 띤다. 저작권 윤리가 자꾸 강화되면 리눅스나 위키피디아와 같은 결과물은 하나의 전설로만 남을지도 모른다. 그것은 무료로 모든 사람에게 공개되었다. 정보는 여러 사람의 보완을 거쳐 뛰어난 축적물로 거듭났다. 그것은 집단지성의 증거물처럼 보였다. 하지만 집단지성은 일부 창작자의 권리만을 적극적으로 보호할 때 활성화되기가 쉽지 않다.

집단지성의 상징, 위키피디아

위키피디아는 온라인의 무료 백과사전이다. 그것은 네티즌의 대표적인 집단창작물로 손꼽힌다. 그들이 자료를 자유롭게 '공유'하다가 부족한 면을 발견하면 손쉽게 '참여'하여 자료를 수정·보완한다. 그렇게 '협업'한 성과물이 위키피디아다. 이때 참여자들은 수용자이면서 생산자다.

사람들은 위키피디아를 제작하는 작업에 참여했고, 참여하고 있으며, 앞으로도 참여할 것이다. 누구라도 열린 정보를 자유롭게 이용하면서 고쳐야 할 부분을 (다른 자료를 복제하여 참조하면서) 수정할 수 있다. 참여하기 쉽기 때문에 가능하다.

그들은 우연히 자신이 알고 있는 정보를 바탕에 두고, 위키피디아의 내용을 수정하고 보완한다. 불특정한 다수를 거치며 집적물은 반복적으로 수정되어 조금씩 완성도가 높아진다. 위키피디아 정신은 공유·참여·협업하여 모두가 혜택을 보는 윈-윈 정신이다.

이 점에서 위키피디아는 하나의 의미 있는 징조였다. 위키피디아는 "무엇을 소유하느냐 하는 것만큼이나 무엇을 공유하느냐 하는 것"이 중요하다는 점을 일깨워준다. 위키피디아는 그것의 창조자를 선택할 때 권위에 의존하지 않는다. 어떤 면에서 그것은 어떤 권위에도 휘둘리지 않는 진정한 "무정부주의자"의 면모를 띤다. 이제 "대중을 위한 생산이 아니라 대중에 의한 생산"이 이루어진 사회가 도래할 것이라고 자신 있게 천명하고 있는 듯했다.

그러나 위키피디아는 전문성의 측면에서 오류의 가능성을 지적받기도 한다. 그런가하면 세계적인 권위를 얻은 브리태니커 사전과 비교해도 오류율이 거의 차이나지 않는다고도 한다. 이런 가설이 있다.[34] "합리적인 판단을 할 수 있는 집단에서 자유롭게 의견을 개진하여 종합할 때 그 의견은 옳을 가능성이 매우 높다."[35] 물론 가설은 가설일 뿐이다.

사실 우리는 여전히 지은이의 학력이나 여러 경력 사항을 참조하곤 한다. 글로만 판단하기에 우리는 모든 분야를 적절하게 판단하기 힘들다. 그렇다면 지은이의 신뢰도를 글만 가지고 짐작하기 매우 어렵다. 결국 그런 경우 사회의 객관적 조건을 참조할 수밖에 없다. 설령 한 지식인이 자기 전공분야가 아닌 시사적인 쟁점에 발언하더라도, 우리는 그가 그동안 쌓아온 신뢰도를 바탕에 두고 믿는다. 또 그 정도 학습을 한 이라면 다른 판단에도 어느 정도 옳을 것이라 믿는다. 반대로 그렇지 않은 자들의 창작물은 아무래도 믿지 못한다.

나는 어떤가? 나는 위키피디아를 신뢰하는가? 과연 집단지성의 역량이 여전히 기본적인 사실관계도 구성할 수 없는 수준일까? 아니면 전문성과 권위에 대한 애착 때문에 집단지성의 역량을 쓸데없이 폄하하는 것일까?

분명 위키피디아를 탐탁지 않아할 사람들도 있다. 일부 전문가의 입장에서는 이 이상한 집적물의 신뢰도 뿐 아니라, 함부로 아는 척하는 아마추어들의 경박함에 치를 떨 수도 있다. 그들에게 뭔가를 써내고 공표하는 과정은 결코 쉽지 않다. 책임의 무게 때문이다.

그런가하면 자본의 논리 때문에 위키피디아의 정신 자체가 불편한 경우도 있다. 물론 그 정신의 모두를 불편해하는 것은 아니다. 예컨대 참여와 협업의 방식은 기업가들도 새로운 조류라며 반긴다. '프로슈머'들은 자발적으로 소비자로서 생산자의 역할을 해낸다. 이것을 잘 이용하면 기업에도 득이 된다.

그러나 공유의 정신은 좀 다르다. 기업가들은 아무래도 공유보다는 소유의 정신을 선호한다. 후기 자본주의에서 적극적으로 '소비'하지 않으면 시스템이 무너진다. 누군가에게 소유하라고 지속적으로 설득한다. 결국 소비자들이 생산품을 소비해야만 한다. 그래야 기업가가 산다. 그런데 모든 정보를 자유롭게 공유하자고 하니 기업가들의 입장에서는 썩 유쾌한 발상은 아니다.✻

✻게다가 그들은 2000년대 초반 '끔찍한' 경험을 했다. 네티즌이 냅스터나 소리바다 등에서 불법 다운로드를 받아서 음원을 듣는 바람에 저작권 문제는 첨예한 사안으로 떠올랐다.

반면 네티즌 역시 인터넷에서 (2000년대 초반) 저작권 침해에 대한 처벌을 강화하려 했을 때 크게 반발했다. 기업의 입장에선 규제의 실익이 없는데다 오히려 소비자의 반감을 살 것을 우려했다. 그래서 그들은 저작권을 사이버 세계에 적용하는 데 소극적이었다. 이러지도 저러지도 못한 상황이었다.

예컨대 2000년대 가요계는 크게 위축되었다. 영화인들은 불법 다운의 폐해를 역설한다. 미국에서는 출판물에 대한 인터넷 불법복제물이나 구글의 북서치 서비스에 대해 문제를 제기하는 사례가 있었다.[36] 저작권을 보호해야 하는 것은 당연한 윤리적 문제처럼 보였다.

하지만 저작권(copyright) 윤리가 항상 옳은 것은 아니다. 사실 진정한 문화를 향유하기 위해 저작권은 단순한 수단에 불과하다. 또한 저작권이 문화향유에 도움을 주기도 하지만, 오히려 진정한 문화 향상에 저해요인이 되기도 한다.

과거 이 문제를 예민하게 인식했을 때가 있었다. 소위 copyleft라 불리는 반저작권 운동은 1970년대에 '유닉스' 체제를 만들어냈다.[37] 자주 언급했듯 오픈소스 운동이라 불렀다. 다양한 기술 엘리트들이 이운동에 참여하며 유닉스의 경쟁력을 높여놓았다. 또한 리처드 스톨만은 프리 소프트웨어 운동을 주창하여, 더 나은 문화를 만들기 위해 공유의 정신을 역설했다. 이를 적용한 리누스 토발즈의 컴퓨터 운영체제인 '리눅스'는 수많은 해커들이 참여하여 뛰어난 결과물로 다듬어졌다. 그들은 금전적인 보상을 바라지 않았다.[38]

그러나 빌 게이츠는 그들의 헌신을 비판했다. 그는 다소 후진적인 기술을 채택하여 대신 그것을 상품화했다. 구체적인 금전적 보상이야말로 새로운 산업을 개척할 확실한 열쇠라고 여겼던 것일까. 그는 '공유'의 정신을 부인했다.[39]

그런가하면 구글은 양면성을 보이는 기업이다. 기업이라면 마땅히 자본주의의 논리를 긍정한다. 더구나 자본주의 국가의 핵심인 미국의 기업이다. 기업이 이윤을 창출하지 않으면 기업은 지탱할 수 없다. 즉 그들은 결코 진정한 헌신자나 사회봉사자가 될 수는 없다.

그럼에도 구글의 활동은 인터넷의 민주적 이상을 실현하는 데 크게 기여하는 것처럼 해석되기도 한다. 언뜻 보기에 그들은 방대한 정보를 활용하여 이윤활동을 하지 않는 것처럼 보인다. 사람들은 구글에서 많은 정보를 공유할 수 있다. 그래서 구글이야말로 '공유'의 정신을 온전히 수용하는 독특한 '기업'으로 부각된다. 또한 구글이 일정 부분 정보의 평등화에 기여하고 있다는 것은 사실이다.[40]

하지만 구글도 '엄연히' 기업이다. 그들은 인터넷의 하이퍼링크성을 적극적으로 정비하여 정보를 저장·축적한다. 이를 이용하는 사람들은 많다. 그래서 구글은 매력적인 광고 매체다. 많은 기업이 구글이 연결한 정보를 활용해 광고한다. 구글은 이것으로 이윤을 창출한다. 때때로 검색엔진을 통해 G메일을 검색하여 메일에 광고를 붙이기도 한다. 이처럼 이들도 이윤을 창출한다. 그러면서도 네티즌에게는 정보 평등화에 기여한다는 인상을 줄 수 있다.

다만 논란의 여지가 있다. 메일을 함부로 검색하는 프라이버시 침해 논란도 일고, 결국 상업적인 목적을 배제할 수 없는 한계도 있다.[41] 물론 그들은 인간을 배제한 채 오로지 검색엔진으로 방대한 정보를 구축하고 연결한다. 세간의 오해에 맞서는 나름의 해결책이다. 즉 그들의 방식은 정보의 평등과 불평등의 사이에서 기묘하게 균형을 맞추고 있다.

현재 인터넷 기업들은 크게 '구글형'이거나 '마이크로소프트형'으로 나눌 수 있다. 구글형은 기업의 논리를 바탕에 두고 공유의 정신을 일정 부분 수용하거나 이용한다. 반면 마이크로소프트형은 철저히 자본의 논리를 따르며 공유의 정신을 배척한다. 그 어느 쪽도 온전히 공유의 정신을 수용할 수는 없다.

그러므로 공유의 정신을 실현하려는 이들은 자본주의 사회의 주변부에 위치한다. 과거 기술 엘리트들이 고도로 전문적인 부분에 헌신하여 새로운 경향을 이끌어냈다. 또한 지엽적으로 전문가가 중심이 되어 오픈 액세스 운동*이 일어나기도 한다.

그럼에도 최근에 가장 주목해야 할 부분은 일반 네티즌이다. 그들은 공유·참여·협업의 정신으로 각종 정보를 활용하여 위키피디아를 만들어냈다. 누가 시켜서 한 일이 아니다. 물론 여전히 과거 기술 엘

---

*학술지 가격이 상승하면서 웹을 이용해 과학정보를 출간하는 경향. 그 자료들은 온라인을 통해 무료로 이용할 수 있다. 찰스 리드비터, 『집단지성이란 무엇인가』, 21세기북스, 2009, 초판1쇄, 8쪽

리트들이 수행한 부분에 일반 네티즌이 범접하기는 힘들다. 그러나 교양의 영역에선 다양한 분야에서 협업하여 꽤 괜찮은 결과물을 창조할 수 있다는 걸 증명했다.

물론 위키피디아는 완벽하지 않다. 이것은 현재도 진행되는 작품이며 영원히 끝맺지 못할 백과사전이다. 틀린 곳은 계속해서 수정될 것이다. 그렇게 그것은 점점 인터넷의 민주적 이상을 실현하는 사례로 확고해질 듯하다.

그러나 기실 위키피디아가 집단지성의 역량을 결정적으로 증명하는 물증이어서는 안 된다. 전문가들은 집단지성을 우호적으로 보거나 그 허구를 비판한다. 나는 집단지성의 최고치가 위키피디아라면 결국 집단지성은 있어도 되고, 없어도 되는 것이라 생각한다. 그러므로 위키피디아가 가리키는 공유·참여·협업의 정신을 계승하여 위키피디아를 넘어서는 더 훌륭한 증거를 내보이기 위해 고민해야 할 것이다. 만일 이 모호한 정체의 집단지성이 정말로 의미 있다면 일부 기술엘리트들의 헌신만큼이나 일반 네티즌의 힘으로 문화를 바꿀 수 있을 것이다. 어쩌면 "21세기가 끝날 무렵이면 우리의 후손들은 대개 스스로를 노동자나 소비자라기보다는 참여자이자 기여자, 혁신자"로 여길지도 모른다.[42] 정말로 그러길 바란다.

1-4.

수용자

"전통적 자본주의에서 혁신이란 소수 엘리트의 몫이었다."[43] 특별한 몇 명의 인물이 창조적인 문화를 이끌어냈다. 이에 대해 이의를 제기할 수는 있다. 생산품에 대한 아이디어를 내고 자본을 댄 이가 주역인지, 그 재화를 직접 생산하는 노동자가 주체인지 논란이 될 수 있다. 어쨌든 우리는 노동자보다는 기업가와 일부 생산기획자를 기억한다.

그들은 다양한 재화를 생산하는 것을 주도했다. 그러나 공급이 수요를 앞지르면서 후기 자본주의 시대에는 소비의 중요성이 강조된다. 생산자는 동종의 재화에 각각의 상표를 붙여 마치 다른 제품인 것처럼 광고한다. 정보수용자들은 하루에도 셀 수 없이 많은 광고에 노출된다. 그렇게 수용자는 제품의 소비자가 될 것을 유혹받는다. 자본주의 체제는 수용자를 '부드럽게 압박하는' 데 능하다. 그것은 록과 체 게바라와 같이 저항의 상징조차 적극적으로 활용하여 상품화한다. 더구나 꽤 괜찮은 문화를 향유하고 있다는 믿음까지 주니 더욱 매력적이다. 당연히 자본가는 황금밭이 될 만한 인터넷을 가만히 놓아둘 리 없다. 어쩌면 수용자란 이 사회에서 언제나 수동성을 강요받는 존재였을지도 모른다.

그런데 최근 인터넷에서는 네티즌 자체가 수용자이면서 당당한 주역으로 평가받는 듯하다. 심지어 2006년 타임지는 올해의 인물로 '너 자신(You)'을 뽑기도 했다. UCC 사용자의 자율적 힘을 높이 샀기 때문이다. 그런가하면 '이코노미(economy)'의 주역을 다수로 보고 '위코노미(weconomy)'라고 표현하기도 한다.[44] 이것이 이상인지 현실인지 나는 판단할 수 없다.

그럼에도 수용자의 힘이 주목받고 있는 것은 사실이다. 특히 인터넷 환경에선 방대하게 널린 정보를 간편하게 수용하여 때때로 꽤 매력적인 정보를 생산할 수 있다. 이처럼 인터넷은 자율적인 공론장이라는 인상을 준다.[45] 이것이 완전히 맞지는 않더라도,[*] 어쨌든 우리는 흔히 인터넷에서 자유롭게 발언하고 우리 스스로 뭔가를 생산하고 있는 긍정적인 느낌을 받을 때가 있다. 실제로 나는 언제나 내가 원하는 것을 선택하고 있다는 착각마저 들 때가 있다. 그러나 동시에 나는 자꾸만 '누군가'가 바라는 대로 수동적으로 되고 있는 것일지도 모르

---

[*]인터넷의 개방적인 문화는 어느 누구의 소유도 아니면서 거의 모든 사람이 참여할 수 있다는 점에서 거대한 가능성과 위험의 원천이 될 것이다. (찰스 리드비터, 『집단지성이란 무엇인가』, 21세기북스, 2009, 초판1쇄, 13쪽)

겠다.

이것은 인터넷 사용자의 모습 중 하나다. 인터넷 사용자는 생산자와 수용자로 나눌 수 있다. 생산자가 어느 정도 명확한 목적을 지닌 특정 소수인 데 반해, 수용자는 불특정 다수로 목적이 제각각 다르고 인터넷 활용방식과 그것을 대하는 태도도 다양하다. 오로지 생산된 정보를 '수용'하는 입장이라는 점만이 같다.

여기서 수용자를 다시 능동적 수용자와 수동적 수용자로 나눌 수 있다. 다만 능동과 수동을 나누는 기준 자체가 대단히 모호하다. 그리고 다양하다.

일단 저작권 측면에서 수용자 유형을 나누어보면, 먼저 능동적 수용자 군에 생산자 모두를 포함시켜볼 수 있다. 그들은 인터넷의 중요한 정보를 생산하고 인터넷의 틀을 만들기도 했다. 그리고 이제는 인터넷에서 다양한 정보를 참조하여 활용한다. 그들로서는 새롭게 발전하기 위해 변화된 환경을 파악해야 한다. 즉 생산이 문화를 창출하는 중요한 방식이고, 그 생산의 시작이 수용이다. 그런 점에서 생산자들도 인터넷의 수용자다. 이 유형에는 기업가, 기술 엘리트 그리고 프로앰을 대표적으로 들 수 있다.* 이에 반해 수동적 수용자 군에는

---

*엄밀하게는 모두 수용자다. 하지만 지식생산의 수단과 능력을 갖췄다는 점에서는 모두가 잠재적으로 생산자다.

'저작권의 보호를 받을 만한' 정보 상품을 생산하지 않는 네티즌이 속한다.

둘째, 문화 향유의 측면에서 보면, 능동적 수용자 군은 두 유형을 포함한다. 우선 기업가, 기술 엘리트, 프로앰과 같이 생산자이면서 수용자인 유형이다. 그리고 댓글이나 게시판을 적극적으로 활용하여 인터넷 문화를 형성해가는 '활발한 수용자' 역시 능동적 수용자로 볼 수 있다. 다만 '활발한 수용자' 중에는 '악플러'나 '허위 사실 유포자' 같이 인터넷 문화에 부정적인 유형도 섞여있다. 수동적 수용자 군은 방관하는 유형이나 인터넷을 사용하지 못하는 사람들이 속한다.

셋째, '수용'의 특성을 강조할 때, 프로앰이나 '활발한 수용자'를 능동적 수용자 군에 넣을 수 있다. 이때 기업가, 기술 엘리트 등을 생산자 군에 넣는다. 그리고 수동적 수용자 군에는 능동적 수용자 군에 포함되지 않는 수용자나 인터넷을 아예 이용하지 않는 이들을 넣을 수 있다.

이처럼 기준에 따라 능동적 수용자의 범위를 달리 볼 수 있다. 하지만 능동적 수용자는 공통적으로 정보를 자율적이고도 적극적으로 활용할 줄 안다. 수동적 수용자는 주어진 것만을 수용하거나 소비하는 오프라인의 습관을 온라인에서도 답습한다.

그렇다면 생산자, 능동적 수용자 그리고 수동적 수용자 중 어느 유형이 인터넷에서 가장 많을까? 바로 수동적 수용자다.

실제로 2003년 8월 미니홈피 회원수가 350만이 넘었다.[46] 현재 많은 이들이 블로그를 운영하지만, '쓸 만하게 가공된' 정보를 구축하고 있는 개인용 사이트는 많지 않다. 대개 유명 사이트에서 복제해온 정보거나 신변잡기적인 일기나 사진 등이 즐비하다. 이것은 타인에게는 별 매력이 없지만 어쨌든 그들은 인터넷 정보를 생산하고 수용한다.

그들은 '초연한 방관자'로 흔히 '눈팅족'이라 불린다. 그들은 인터넷 환경에 특별히 부정적인 영향을 끼치지는 않는다. 또 특별히 긍정적인 영향을 끼치지도 않는다. 다만 가끔은 그들이 정보를 적절히 활용하여 인터넷에 더 깊이 관여할 수도 있다.

그렇게라도 인터넷 문화를 향유하고 나름대로 뭔가를 생산할 때 인터넷 환경이 더 좋아질 수 있다. 아무도 생산하지 않으면 곧 쓸모 있는 정보가 고갈된다. 그러면 인터넷은 황무지처럼 변할 것이다. 결국 생산이 중요하다.

그렇다면 답이 너무 쉬워 보인다. 그냥 기존 기업가나 기술 엘리트들에게 인터넷의 생산을 전적으로 맡기면 되지 않는가? 실제로 지금도 많은 부분을 구글이나 마이크로소프트, 야후, 네이버 등 기업들이 인터넷 문화에 중요한 영향을 끼친다.

그러나 그들이 직접 인터넷 문화를 누리는 수용자의 모든 면에 관여할 수는 없다. 특히 방대한 인터넷에서 그것은 거의 불가능하다. 따라서 인터넷 문화가 튼튼해지고 깊어지기 위해서는 (위에 제시한 세 번째 의미의) 능동적 수용자가 더 많아져야 한다. 또한 그들 중 부정적인 역할을 하는 유형이 적어져야 한다.

이때 공유·참여·협업의 정신은 중요하다. 다만 공유의 정신은 저작권 윤리와 대치하고, 참여도는 능동과 수동이라는 개인 태도에 따라서 달라진다. 협업의 성과는 집단지성의 구체적인 집적물로 나타나거나, 정보를 공유하는 식으로 소극적으로 협업하여 개인 각각의 수준 높은 정보물로 드러날 수도 있다. 어떤 과정을 강조하느냐에 따라 그 결과가 사뭇 달라질 것이다.

간혹 공유·참여·협업의 정신이 올바르게 적용되지 못할 수도 있다. 예컨대 무분별한 공유로 관련 산업 자체가 심각한 타격을 받기도 한다. 고급정보 생산자가 안정적인 수입을 마련하지 못한 채 다른 직업을 찾아 떠날 수도 있다. 이럴 경우 '공유'의 정신은 항상 옳다고 할 수 없다. '참여'의 정신도 마찬가지다. 무작정 참여하여 상대에게 인신공격을 퍼붓고, 이미지에 타격을 입힐 헛소문을 퍼뜨린다면 그러한 참여자는 환영받지 못할 것이다. '협업'은 또 어떤가. 단순한 정보의 짜깁기는 그나마 낫다. 책임지지 않는 이들이 무분별하게 잘못된 정보를 유통할 때 우리는 인터넷의 많은 정보를 의심하고 쉽게 수용하지 못하게 될 것이다. 결국 이를 해결하려면 정보 생산을 하는 이들이 엄격한 잣대를 스스로에게 적용해야 할 것이다. 이런 면에서는 정보 상품을 파는 전통적인 생산자들이 유리한 위치를 점한다. 그러나 그것으로도 부족하다.

인터넷은 완전히 자율적인 공론장도 아니지만, 그렇다고 지배 권력이 수월히 장악할 수 있는 자그마한 장터도 아니다. 그러므로 인터넷의 가능성을 알고 그 논리에 맞게 태어난 자들이야말로 진정한 인터넷 문화를 발전시키는 데 가장 적절하다. 프로앰이다.

프로앰은 분류법에 따라 정보 생산자의 위치에 속할 수도 있다. 그들은 저작권의 보호를 받을 만한 정보를 생산하고 문화를 향유한다. 그러면서도 엄연히 그들은 '능동적 수용자'다. 따라서 그들은 저작권을 옹호하면서 부정할 수 있는 '모순적' 존재다.

그런가하면 인터넷의 자율적 주체라는 면에서 프로앰은 인터넷의 진정한 민주성을 구현하는 데 이해관계가 합치한다. 또한 그들은 인터넷에서 손쉽게 지식생산의 수단을 마련하여 두각을 나타냈다는 면에서 새롭게 출현한 생산–수용자이다. 여기서 태생적으로 모순적인 위치에 놓인다.

정보 통제나 검열에 관한 문제까지 겹치면 이제 프로앰은 단순히 기능적인 존재에 머무를 수 없다. 그들은 본의 아니게 인터넷의 이상을 실현될 수 있는가를 가늠해야 할 역할을 맡게 된다. 동시에 전문가들이 그들을 분석하여 현재 인터넷의 환경을 파악할 수도 있다. 프로앰이 많아지고 그 수준이 높아질수록 인터넷 문화가 본 궤도에 견고하게 안착할 것이다.

탁월한 편집가

2008년 겨울 미네르바가 체포됐다. 외환위기를 조장하는 허위사실을 유포했다는 것이 문제였다. 논란이 일었다. 사람들은 과연 그의 글이 허위사실인지, 국가가 네티즌의 의견을 과잉으로 통제하는 것은 아닌지 논쟁했다.

그런데 나는 그 점보다는 다른 부분이 눈에 띄었다. 사실 미네르바가 체포된 뒤 그의 학력과 무직이라는 경력이 부각되었다. 일부 언론에서는 그의 배경을 자주 화제로 삼았다. 사기꾼에게 감쪽같이 속았다는 어조였다. 미네르바의 경제 분석이 상당한 수준에 있었다고 인정하던 교수는 잠시 연락이 끊겼다. 사람들은 미네르바를 옹호하는 자들과 비판하는 자들로 갈렸다. 그런가하면 그 상황을 황당한 소동쯤으로 격하했다. 내가 알기로 미네르바는 다음 아고라 광장에서 몇 명의 탁월한 아마추어 경제 분야 논객이다. 흔히 말하듯, 전문가에 버금가는 아마추어인 프로앰이라 할 수 있다.

그런데도 그를 향한 시선이 녹록치 않았다. 그는 아무래도 '주제 넘는' 말을 한 죄를 받아야 하는 듯했다. 실제로 실력의 여부보다는 그의 정체성 자체가 문제시되는 듯했다. 그것이 나를 불편하게 했다. 그것은 사실 나를 향하는 제도권의 냉소나 비아냥거림쯤으로 들렸다. 시민들이 전문가를 믿지 못하게 된 것에 대해 반성을 촉구하는 목소리도 있었다.

그의 체포 전까지 그는 유령처럼 아이디로만 존재했다. 소문이 무성했다. 언론은 미네르바를 띄워서 기사를 채웠다. 미네르바가 잠시 영웅처럼 보였다. 많은 이들이 이런 자극적인 소재를 좋아한다.

사실 나는 그의 글을 읽어보지 않았다. 그러므로 그가 정말 실력이 형편없으면서도 '주제에 넘는' 말을 한 것인지는 알 수 없다. 나는 경제도 잘 모른다. 그러니 그의 글이 해당분야에서 어떤 의미가 띠는지 가늠하기 어렵다. 그저 일부 미디어에서는 그의 글을 짜깁기의 불과하다고 폄하했다.[47] 그는 인용의 명수였다. 신속하고 적절하게 관련정보를 인용하여 자신이 원하는 말을 했다. 이를테면 탁월한 편집가였다. 하지만 그의 말들은 갑자기 평가 절하됐다. 그가 전문가가 아니라는 사실을 부각하려는 과정에서 그렇게 된 것이다.

결국 저작권 윤리를 끌어올 수밖에 없다. 사실 우리는 '글의 편집'이라는 말보다는 '짜깁기'라는 표현이 더 익숙하다. 창조적인 작품에서 독창성은 그 작품을 평가하는 매우 중요한 가치다. 모든 생각은 연관되어 완벽히 독창적인 작품이란 게 있을지 의문이지만, 어쨌든 자본주의 사회에서는 하나의 작품과 그것을 창조한 주체를 명확히 한다. 그것은 단순히 명예보다는 돈과 관련된다. 그것이 서구의 지적 재산을 지키기 위해 인위적으로 강조된 것인지는 잘 모르겠다. 다만 권리와 윤리가 결합하면서 단순히 정보 이용 시 돈을 내지 않는다는 의미를 넘어서 지적 재산을 '훔친다'는 느낌이 더 강하다. 이런 분위기에서 짜깁기란 (설령 도용이 아니더라도) 한 수 아래의 글쓰기 방식으로 취급받는다. 또한 '적극적인 짜깁기'는 노골적인 인용으로 폄하되어 저작권 침해 대상으로 분류된다.

물론 창조적인 짜깁기란 모호한 표현이 있을 수는 있다. 인용을 허하는 정도를 양적으로 정확히 구분할 수 있는 것은 아니다. 양이 다소 많더라도 독창성이 인정되는 경우 저작권 침해 대상에서 제외된다. 예컨대 학술도서의 경우 인용에 관용적인 편이다. 다만 그 기준이 명쾌하지 않다.

사실 저작권을 엄밀하게 적용할 때 일반 네티즌들은 늘 저작권을 침해하고 있다. 인터넷에서는 수많은 자료들이 복제되어 편집된 채 새로운 정보로 가공되질 않는가. 그래서 미네르바의 저평가를 단순히 개별적인 사례로 국한할 수 없다. 미네르바 글에 대한 판결은 일견 인터넷 글쓰기 자체에 대한 평가였다.

결국 저작권의 보호를 받을 수 있을 만큼 창의적인 글을 쓰든지, 능력이 안 되면 일기나 쓰고 있어야 한다. 쓸쓸했다. 저작권 윤리를 완벽히 지키기란 쉽지 않은 터, 결국 일반인의 글쓰기란 결국 부차적인 것에 불과했다. 적어도 제도권에서는 그렇게 보는 듯했다.

아직 자리 잡지 못한 프로앰에게 저작권은 도약대일 수도 있고 걸림돌일 수도 있다. 아직 덜 성숙한 프로앰이나 일반 수용자는 '편집가'인 경우가 많다. 그들은 생산을 위해 상당한 정보를 수용하는 과정을 거쳐야 한다. 자연히 정보 활용 초기 단계에는 저장과 축적의 과정이 있어야 한다. 물론 오프라인에서 이미 실력을 키운 프로앰이라면 자신의 생산물을 온라인으로 옮기는 작업만을 거친다. 문제는 프로앰의 다수를 차지하는 '온라인의' 프로앰이다.

능동적 수용자인 프로앰들은 개인적인 신변잡기를 기록하는 데 만족하지 않는다. 그들은 대개 자신을 특화하려 나름대로 노력한다. 이를 위해 그들이 능력을 드러내는 수단은 다양하다. 다른 이와 협업하여 위키피디아와 같은 집적물을 만들 수도 있다. 전자의 경우 집단적으로 공유·참여·협업의 정신을 지니는 것이 중요하다. 자신만의 개성적인 정보를 생산하려 노력할 수도 있다. 이때는 전자와 달리 모든 정보가 개인 한 명에게 몰린다.

그 어느 쪽이든 수많은 정보를 적절하게 찾아내어 축적하고 가공·활용 하는 능력이 매우 중요하다. 먼저 필요한 것은 'know-how'가 아니라 'know-where'인 셈이다.※ 정보가 어디 있는지 모르면 새로운 가공물을 만들어내는 게 쉽지 않다. 결국 정보에 적확하고 자유롭게

※물론 'know-where'나 'know-how'보다 더 먼저 놓이는 것이 있다. 'know-what'이다. 무엇을 찾아야하는지 모르면 그것이 어디에 있는지도 알 수 없다.

접근할 수 있는지의 여부가 그들의 정보 생산력에 영향을 끼친다. 정보 통제·정보 검열·정보 상업화 등이 지속적으로 프로앰의 성장을 방해한다.[1] 결국 그들은 정치·경제적 위상을 민감하게 고민해야 한다. 이미 그들은 자신이 원하든 원치 않든 정치적·경제적인 이해관계 안에 놓여있다.

특히 인문·사회·과학적인 분야의 프로앰이라면 이를 더더욱 외면할 수 없다. 이는 지식인들의 의무와도 일면 닮았다. 모순적이고 복합적인 위치에서 참여적이고 공리적이며 비판적인 모습을 띠든, 자기 계급의 이해관계를 대변하든 프로앰은 인정받기 위해 능동적으로 자기를 말할 수 있다.

인터넷에서는 누구나 손쉽게 지식생산의 수단을 마련할 수 있다. 그런 면에서 민주적이다. 글을 잘 못 쓴다는 이유로 출판을 퇴짜 맞는 경우도 없다. 정보를 생산하기 위한 수단인 블로그를 마련하는 데 큰 비용이 드는 것도 아니다. 또한 글을 쓰는 데 매체활용능력이 크게 요구되지도 않는다. 타자를 칠 줄 알고 접속해서 확인버튼을 누를 줄 알면 된다. 정보수용자는 글을 인터넷에 올리면서 자신에 대한 인문학적 성찰을 시작한다. 그리고 이 고민을 더 치열하게 해야 하고, 할 수 있는 이들이 프로앰이다.[2]

---

[1] 정보 격차는 개인과 교육 차원의 문제다.
[2] 오픈소스 운동은 집단지성과 관련 있다. 반면 탁월한 편집가는 독립적인 지성에 강조점을 둔다.

또한 프로앰은 글 외에도 여러 표현수단을 지니고 직관적으로 창작 활동을 하여 자기모순을 고민할 수 있다. 예컨대 다양한 동영상이나 그림·음악 파일 등을 편집·가공하여 정보를 올릴 수 있다. 여기에 어울리는 시나 소설의 문구를 인용할 수도 있다. 이는 어쩌면 예술적 성찰의 몸짓이라고 해석해볼 수도 있다.

사실 일반 네티즌들은 단순 편집에 관해선 동영상·그림·음악 파일을 글만큼이나 즐겨 다룬다. 그들이 글을 아예 외면하지는 않지만 다른 수단에 비해 더 활발하게 활용한다고 단정할 수도 없다. 그림 등 다른 표현방식을 간단히 설명하는 몇 줄의 글이 전부인 경우도 많다.

다만 동영상을 직접 제작하거나 그림을 디지털로 작업하지 않는 한 실질적으로 네티즌이 다른 표현수단에 창의성을 주입하기란 만만치 않다. 또한 세련된 편집 역시 용이하지 않아 대개 그림들을 나열하거나 동영상을 단순 합성하는 정도의 정보활용능력을 보여준다. 이러한 수단을 활용하는 (온라인의) 프로앰조차 특별히 더 나은 성과를 보여주기 힘들다.[48] 그렇기에 어찌 보면 글을 편집하는 것보다도 더 순수한 짜깁기라고 할 수 있다.

반면 글을 활용하여 정보를 가공할 때는 그 성과가 조금 괜찮다. 프로앰의 경우엔 비교적 개성이 묻어나는 글을 쓸 수 있다. 사실 온전히 다른 이가 쓴 글로만 편집하는 것도 쉽지 않다. 또한 글은 단 몇 줄의 생각에서도 지은이의 인식을 '비교적 명확히' 드러내준다. 따라서 자신의 생각이 드러난다는 점에서는 일반 네티즌조차 글을 일거나, 써서 인식을 명확히 하는 훈련을 한다. 이것이 글의 힘이다.

글을 '탁월하게 편집해내는 자체'가 프로앰으로 들어서는 연습인 셈이다. 그것 자체에 이미 변화의 징후가 담겨있다. '글을 주요 표현 수단으로 삼는' 탁월한 편집가는 자신의 위치를 민감하게 짚어내는 것을 넘어서 명확하게 표현하는 것을 지향한다. 그래서 이 유형의 탁월한 편집가는 새로운 지성의 징후이거나 초기 단계로까지 파악해볼 수 있다.

어쩌면 프로앰 중에서 독립적인 지성이 정말로 태어나거나 성숙할지도 모른다. 물론 어설픈 편집자가 탁월한 편집가로 성장하는 데서 끝을 맺을지 그 이상 발전할지는 아직 모르겠다. 다만 그들이 독립적인 지성이 되길 간절히 바라며, 그들을 임의적으로 시민지성이라 불러본다.

Chapter 2 시민지성

2. 시민지성

이제 나는 시민지성이라는 표현을 '임의적으로' 선택한다. 내게 개념이란 그렇다. 있으면 편하지만 얽매이면 그때부터 고역이다. 때때로 개념이 현상을 제대로 보는 것을 방해한다. 그래서 개념을 생각하는 것은 학문에서는 대단히 중요할 수 있지만, 내게는 그저 이야기를 수월하게 하기 위한 임의적 단어다.

사실 새로운 지성에 대한 표현은 매우 다양하다. 그 중 집단지성, 다중지성, 웹지성 등이 요즘 인터넷 관련 서적에서 자주 등장한다. 그러니 이미 존재하는 용어 중에 그럴듯해 보이는 것을 택하면 그만이었다.

다만 나는 시민논객이라는 말이 익숙했다. 그들은 시사 토크 프로에 늘 있다. 예전에 '포스트' 단어를 아무 사조에나 붙여도 맛이 났던 것처럼 '시민'과 '지성'이라는 단어도 그렇다. 내게 '시민'과 '지성'이 친한 것이 크게 무리 없어 보였다. 단어 상으로는 그렇다. 물론 여러 용어를 입에 올려놓기는 했다. 예를 들어 다음과 같다.

민주지성, **시민지성**, **웹지성**, 블로그지성, 인터넷지성, 풀뿌리지성, 국가지성, 민중지성, **다중지성**, 대중지성, 분중지성, 자유지성, 자유민주지성, 평등지성, **집단지성**, 민본지성, 일반지성, **네트워크지성**, 네티즌지성, 준(準)지성, **아마추어지성**, **'프로앰'지성** **수용자지성**,

수용적 지성, 생비자지성, 생산–소비적 지성, 프로슈머지성, 공동체
지성, 노마드지성, 지역지성, 민중지성, 세계시민지성, 연대지성, 협
동지성, 무리지성, 집합적 지성, 신지성, 비주류지성, 비전문지성, 독
립지성, 공중지성, 게릴라지성

어떤가?

아무렇게나 연상한 단어를 붙여보았는데 다 그럴듯해 보인다. 물론
이 모두를 설명할 생각은 없다. 다음의 기준에 맞춰 위 표현들을 검토
했다.

첫째, 온라인에 국한하는 용어는 가급적 배제한다.
둘째, 집단적인 것보다는 개인적이고 독립적인 의미를 선호한다.
셋째, 미래의 역할을 제한하는 용어는 가급적 제외한다.
넷째, 계급적 의미에 얽매이지 않으면서도 사회적 신분을 드러내는
용어를 선호한다.
다섯째, 수용자의 입장을 대변할 수 있는 용어를 선호한다.

이와 같은 다섯 가지 기준에 맞출 때 어떤 용어들이 프로앰의 지성
적 가능성을 잘 설명해줄 수 있을지 고민했다.
그런데 일단 웹지성은 인터넷의 상징인 월드 와이드 웹의 지성이
다. '웹'에 국한한다는 문제가 보였다. 다중지성은 익명의 몰개성적인

집단이 아닌 집단별로 뚜렷한 목소리를 내는 집단지성'들'이라고 표현해볼 수 있다. 다만 개인적인 의미를 띠지는 않는다.

하지만 모든 다중은 개인에서 출발한다. 그렇기에 집단지성 역시 넘겼다. 집단지성이 개인의 작은 능력들을 합해 발현한 것이라면 프로앰은 많은 정보를 개인인 자신에게 집결시킨다. 집단지성에서 프로앰의 비중이 커지고, 그들이 개인적이면서 독립적으로 성장하여 연대할 때 집단지성은 더 성숙할 것이다. 네트워크지성의 경우에도 연대 자체에 초점을 맞추고 있다. 네트워크를 구성하기 위해서 개인 간, 개인과 집단 간, 집단 간의 관계를 상정한다. 역시 최소 단위인 개인에 대해서만 온전히 표현한 용어는 아니다. 독립지성은 철저히 개인적이고 독립적인 의미를 띠지만, 사회적 신분을 전혀 드러내지 않는다는 약점이 있다.

이에 비해 아마추어지성은 개인의 지적 수준이나 전문성을 염두에 둔다. 어쩌면 프로앰 역시 아마추어인 것은 분명하니, 가장 정직한 표현이라고 할 수 있다. 다만 표현 자체에서 능력의 한계를 확정짓는 결점이 있다. 프로앰지성 역시 마찬가지다.

반면 수용자지성은 지식을 수용하는 방식과 주체를 드러내준다는 면에서 적절하다. 오프라인에서도 수용자의 문제는 중요하다. 또한 수용자는 계급적인 면을 잘 드러내지는 않지만 그렇다고 사회적 위치를 아예 포기한 용어도 아니다. 설령 정보를 생산하는 입장이 되더라도 근원적으로 수용자다운 글쓰기가 필요하다. 그 때문에 이 용어는 매력적이다. 다만 역할이 제한될 가능성이 존재한다. 그렇다면 수용적 지성은 어떨까? 정보 수용 성격을 적확하게 드러내 주고 있지만, 이 용어에는 사람이 없다. 그래서 역시 제외한다.

결국 나는 '시민지성'이라는 표현을 택했다. 이것은 우선 오프라인과 관련된 용어다. 그러면서 시민은 온라인에도 있다. 개인적이고 독립적인 의미를 띠고, 완전히 계급적이지 않은 모호한 개념이다. 시민사회의 주체라는 점에서 사회적 의미가 탈색되었다고 보기도 어렵다. 또한 역할을 제한하는 용어도 아니다. 시민에는 엘리트도, 전문가도 있으며, 노동자도 있고 중산층도 존재한다. 물론 시민논객 등에서 알 수 있듯이 '시민'이라는 말이 붙었을 때는 전문적이지 않은 일반적인 사람을 뜻하는 경우가 많다. 그런 면에서 여기서 다루는 수용자의 입장과 겹친다. 이 용어를 무조건 고집하지는 않지만, 그럭저럭 '시민지성'을 쓰기로 했다.

사실 강수택은 '시민적 지식인'이라는 개념을 제시하면서 비판을 의식한 듯 시민을 첫째는 도시 지역 주민, 둘째는 시민 계급의 구성원인 부르주아, 셋째는 시민사회의 구성원이라는 세 가지 관점으로 나누고 세 번째 의미에 주목한다. 그에게 시민사회는 'civil society'로 계급적인 의미의 'bourgeois society'와는 구별된다.[49]

즉 우리가 흔히 말하는 시민을 떠올리면 된다. 사실 주민등록증 받고 사는 우리는 국민이라는 말보다는 시민이라는 용어를 대표적으로 즐겨 쓴다. 도민논객, 읍민논객이라는 말 역시 들어본 적이 없다.

그렇다면 시민지성의 '지성'은 어떨까?

우리는 대개 지성이라는 표현을 지식인이라는 용어와 혼용한다. 둘 다 학식을 갖춘 자들이라는 의미를 담고 있다. 또한 사상가에 따라 그 이상의 다양한 의미가 담긴다. 현재는 제도권이 학문으로 인정한 분야의 전문가들을 칭하거나, 제도권의 가치에 질문을 던지는 '현명한 의인'이라는 의미도 포함한다.

하지만 때때로 지성과 지식인을 구별하기도 한다. 혹자는 지성이 본질적인 것이라 말하고, 다른 이는 지식인에게 중점을 둔다. 어느 쪽 의견이 옳다고 단정 지을 수 없다. 그렇기에 나는 내 나름대로 지성과 지식인의 관계와 의미를 정리해본다.[50] 그것은 중요도의 관점과 선후 관계의 관점으로 나누어볼 수 있다.

우선 중요도의 관점에서 보자. 첫째, 지성이 지식인보다 중요하다고 본다면, 지성은 지식인이 될 수 있는 가장 근본적인 토대를 마련해주는 성질일 수 있다. 이때 '지성'을 지적인 요소와 친화하는 성질이라고 파악해볼 수 있다. 모든 일에는 기초가 있듯이 전문가가 되기 위해서는 전문분야의 배경지식을 많이 쌓을수록 좋다. 지성을 얻고 나면 지식인이 되기 수월하다.

또한 지성 자체가 지식인의 마지막 모습이라고 파악할 수도 있다. 전문가나 지식인이 되기 전에도 늘 지성을 쌓고 있지만, 전문가나 지식인이 된 후에도 지성을 여전히 쌓고 있는 셈이다. 결국 지성이란 지식을 쌓은 모든 과정을 아우르는 말이며 궁극적으로 지식인의 이상적 상태를 이르는 표현일 수도 있다.

더 나아가 지성과 지성인을 구별해볼 수도 있다. 예컨대 대학생은 지성인이다. 그런데 에코나 롤랑 바르트 등을 지성인이라고 즐겨 부르지는 않는다. 그보다는 세계적 지성이나 지식인이라는 말을 즐겨 쓴다. 즉 이 지점에서는 대학생의 지성이 지성의 전 과정 중 초보적 단계에 있고, 그렇기 때문에 한 사람에게 지성이 확립되는 과정이라는 사실을 강조한다. 그래서 지성'인'이라는 표현을 쓰는 것이라 이해해볼 수도 있다. 지성이 강조되기보다는 경계가 뚜렷한 하나의 작은 사람이 두드러진다. 그렇게 본다면, 지식인이라는 표현에도 지식을 습득하는 '사람'이 있다. 그런 면에서 지식'인'이다.

반면 지성은 지식을 습득하고 본질적으로 지식 친화적인 상태를 만들어가는 전 과정을 의미한다. 그래서 유명인들을 '(큰) 지성'이라고 불러 그들의 마지막 지적 성숙에 경의를 표할 수도 있다. 그들에게는 '인'이 자주 붙지 않는다. 말하자면 그들은 하나의 사람으로 확정되지 않고 대신 지성의 추상적 차원으로 승화한다. '지성'으로서 그들은 자신의 초기부터 말기까지를 아우르는 지성이며 자기 삶의 모순마저 표현하는 지성이다. 또한 그들은 단순히 인물이라기보다 추상적인 기호다. 사상 그 자체이기도 하다. 몸의 경계를 넘어서 자신의 사상과 관련됐던 과거의 사조와 미래의 사조까지 이어지는 상징적인 존재가 된다. 총체적 '지성'이다.

둘째, 지성보다 지식인을 강조해볼 수 있다. 이때 지성은 지식인이 되기 전의 미성숙하지만 필요한 요소로 파악할 수 있다. 흔히 교양을 쌓아 전문분야의 내용을 이해할 수 있는 초보적인 단계의 지적 성향을 드러내는 것으로 이렇게 볼 때 대학생을 지성인이라 부르면, '기본적인 소양을 갖추고 현상에 대한 이해력이 충분한' 사람이라고 해석할 수 있다.

셋째, 지성과 지식인을 거의 동등하게 혼재해서 쓰는 경우로 현재 그렇게 쓰고 있다. 이에 대해서는 더 서술하지 않는다.

그렇다면 이제 선후관계에 따라 지성과 지식인의 관계를 파악해보자. 그것은 다음과 같다.

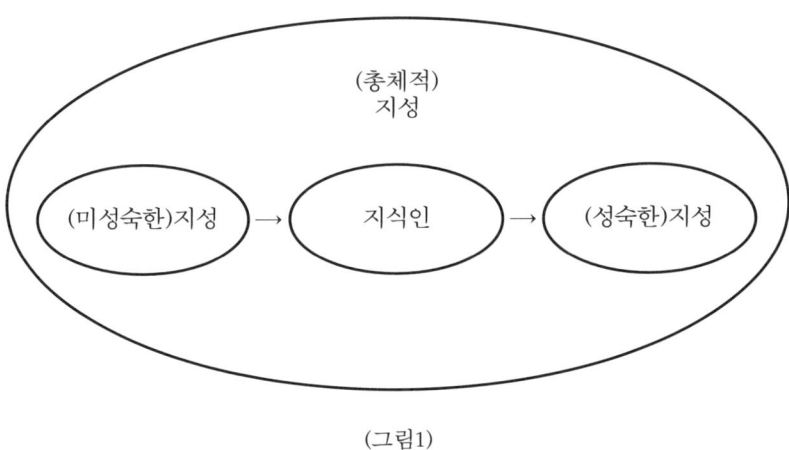

(그림1)

즉 첫째, 지성을 지식인의 미성숙한 단계나 소양으로 볼 때 그것은 지식인이 되기 위한 선행단계에 놓인다. 둘째, 지성을 지식인의 성숙한 모습이라고 볼 때 그것은 지식인의 마지막 단계에 놓인다. 셋째, 지성을 '지식을 얻는 과정의 본질적인 요소로 파악하거나 모든 과정을 아우르는' 개념이라고 이해하면 지성은 지식 습득의 전 과정을 아우른다.

이쯤에서 나는 시민지성의 의미를 추려볼 수 있다. 먼저 시민으로서 시민지성은,

첫째, 모두가 될 수 있다. 다만 기존의 엘리트 지식인이나 전문가 등에 해당하는 이들에게 중복적으로 적용할 필요가 없다.

둘째, 프로앰과 같은 능동적 수용자에게 가장 어울리는 표현이다. 물론 시민이라는 용어가 붙을 때 아마추어적인 냄새가 난다. 프로앰은 그마저도 이겨낼 수 있는 시민지성의 첨병이라 생각한다.

셋째, 시민은 시민사회의 일원이다. 그들은 자연히 시민으로서 생활을 인식하고 시민사회의 일원임을 자각해야 한다. 따라서 그들은 온-오프라인 등 어느 한쪽에만 속해 있지 않다.

더 나아가 지성으로서 시민지성은,

첫째, 시민으로서 생활에 관련된 문제를 고민하고 시민사회로 확장

된 문제를 치열하게 인식하고 발언해야 한다. 당연히 온-오프라인 어느 한쪽에 국한하지 않는다.

둘째, 시민이라는 표현에 풍기는 아마추어적인 냄새를 인정하자. 그리고 지성으로서 초기에서부터 말기까지 변화할 수 있는 존재라는 점도 인식해야 한다. 이들 역시 긍정적으로 변화할 수 있는 가능성이 있다.

셋째, 그들은 시민으로서 기존의 지식계층과 대별되는 존재라는 사실을 인식해야 한다. 따라서 방법적인 면에서 그들에게 알맞은 지식 향유 방식을 확립하기 위해 고민해야 할 것이다. 수용자의 태도를 지니고 지성으로서 발언할 수 있는 방안이 적확하다.

물론 나는 시민지성이 의미 있을지 확신할 수 없다. 또한 그들이 출현할 것이라 장담할 수도 없다. 그러니 지금 언급한 이야기도 모호하고 복합적인 개념만큼이나 공염불에 불과한 것일 수도 있다. 그런데 이상하다. 그 모호한 존재에 대해 다양한 개념이 끊임없이 거론되기 때문이다.

어쩌면 그것은 흐릿하게 스쳐가고 전혀 다른 결과로 나타날 허망한 존재를 애처롭게 붙들고 있는 것일지도 모른다. 그럼에도 여전히 붙잡고 있고 영원히 놓고 싶어 하지 않는 듯하다. 나 역시 그들이 출현하길 바라는 마음이 절실하다.

말하자면 이 이야기는 철저하게 객관적으로 현상을 분석해냈다고 할 수는 없다. 내 복합적인 감정이, 미래에 대한 희망이 뒤섞여있다.
그 감정과 태도가 죽지 않는 한, 나는 끈질기게 시민지성에 대해 고민
할 수밖에 없다.

지식인이란 누구인가?

나는 사실 지성이라고 하면 박지성이 떠올랐다. 지식인이라고 하면 네이버의 지식in을 연상한다. 그만큼 지(知)는 늘 우리 곁에 있으면서도, 막상 그것을 입에 올리려면 친숙하게 느낄 수 없다. 아무래도 지성이나 지식인은 일반인들이 쉽게 될 수 없는 고매한 존재를 정의하는 듯하다. 그것은 공부를 아주 많이 한 사람들과 관련되어 있는 듯하다. 그렇기 때문일까. 그들은 소시민과는 다른 존재처럼 보인다. 실제로 지식인과 관련된 인문학 서적을 뒤적이다보면, 소시민과 달리 보다 공적이고 역사적인 임무를 부여받고 있는 사실을 알 수 있다. 그에 대해 요약해보면 다음과 같다.

『우선 19세기 소설가, 교수 등 다양한 직분의 지식엘리트들은 지식인의 역할을 담당했다. 그들은 근대적 합리성에 기초해서 올바르다고 여기는 덕목에 대해서 입법자적으로 제안하고 계몽적인 태도를 취했다. 이에 대해 만하임은 근대적 지식인을 비판하며, 어떠한 계급에도 구속되지 않는 '자유 부동하는 지식인' 상을 제시했다. 그는 어디에도 구속받지 않는 지식인이 새로운 가치를 제안하는 사회를 꿈꿨다.

반면 그람시와 사르트르는 만하임의 지식인과는 다른 상을 제안했다. 그들은 지식인의 계급적 역할을 고민했다. 그람시는 '유기적 지식인'이라는 개념을 내세우며 프롤레타리아의 이익을 대변할 수 있는 지식인상을 설계했다. 한편 사르트르이 보기에 지식인은 지배 권력에 봉사하는 운명을 타고났다. 사르트르는 지식인 스스로 역할의 한계에 천착하며 프롤레타리아를 변호하는 '참여적이고 비판적이며 모순적인 지식인' 상을 언급했다.

또한 푸코는 전문화된 현대사회에서 과거의 보편적인 지식인상이 더는 유효하지 않다고 봤다. 그래서 각 분야에서 지식과 권력의 연계를 파악하고 그것을 해체하는 '특수적 지식인' 상을 그렸다. 그런가 하면 바우만은 '해석적 지식인' 상을 제안한다. 전문분야에 파묻혀 고립된 전문가가 아니라, 전문분야의 문제를 대중과 소통할 수 있게끔 해석하여 연결고리를 만들어주는 지식인이 많아져야 한다고 주장했다.』[51]

이처럼 지식인에 대한 모습을 그리는 것도 제각각이다. 그리고 더 많은 사상가들이 지식인상을 제안했다. 예컨대 공중적 지식인, 대중적 지식인, 민족지성, 민중적 지식인, 진보적 지식인, 시민적 지식인, 지식 게릴라(혹은 게릴라 지식인), 독립적 지식인, 새로운 진보적 지식인, 혁명적 지식인과 진보적 지식인, 인텔리겐치아 등을 들 수 있다. 또한 유사 지식인상으로는 반공주의적 지식인, 선비, 신지식인 등이 있다. 지식인의 기능적인 면만을 부각하여 폄하할 때, 지적 기술자, 지식 기사, 기술 지식인 등으로 부를 수도 있다.[52]

어쨌든 수많은 지식인상 중 자주 언급되는 유형에서는 세 가지 공통된 쟁점을 발견할 수 있었다. 또한 그것은 현재도 여전히 고민하는 부분으로 첫째, 지식인의 전문성 여부가 문제시되었고, 둘째, 그들의 역할이 거론되었으며, 셋째, 그들의 계급적 문제를 검토했다.

이 세 축을 세우면, 다양한 지식인상을 알맞은 위치에 넣을 수 있다. 이를 상세히 보면, 우선 지식인의 전문성 여부에 따라 보편적 지식인과 특수적 지식인으로 크게 갈렸다. 둘째, 그들의 역할이 무엇인가에 따라 가치를 입법자처럼 창조하는 유형과 이미 세워진 가치를 제한적으로 비판·해석하는 유형으로 나눌 수 있었다. 그리고 마지막으로 지식인의 계급과 그것을 대하는 방식에 따라 그람시의 유기적 지식인과 사르트르의 보편적 지식인, 그리고 만하임의 '자유 부동하는 지식인' 등을 생각해볼 수 있다.

내가 그들의 의견을 정확히 이해했는지 확신할 수 없다. 세계적인 지식인들의 깊은 사상에 대해 오랫동안 천착하지 않았으니 그들의 지식인상을 온전히 이해할 수 없는 게 어찌 보면 당연하다.

그럼에도 나는 '지식인의 의미가 복합적이고 입체적'이라는 점을 인식할 수 있다. 또한 '사상가가 말하는 지식인은 모두 지식생산자'이며, 특히 '(입법적이든 비판적이든 특수적이든 해석적이든) 대안 지식의 생산자'라는 점이 눈에 띄었다. 물론 각 지식인들의 임무에 대해 의문부호가 붙는다. 그 내용을 나름대로 분류해보면 대체로 세 가지다.

첫째, 지식인은 필요한가?

둘째, 시대가 요구하는 대안 지식을 생산하는 임무를 제대로 수행하고 있는가?

셋째, 지식생산자가 계급에서 자유로울 수 있다는 것은 기만적이지 않은가? 또한 지식을 생산한다는 숙명적인 역할 때문에 지식생산자가 지식수용자의 입장에서 그들을 대변한다는 자체 역시 기만적이지 않은가?

첫 번째 질문은 좀 황당하게 들릴 수 있다. 지식인이라는 존재가 과연 있는지에 대한 의문만큼이나 불필요하게 들리지만, 그에 대한 고민이 없지는 않다. 불평만 하는 사람으로 비추어지는 비판적 지식인들은 사회의 외곽으로 몰리기도 한다. 그들은 아무것도 긍정적인 생산을 하지 않는 것처럼만 보인다. 또한 사르트르가 말했듯, 지식인이 대변하려는 계급조차 지식인의 진심을 의심하기도 한다.[53] 대안 지식은 대개 기존 지식 체계와 불화하는 경우가 많다. 그러다보면 그것을 주장하는 이들은 변종 취급당하기 마련이다. 어쩔 수 없이 만하임의 '자유 부동하는 지식인'이 될 수밖에 없을지도 모른다. 그러면서도 엘리트적인 그들은 다른 곳에서 화합하기도 힘들다. 그들은 이래저래 불편하고 이상한 말을 쏟아내는 자들로 오인 받을 수 있다.

물론 지식인의 역할을 전문적인 분야에 국한하고, 직업인으로서 해당분야를 해설하고 비평해준다면 그러한 오해를 받지 않을 수도 있다. 그런가하면 아예 신지식인이나 폴리페서처럼 기존 체제와 타협하는 경우도 있다.

그러나 그만큼 지식인은 사회가 숨기고픈 이야기를 자유롭게 내뱉기는 힘들어진다. 당연히 그것을 용기 있게 말할 수 있는 사람들이 필요하다. 실제로 한국사회는 지식인의 역사가 길다. 논란의 여지가 있지만 조선 사회의 선비는 동양적 지식인상으로 그 전통을 500년 동안 이어왔다. 또 일제와 독재의 시대를 겪으면서 지식인은 없어서는 안 될 존재였다.

물론 왜 지식인들이 그런 역할을 맡아야 하는지는 정확히 설명할 수 없다. 그렇지만 사람들은 대개 많이 배운 사람들이 훌륭한 식견을 갖추고 있을 것이라 믿는다. 지식의 권위다. 그래서 지식인들은 전공분야가 아닌 문제에 적극적으로 발언한다. 그런 면에서 지식인은 전공분야의 전문가(Specialist)이면서, 다른 분야를 건드리는 일반가

(Generalist)다. 어느 쪽에 강조점을 두느냐에 따라 지식인상이 달라진다.

두 번째 질문은 지식인이 의무를 잘 수행하고 있는지에 대한 문제 제기다. 지식인이 제 역할을 하지 못한다느니, 죽었다느니 하는 말이 떠도는 것도 이와 관련된다. 사르트르는 68혁명을 계기로 근대적인 지식인들의 죽음을 선언하고 참여적 지식인을 강조했다. 그런가하면 푸코는 보편적 지식인의 한계를 말했다. 그리고 전문분야에서 특수적 지식인이 제 역할을 해야 하는 것에 초점을 맞췄다.[54] 또한 하버마스는 여전히 지식인의 역할이 중요하다고 의미부여를 한다. 이에 반해 리오타르는 지식인의 죽음을 선언한다.[55] 그는 다원화된 사회에서 어떤 하나의 가치를 세우는 지식인의 엘리트주의를 거부한다.

이처럼 지식인의 의무와 그 이행에 관한 논의는 언제나 있었다. 다만 한국사회에서는 지식인의 죽음을 거론하기에 사회의 상황이 그리 녹록치 않았다. 90년대에 이르러야 비판적이고 제한적인 역할을 하는 지식인이 부각되는 상황이다. 그 전에 우리의 지식인상은 거대담론을 거론하는 큰 인물이요, 똑똑한 의인들이었다.

세 번째 질문은 지식인의 이해관계와 관련된다. 하기야 지식인도 사람인데, 자신에게 주어진 특권에서 자유로울 수 없다. 예컨대 프롤레타리아를 대변하는 유기적 지식인에게 제도권에 편입될 수 있는 기회가 주어진다면 그들이 원래 역할을 제대로 할 수 있을지 의문이 든다.[56] 그렇다면 만하임의 말대로 순수하게 자유부동하며 어떤 곳에도 영향 받지 않고 발언하는 것은 가능할까? 물론 내가 결론 내릴 수 있는 문제는 아니다. 다만 그러한 문제제기가 있었다는 정도만 언급한다.

사르트르는 계급적 문제를 현실적으로 수용한다. 결국 사르트르가 보는 지식인이란 부르주아에게 봉사하는 위치에 있다. 그러면서도 단순히 기능적인 전문가로 머무르지 않고 프롤레타리아와의 연대를 모색해야 한다고 보았다. 그의 지식인상은 모순적 상황을 인정하고 치열하게 고민한다.

그렇다면 사르트르의 지식인상에는 의문이 제기되지 않았을까?

제기되었다. 푸코는 전문분야를 강조했다. 점점 더 복잡해지는 현대사회에서 전문분야 내 특수적 지식인의 활동을 구상했다. 그런가 하면 바우만의 해석적 지식인은 전문성의 관점에서 대중에게 전문분야의 이해를 도와 그들이 소외되지 않도록 해준다.

이들 지식인상은 전문분야에 강하게 묶인다. 자기 계급 안에 있다. 그러면서도 해당계급에 봉사하지 않는다. 그렇다고 대중을 대승적인 마음으로 도와주지도 않는다. 진짜 지식인이 많지 않다고 비관적으로 평할 수도 있다. 그렇다고 강준만이나 김성기와 같은 지식게릴라[57] 혹은 독립적 지식인이 주류가 될 수는 없었다. 독립적 지식인은 제도권에 저항하며 지식투쟁을 한다는 면에서 세 번째 질문에 적용을 받는다. 민중적 지식인 역시 대자적 민중의 탄생을 의도한다는 점에서 세 번째 질문에서 자유로울 수 없다.

그나저나 위의 지식인상 모두에서 한 가지 궁금증이 일었다.

나는 이 모두에서 수용자의 참여 여부나 방법을 알 수 없었다. 지식인만이 구체적으로 있을 뿐 대중은 언제나 불특정 다수의 객체로만 있다. 또한 위의 지식인들은 '어쩔 수 없이' 엘리트주의자다. 지식인상에 따라 조금씩 수용자를 대하는 방식만이 다를 뿐이다.

어떤 이는 다 베푸는 심정으로 뛰어들어 대중을 계몽하고 선도한다. 단, '계몽'과 '엘리트주의'의 어감이 좋지 않아서 그럴까? 요새는 그것을 노골적으로 드러내는 것을 자제한다. 그들은 서로가 공감하고 대화하여 자발적으로 움직이는 것을 의도하려한다. 하지만 기실 연대를 구축하다보면 필연적으로 누군가가 앞에서 주도할 수밖에 없다. 모두가 집단의 뜻대로 움직여주는 것은 아니기 때문이다.

무작정 대중이 옳다고 손 들어주면 그것은 대중추수주의에 지나지 않는다. 그래서 강준만이나 김성기는 건강한 지식엘리트가 선도하여 건전한 문화를 확립할 것을 제안한다.[58] 어쩌면 지식인이 엘리트 정신을 버리기란 매우 힘든 일일지도 모른다. 민중적 지식인이나 시민적 지식인처럼 민중이나 시민의 능동성을 후원하는 개념 역시 엘리트주의의 한계를 극복하기에는 역부족이라 비판받을 수 있다. 결국 계몽하는 지식엘리트의 숙명을 벗어나기 힘들다면 그것을 솔직하게 인정하거나, 그도 아니면 지엽적으로 꾸준히 비판하고 해석하는 지식인으로 활동하는 편이 현실적이다.

다만 아예 방법이 없다고 생각하지는 않는다. 강수택은 시민 스스로 지식인이 되는 방향으로 움직이고 시민적 지식인이 반 계몽, 반 엘리트적으로 그들에게 접근할 때 긍정적인 결과를 낳을 것이라 예상한다.[59]

시민지성이 자기만의 방식으로 성장하여 시민적 지식인과 만날 수 있기를 바란다. 그것이 가능하다면, 지식인은 '계몽'과 '엘리트주의'라는 숙명적 무게감을 덜 수 있을 것이다.

어디로 가야 할까?

시민지성이 시민적 지식인과 긍정적으로 조우하려면 스스로 성장해야 한다. 그리고 그 길은 여러 갈래로 나뉘어져 있을 것이다. 물론 나는 '아직은 모호한' 시민지성이 어떤 길로 가야 할지 명쾌하게 예상할 수는 없다. 다만 현재 독립저술가나 파워블로거 등의 진로와 지식인과 전문가의 역할과 의무를 떠올리며 새로운 지성의 길을 유추해 볼 수 있다.

이러한 한계를 수용한다면, 시민지성이 지향해야 할 길을 다음과 같은 세 관점으로 나누어 볼 수 있다. 그것은 첫째, 정보수용자의 관점이요, 둘째, 전문성의 관점이며, 셋째, 사회적 참여의 측면에서 살필 수 있다.

우선 정보수용자의 관점에서 보면, 시민지성이 과연 정보생산자처럼 될 수 있을까 하는 의문이 든다. 2장에서 살폈듯이 시민이라는 표현에는 이미 아마추어적이라는 어조가 깔려있다. 굳이 시민논객처럼 논객에 시민이라는 표현을 붙일 필요가 없지만 일반인이 전문가 행위를 할 때 흔히 '시민'을 붙인다. 그 단어가 붙으면 그들은 수용자의 범주에 묶인다. 고작 해야 능동적 수용자로 그럭저럭 전문적인 식견을 뽐낼 뿐이다.

그런데 이러한 시민을 시티즌이라고 한다. 프로앰과 같은 인터넷 사용자를 우리는 네티즌이라고 부른다. 시티즌의 변형어이다. 물론 그 표현이 논리적인 관계에서 태어났다고 보기는 어렵다. 사실 인터넷 피플이라든지 다른 표현이 얼마든지 있다.

그럼에도 결과적으로 네티즌은 온라인에서 시민이 사회에서 얽히는 모순과 정치적 관계 안에 놓인다. 나는 이미 프로앰의 복합적인 위치를 언급했다. 그리고 정보가 불평등하게 배분·저장·축적될 수밖에 없는 상황에서 프로앰과 같은 능동적 수용자가 그들을 대변하는 새로운 지성의 길을 모색해야 한다고 주장했다. 물론 그들은 시민적 지식인처럼 전통적인 지식인 계급에 튼실하게 뿌리내리지는 못했다.

시민지성은 수용자다. 따라서 제한된 정보를 받았을 때 그것을 어떻게 활용해야 하는가는 중요한 문제일 수밖에 없다. 그들은 대개 지식인*처럼 할 수는 없다. 그렇다면 여기서 지성이라는 표현은 초보적인 지성으로 지식인이 되려는 예비단계로 파악하거나, 지식을 흡수

---

*첫 번째 아마추어 지성의 관점으로 분류한 부분에서 '지식인'이라는 표현은 전문가를 의미한다. 사실 지식인이란 여러 의미를 지니고 있다. 흔히 우리가 통용하는 사르트르 식의 참여적 지식인도 있지만, 학식이 풍부하고 제도권에서 일정한 자격을 갖추어 학자로 인정받는 자를 뜻하기도 한다.

할 수 있는 기본 토양을 갖춘 상태를 의미한다고 보아야 적절하다. 시민지성은 아마추어라는 태생적 한계를 지녔다. 그렇기 때문에 전문가들을 능가하는 일은 결코 쉽지 않다. 전문가들은 수십 년간을 한 분야에 매진한다. 그래서 다양한 고급정보를 활용하여 결과물을 내놓을 수 있다. 시민지성이 그들을 대체하려 한다면 적어도 그 이상의 무언가를 보여야 한다. 만일 그것이 가능하다고 해도 대세가 된다면, 이건 시민지성이 칭찬받을 일이 아니다. 오히려 전문가들이 의무를 방기한 것을 혹독하게 비판해야 한다. 어떻게 전문가라는 사람들이 시민지성보다 못할 수 있는가!

시민지성은 아마추어다. 그들은 자기 위치를 냉철히 인식하고 그 가운데서도 제한된 정보로 가장 효과적으로 활용할 수 있어야 한다. 이를 위해 제한된 정보에서 현상을 되도록 객관적으로 인식하려고 노력하고, 의견과 사실을 구분하여 자신이 어디까지 사유할 수 있는지 그 한계를 명확히 긋는 습관이 필요하다. 그 다음 지적 놀이를 하든, 논리적 추론을 하든 다양한 길이 생길 것이다.

둘째, 전문성의 관점에서 볼 때 시민지성에는 표현 자체에 아마추어적인 느낌이 담겨있다. 다만 지성이라는 표현만을 보자면 단순히 아마추어에 한정되지 않는다. 그들은 지식인이 되기 위한 예비단계나 지식 친화적인 교양을 갖추고 있는 수준에서 시작해, 지성을 바탕에 둔 지식인이 될 수 있다. 더 나아가 성숙한 지성으로 발전할 수도 있다. 여기서 시민지성이 발전할 때 갈림길에 놓인다.

하나는 전문가(Specialist)를 지향하는 길이다. 최근 많은 독립저술가들은 스스로 전문분야에 매진하여 전문가와 자웅을 겨루는 '주변적 지식인'이 되려한다. 이를 위해 자기만의 지식 향유 방식은 버려야 한다. 이제 그는 전문가의 길을 걸으면서 학문의 정석을 따라야 한다. 이렇게 되면 이제 그들을 더는 시민지성이라 부를 수 없다.

물론 수용자의 태도를 유지하면서 하나의 전문분야에 파고드는 것도 가능하다. 이런 경우 의견개진을 매우 조심스러워하는 내성적인 전문가나 도발적인 이론을 과감히 펼치는 문제적인 전문가와 닮아있다. 이럴 경우 여전히 시민지성의 요소가 남아있다. 이는 언뜻 모순적이다. 시민지성의 아마추어적인 느낌이 프로의 전문성과 쉽게 섞이기 힘들어 보인다.

이것은 수용자라는 개념에서도 마찬가지다. 예컨대 글을 읽는 독자가 작가가 된다면 그는 이제 생산자다. 그들이 여전히 '순수한 수용자'인 것처럼 군다면 기만적인 태도를 취하는 셈이다. 그들은 이제 자신의 이해관계나 사회적 위상에서 더는 시민지성이 아니다.✒

관계와 위상의 변화는 언제, 어디서든 일어난다. 그런데 이는 시민적 지식인이나 참여적 지식인이 시민과 노동자를 대변하는 방향과는 반대의 지향성을 띤다. 지식인들이 시민과 노동자들의 지적욕구를 끌어올려 사회 변화를 꾀한다면, 시민지성은 시민과 노동자 스스로

✒단 전문가의 길을 걷더라도 수용자 특유의 지식 향유 방식을 고수하면, 여전히 시민지성의 범주에 넣을 수 있다.

자기 방법을 지니고 지적 상승을 바란다. 그렇게 지식인은 시민에게로, 시민지성은 지식인에게 다가가 중간교착지에서 만날 수도 있다.

여기서 만일 시민지성이 수용자의 지식 향유 방식을 포기하고 생산자의 문법을 따른다면, 엄밀한 사유 방식을 지닌 지식인이 많아질 수도 있다. 그것은 결코 나쁘지 않다. 다만 그런 경우는 거의 불가능하다. 현실적으로 거의 언제나 수용자는 제한된 정보만을 얻는다. 불변의 진리라고까지 우겨도 무리 없다. 그렇기 때문에 제한된 정보를 받아들이는 습관과 수용자만의 의미 있는 지식 향유방식을 터득해야 한다. 결국 어디서든 수용자가 압도적으로 많다. 그들이 운 좋게 전문가가 되더라도 한 분야에서만 전문가일 뿐이다.

그래서 시민지성은 전문가보다는 일반가(Generalist)를 선택하는 편이 더 바람직하다. 사실 시민지성은 이미 일반가의 입장에서 등장할 수 있는 용어다. 그들은 여러 분야의 제한된 정보를 수용하여 비판적으로 사유하며 소극적으로 상상한다. 그리고 '나름대로 어떤 태도'를 취할 수 있다. 일반 시민이 오로지 한 분야에 대해서만 말하지는 않는다. 그들은 TV를 보다가 정치·사회·경제·스포츠·연예 등 다양한 분야에 대해 의견을 자유롭게 말한다. 일반가인 셈이다. 여기서 의견개진을 세련되게 하려면 인식 가능 범위를 정하고, 사실과 의견 등을 명확히 잘라내어 판단하고 상상하는 습관이 중요하다.

물론 그들 중에도 기자처럼 지식생산자의 태도를 지닌 유형도 있다. 다만 첨단의 지식수용자인 셈이다. 그들은 시사비평가의 논평적 태도를 취하거나 다큐멘터리 감독처럼 사태를 객관적으로 관찰하려 한다. 그들은 역시 현상을 직시하고 모르는 것을 잘라내고 인식하려 한다. 하지만 결정적으로, 그들은 모르는 것을 알기 위해 적극적으로 새로운 사실을 발굴한다. 그 점에서 일반 수용자와는 다르다. 그들은 능동적 수용자와 생산자의 중간지점에 속해 있다.*

셋째, 사회적 참여의 측면에서 살필 때는, 지식을 능숙하게 향유하면서 그것을 어떻게 활용할 것인가가 문제다. 여기서도 시민지성의 길은 분파한다. 전문가의 길을 선택한 시민지성의 경우, 전문 직업인과 행동하는 지식인의 양 갈래길 중에 하나를 선택할 수 있다.

반면 일반가의 길을 선택했다면 시민지성(프로앰)이 자신의 복합적이고 모순적인 위치를 고려할 수 있다. 그리하여 일상과 밀착한 사회문제에 적극적으로 참여할 수 있다. 다만 이들은 일반가이자 아마추어다. 또 사회는 체제를 비판하는 자에게 호의적이지 않다. 자연히 시민지성의 습관을 키울 만한 직업군이 많지 않다. 기자나 문학가 정도가 있겠다. 물론 이 직군조차 완전히 시민지성적이지 않다. 이때 시민지성은 주로 '지적 유희를 지식을 다룰 줄 아는 비판적' 시민으로서 사회에 참여한다.

이와 같이 시민지성의 지향점은 세 가지 관점과 전문가와 일반가라는 두 가지 정체성에 따라 총 여덟 가지의 요소로 분류해볼 수 있다.

---

*문학가의 경우엔 수용자의 태도를 고수한다. 하지만 이미 제도적으로나 문화적인 면에서 지식생산자의 위치에 서기 때문에 기자처럼 독특한 위치를 점하는 일반가들이다.

이를 정리해보면,

① 지식생산자의 태도를 지닌 직업인로서의 전문가 (예 : 교수)
② 지식생산자의 태도를 지닌 전문가이면서 참여적 지식인 (예 : 특수적 지식인)
③ 지식생산자의 태도를 지닌 일반가이면서 전문 직업인 (예 : 기자)
④ 지식생산자의 태도를 지닌 일반가이면서 참여적 지식인 (예 : 종군기자, 시사비평가)
⑤ 지식수용자의 태도를 지닌 직업인으로서 전문가 (예 : 탐정, 비판가)
⑥ 지식수용자의 태도를 지닌 전문가형 시민지성 (예 : 프로앰, 일부 독립저술가)
⑦ 지식수용자의 태도를 지닌 일반가로서 전문 직업인 (예 : 문학가)
⑧ 지식수용자의 태도를 지닌 일반가로서 시민지성 (예 : 대다수의 수용자)

나는 위와 같이 구분 지었다. 다만 이것은 일시적이고 임의적으로만 참조할 수 있다. 이 구분이 고정관념으로 작용하기 시작하면, 그때는 반드시 폐기해야 할 것이다.

어쨌든 시민지성의 지향점은 다양하다. 그리고 이 여덟 가지 요소가 겹치거나 요소의 행간에 틈새처럼 존재하는 길이 있다. 이 모두 나름대로 시민지성의 중요한 길이다. 하지만 그중에서 여덟 번째 지향점이 가장 중요하다고 생각한다. '지식수용자의 태도를 지닌 일반가

로서 시민지성'이야말로 대다수의 수용자와 연관되기 때문이다. 이
들이 시민사회의 일원으로 제몫을 하고 사회를 고민할 때, 진정 성숙
한 시민지성이 발현할 수도 있다. 이들이 열쇠다.

2-3.

지식

시민지성은 제한된 정보만을 활용하여 사유해야 하는 한계를 지닌다.[60] 비판적으로 현상을 판단하여 자신이 인식할 수 있는 범위부터 확정하고 거기서 추론하여 상상할 때, 설령 그것이 진리는 아니더라도 진리에 근접할 수 있다. 그도 아니면 최소한 시민지성으로서 더 지적으로 유희할 수 있는 자질을 키울 수 있다.

그런데 여기서 한 가지 중요한 전제가 있다. 즉 사유를 출발할 수 있게 하는 최초의 '대상'이 있어야 한다. 보통 네티즌은 어떤 기사를 읽고 사건을 인식한다. 예컨대 정치인의 뇌물수수사건을 읽으며 상식적으로 그것이 비도덕적이라고 판단한다. 그러고는 더 많은 기사를 찾아본다. 이때 사실관계를 더 상세히 파헤치는 기사가 있을 것이다. 혹은 시민들의 상식적인 반응을 살필 수 있다. 그런가하면 '도덕불감증'이라는 용어를 들먹이며 이러한 문제를 인문학적인 지식을 인용하여 설명할 수도 있다. 뇌물수수의 역사적 사례를 들 수도 있다. 어쨌든 네티즌이 이 사건을 인식하면서 다양한 생각을 할 수 있다. 사건이 있어야 자료를 찾아볼 수 있고, 태도도 정할 수 있다. 그때야 비로소 옹호하든지 비판할 것이다.

미디어에서 뻔뻔하게 사실을 왜곡하더라도 그 현상의 행간을 짚고 보도 주체를 염두에 두면서 진실을 추론해볼 수 있다. 그런데 만일 모든 미디어가 어떤 사실에 대해 '보도하지 않는다면', 우리는 적극적으로 추론하여 상상할 수 있는 권리를 박탈당한다. 게다가 박탈당했다는 사실조차 인지하지 못할 확률이 높다.

그래서 시민지성은 근본적인 이론·사건·인물 등을 더 분명히 인식하려는 자세를 지녀야 한다. 고급정보를 지니고 있는 전문가라면 여러 정보에서 '어떤 사건'의 발생을 추론해낼 수 있겠다. 반면 시민지성은 제한된 정보만을 활용해야 한다. 따라서 명석하게 미래의 가능성을 가늠하기 어렵다. 예컨대 일반시민들은 외환위기와 같은 큰 사건을 미리 알기 힘들다. 결국 사건을 알려면 직접 사태를 겪거나 기사를 봐야 한다. 혹은 전문가가 사전에 그 위험성을 경고해야만 비로소 이를 사유할 수 있다.

여기서 사유의 핵심이 될 만한 소재는 단순히 사건과 사실을 드러내는 '데이터'일 수도 있고, 어떤 사건에 대한 '일반상식' 혹은 깊이 있는 '전문지식'일 수도 있다. 그런데 만일 데이터나 일반상식 그리고 전문지식이 왜곡되었거나 피상적 수준에 머물러 있다면 어떨까?

사실 일반상식은 이미 그 단어에 피상적이라는 의미가 함축되어있다. 때로는 고정관념을 강화하는 표현들도 일반상식으로 통용되기도 한다. 일반상식은 어디에나 있다. 그래서 우리 스스로 일반상식을 더 예민하게 의심하고 비판해보는 것은 비교적 수월하다.

반면 여러 분야의 데이터에 대해서는 쉽게 태도를 정하고 비판할 수 없다. 예컨대 경제학을 모르면서 향후 10년간 경제성향 전망에 대한 전문적인 데이터를 보고 그 옳고 그름을 단정할 수 없다. 일반적인 데이터는 또 어떤가. 지난 10년간 서울에서 발생한 교통사고 건수를 정리한 자료를 보고 우리는 그것의 타당도와 신뢰도를 단번에 파악할 수 없다. 이때 나는 해당 전문가의 의견을 참고한다. 또한 보도 주체 등 여러 요소를 검토하고 태도를 결정한다. 그들에게는 해당 데이터의 진위를 판별할 수 있는 능력이 있다고 신뢰하기 때문이다.

다만 그들이 정말로 그것을 정확하게 이해하고 평가해낼지는 알 수 없다. 혹여 실력이 형편없거나 이해관계에 얽혀있는 전문가가 거짓된 판별을 할 수도 있다. 이러한 상황에서 수용자는 넋 놓고 있다가 무방비 상태에 놓인다.

더구나 수용자가 고도의 전문지식을 받아들일 수 있는 부분이 적다. 그것은 해당분야의 복잡한 이론체계다. 나는 종종 기자들이 소개해주거나 교양서적에 요약해놓은 간결한 내용만을 취해서 개괄적이고 피상적으로 알 뿐이다. 심지어 해당분야 안에서도 분업화가 고도로 이루어져 해당 직무가 아니면 상황이나 내용을 알 수 없는 경우도 많다. 황우석 사태가 생긴 것도 이 때문이다. 해당 전문가들도 쉽게 접근할 수 없는데, 다른 분야의 지식인이 이를 비판하기란 대단히 어렵다. 당연히 수용자로서는 꿈도 꿀 수 없다. 결국 해당 전문가 집단 내에서 그들 스스로 지식의 정화작용을 하는 것이 일차적이다. 이것은 수용자가 쉽게 해낼 수 없는 부분이다. 일부 지식인들은 이를 바로잡기 위해 비판하기도 한다. 여러 단계의 자기반성은 중요하다.

이에 비해 일반적인 데이터나 일반상식 등은 고도의 전문적인 기술이나 수준을 요하지 않는다. 그 덕분에 오래 공을 들이면 일반인이라도 높은 수준의 판단력을 갖출 수 있다. 기자들은 직업적으로 이 내용을 정돈하여 기사로 싣는다. 프로앰들 역시 자신의 관심분야에 대해 자료를 방대하게 수집하기도 한다. 짧은 시기에도 어느 정도 방법을 터득할 수 있다.

그런데 현대사회의 고도화된 전문분야로 갈수록 그 장벽이 매우 높다. 예컨대 하루아침에 의학지식을 쉽게 받아들이기 어렵다. 아무리 봐도 이해하지 못할 내용도 자주 보인다. 물리학이나 공학은 어떤가. 일반인에게는 그냥 암호로 이루어진 정보일 수도 있다. 모든 것을 거기에 걸어도 전문성을 확보하기가 쉽지 않다. 그러니 가벼운 관심사 정도로 전문가 수준에 이른다는 건 언감생심이다. 더구나 최근에는 전문성의 깊이가 더 강조된다. 사실 현대사회의 분야는 매우 고도로 발전해서 다른 분야의 사람들이 알아듣지 못할 수준까지 이르렀다.

물론 지식은 깊어지고 넓어져야 한다. 더 깊이, 더 많이 확보할수록 좋다. 전문가들은 지식의 참·거짓을 명확한 관점에서 분류하고 모두 저장해두어야 한다. 그것에 대한 수많은 이해와 해석은 좋다. 심지어 거짓이거나 저급하다고 판명 난 지식조차 함부로 폐기처분할 수 없다. 그것은 우리의 몫이 아니다. 나는 그것을 버리는 데 역점을 두기보다는 데이터베이스 구축 능력을 더 신장하는 데 열정을 쏟는 것이 우리의 몫이라고 생각한다. 잘못이라고 판정 난 지식이 훗날 참일 가능성도 있을 것이고 전혀 다른 관점에서 그 지식을 활용할 수도 있다. 미래 세대의 잠재력에 대해 우리는 그 가능성을 열어두어야 한다. 지식이 깊어지고 넓어질 때 지식을 향유할 수 있는 경우의 수도 다양해지고 현상에 대한 소모적인 지적 소비를 되도록 지양할 수 있다.

그러기 위해서 데이터·일반상식·전문지식 등이 다채로워야 한다. 또 그 참과 거짓을 지속적으로 판별해야 한다. 시민지성은 이 지점에서부터 자신의 수용력을 인식하고, 인식 가능한 대상의 범위를 확정할 수 있다. 그 진원지에서 출발하여 여러 정보를 찾고 연결하여 이해하고 해석하는 작업을 할 수 있다. 지식이 풍성하면 아무래도 수용자가 활용할 수 있는 근거 역시 예전보다는 많아진다. 또한 전문가가 제 역할을 해낼수록 그 근거는 튼튼해질 것이다.

지식 기반이 약하면 정보가 아무리 원활하게 돌아도 정보 가뭄에 들 수밖에 없다. 공허한 정보만이 넘치고 유용한 정보가 줄어들 때 시민지성은 믿을 만한 근거를 찾지 못한다. 그들은 그저 빈약하고 소모적인 상상만을 내뱉고 말 것이다.

그래서 깊은 지식을 생산하는 역할은 매우 중요하다. 그것은 최초의 인식 대상을 설정하고 이를 튼튼하게 뒷받침할 기둥이 되어준다. 우리는, 오랫동안 한 분야에 매진하여 해당지식을 능숙하게 활용하고 새로운 지식을 파생하는 사람들을 흔히 '전문가'라고 부른다. 그들이야말로 한 곳에 치열하게 몸 담근 장인이며, 시민지성의 성장에 꼭 필요한 도우미다.

그렇기 때문에 그들이 제 기능을 못 하면 맹렬히 비판하여 제 역할을 할 수 있도록 해야 하고, 제 역할을 할 때 마땅히 존중해야 한다.

Chapter 3 전문성의 시대

3. 전문성의 시대

전문성은 이 시대의 화두다. 세계는 복잡하다. 그 신비로운 대상을 규명하기 위해 많은 분야에서 깊이 있게 지식이 발전했다. 현대사회에서 전문분야는 눈부신 성과를 냈다. 그것은 인류의 미래를 위협하는 면모도 보인다. 그 어느 쪽이든 전문지식은 이제 관련 분야 전문가가 아니라면 이해하기 어려운 경우가 많다. 너무 깊어 서로 소통하지 못하는 지경에 이르렀다. 더구나 끊임없이 더 정교한 지식이 생산되고 있다.[61]

경계를 넘는 사유로 더 나은 지식을 생산할 수도 있는데, 이에 대해 소홀했던 것이 사실이다. 그래서 최근에는 '분야 간의 적극적인 교류'를 강조하는 추세다. 전문지식들을 따로따로 사회현상에 적용하기에는 문제가 훨씬 복합적이고 입체적이다. 그래서 각 전문지식을 적절하게 활용하여 탄력적으로 세상을 읽고 더 나은 지식을 생산하려 한다.

그렇다고 무조건적으로 '분야 간의 적극적인 교류'를 강조할 수는 없다. 각 전문지식의 깊이가 뒷받침되지 않으면 교류는 소용없다. 얄팍한 지식으로 서로 교류한들 현상을 해결하는 데 딱히 유용하지 않다. '분야 간의 적극적인 교류'란 깊어진 것으로 폭넓게 보자는 의미지, 무작정 넓게만 보자는 의미는 아니다.

시민지성들도 전문성을 중심에 두는 추세에서 자유로울 수 없다.

일례로 그들이 역사에 관심을 지니고 관련 책을 내더라도 그 전문성의 권위를 획득하기가 쉽지 않다. 단순히 취미만으로 글쓰기를 업으로 삼는다는 것은 분명 한계가 있어 보인다. 나 역시 책을 고를 때 그 저자가 관련 분야에서 얼마나 경력을 쌓았느냐 하는 부분을 눈여겨보곤 한다. 모르는 분야일수록 더 그렇다.

이때 전문성의 인증은 주로 제도권의 몫이다. 이에 대해 학위와 자격증이라는 형태로 전문성의 인증이 이루어진다. 사실 전문성의 수준이 항상 일정할 수는 없다. 노력하지 않으면 과거 높은 수준을 자랑하던 전문가도 퇴보할 수 있다. 반대로 낮은 전문성을 지녔던 사람이 수준급의 실력을 뽐낼 수도 있다.

물론 매번 객관적으로 전문성을 점검한다는 것은 만만치 않다. 그러므로 우리는 대개 제도권의 학위나 자격증으로 그것을 판단하곤 한다. 대학의 학위를 땄을 때 그 대학을 다니는 학생의 모든 것을 말해주지는 않지만 그가 '대체로 그 학교의 명성에 걸맞은 능력을 지니고 있을 것'이라 판단한다. 누군가 일정한 절차를 거쳐 공인된 자격증을 획득했을 때 그 합격자가 그에 합당한 전문성을 지녔을 것이라 믿는다.

이것은 일종의 합의다. 우리는 그 사람이 지닌 전문성, 기술 숙련도를 일일이 검토하기 불가능하다. 그 때문에 효율적이고 효과적인 합의가 필요하다. 학교와 자격증 제도는 이 같은 합의를 바탕에 둔다. 그렇게 특정 기관과 제도를 통해 전문적인 인력을 안정적으로 사회에 공급할 수 있다. 이때 필연적으로 사회에 필요한 전문성만을 취사선택하는 과정을 거친다. 나는 사기꾼과 특수절도범 등을 양성하는 합법적인 기관이 있다는 것을 들어본 적이 없다. 반사회적인 전문성뿐 아니라 학문으로 성립하지 않는 분야도 제도권의 선택을 받지 못한다. 그런가하면 전통적 학문으로 오랫동안 전문성을 쌓아온 분야조차 시대에 따라 천덕꾸러기 취급을 받기도 한다. 예를 들어 철학을 위시한 인문학은 대체로 제도권과 자본주의적 문화에 비판적인 성향을 띤다. 자본주의적인 이윤 창출에 별로 유용하지 않다. 설령 유용하더라도 너무 오래 기다려야 하거나 그 효과가 모호하다. 따라서 이러한 학문은 최근 환영받지 못하는 추세다. 그것은 학생들에게도 그렇지만 학교를 운영하는 입장이나 기업에서도 적극적으로 그 학문을 육성하고픈 매력을 느끼지 못한다.[62]

이처럼 전문성은 사회의 요구에 맞게 취사선택된다. 최근에는 지식의 기능적인 면만이 강조된다. 기초학문은 도외시하고 응용학문과 친자본주의적 학문이 각광받는다. 그것을 전공해야 취직이 수월하다. 사실 한국의 경우에는 그러한 풍토가 예전부터 이어져왔다.[63] 더구나 주입식 교육은 기초교육부터 고등교육까지 교육 문화 전반에 뿌리 깊다. 과정을 생략하고 결과를 내는 풍토에 대한 비판은 이제 듣기에 식상할 정도다.

기능적인 면을 강조하고 결과를 내는 데만 몰두하다보니 지식이 얇아지는 수준을 넘어서 그 얇은 지식조차 끊임없이 소비된다. 그러면 지식을 수입해야 한다. 창의성을 강조하지만 여전히 우리에게는 창의적인 사유를 할 만한 여력이 많지 않다.

대신 쓸모없는 자격증이 많다. 자격증을 가진 이가 해당분야에 무지한 경우도 비일비재하다. 시험제도에 맞춰 대학에 합격한 학생의 수준도 신뢰하기 어렵다. 대표적으로 컴퓨터 자격증은 대학 생활동안 놀기만 한 것은 아니라는 것을 보여줄 뿐이다. 게다가 토익 900이 넘어도 회화를 못하는 경우가 많다. 토익 점수를 올리기 위해 학원에서 답 맞추는 편법을 배우기 때문이다. 그러자 이번에는 어학연수를 가서 연수 인증서를 받아온다. 어느 순간부터 학위와 자격증은 전문성과 별 상관없게 되었다. 전문성을 획득하려면 스스로 투자하여 재교육을 해야 하는 셈이다. 투자비용이 만만찮게 늘어 교육의 부익부 빈익빈 현상은 더욱 심해진다. 결국 서민은 전문성의 시대에 경쟁에서 밀린다. 어설픈 전문성에 적합한 위상을 부여받는다. 그리고 이들은 결국 세월을 허송한 후 기업에서 다시 교육을 받는다. 전문가를 양성하는 데 비용의 낭비가 심하다.

설령 이 모든 부분이 긍정적으로 기능하더라도, 전문성이 얄팍한 지식만을 생산하는 특성이어서는 안 된다. 전문가들은 전문성의 체질을 근본적으로 개선하고 강화하려면 기초 학문을 키워야 한다고 조언한다. 또한 주입식 교육과 같은 지식의 기능적 습득을 강조하는 교육풍토를 개선해야 한다고 지속적으로 주장한다. 현 자본주의의 영향 아래 잠식당한 제도권 학자들이 지식 생산에 소모적이고 기능적인 부속품으로 전락했다고 비판한다.[64] 지식 기능공과 같은 표현을 쓰며 학문의 비판적인 기능을 저버리고 지배층에 봉사하는 하수인으로 묘사한다. 또 학교나 제도의 이데올로기적 기능을 분석하기도 한다.

시민지성은 이 점을 끊임없이 인식할 수밖에 없다. 전문성은 시민지성의 입장에서 걸림돌이자 반드시 살펴야 할 시대적 특성이다.

3-1.

시대의 아웃사이더, 비전문성

흔히 "나는 비전문가야"라고 외칠 때 이것은 자조 섞인 말일 수는 있어도, 능력을 자랑하려는 의도를 담고 있지는 않다. 현대사회는 전문성을 미덕으로 삼는다. 아무리 다양성을 얘기하더라도 한 분야에서 전문성을 획득해야만 권위를 부여받는다.

사실 전문성과 대별되는 특별한 성향이 눈에 띄지 않는다. 말하자면 우리는 전문성과 일반성을 동등한 위치에 놓지 않는다. 그렇다고 전문성의 파생어인 비전문성을 동등한 위치에 넣기도 애매하다. 그 정도로 전문성은 강조된다. 최고의 권위자, 전문가라는 표현은 있어도 일반가라는 표현으로 누군가를 공식적으로 소개하는 경우는 거의 없다. 심지어 비'전문성'이나 비'전문가'라는 표현에도 이미 전문성이나 전문가가 상정되어 있질 않은가. 그러므로 '전문성을 획득하지 못한(非) 자는 전문가가 아닌(非)' 셈이다. 아무래도 '비전문성을 획득하면 비전문가가 된다'는 표현은 어색하다.

그런데 사실 비전문성에서 전문성으로 발전한다. 영역의 크기로는 비전문성의 영역이 가장 넓다. 비전문성은 독자적인 특성으로 분류할 수 없는 '나머지'다. 따라서 많은 이들이 그 영역에 속하지만, 그 영역은 황무지처럼 버려진 땅 취급을 받는다. 말하자면 그곳에서는 아무것도 자라지 않아 언젠가는 모두가 떠나야 할 영역인 셈이다.

이는 완전히 틀린 말은 아니다. 비전문성이 단순히 '전문적이지 않다'고 표현할 수 있는 모든 영역을 아우를 수 있다면 얘기가 다르다. 하지만 실상 비전문성이라 하면 전혀 조직화되지 않은 질 낮은 사유와 관련 있다. 예컨대 우리는 박학다식한 일반가에게 "당신은 참 비전문적이군요"라고 말하는 경우는 드물다. 엄밀하게 그 역시 비전문적인 것은 사실이지만, 그렇게 말하는 것이 자칫 무례할 수도 있다. 또한 독립저술가나 재야학자에게 "당신은 비전문가군요"라고 말한다면 역시 좋지 않은 상황이 생길 수도 있다. 사실 '비전문적'이라는 단어 자체에는 어떠한 나쁜 의미도 담겨있질 않다. 그럼에도 상대를 모욕하려는 의미가 담기거나 자책하고 한계를 인정하는 표현으로 쓰일 수도 있다. 결국 비전문성은 그것을 벗어나는 방향으로 변화하기 마련이다. 그 변화의 양상은 대체로 두 가지 형태로 드러난다.

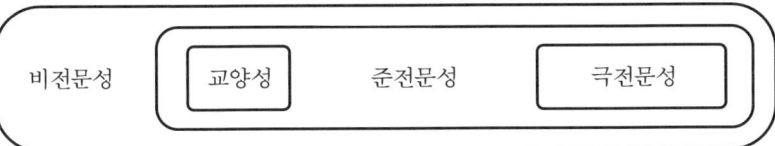

비전문성　　교양성　　준전문성　　극전문성

그 첫째는 전문성의 지향이요, 둘째는 비전문성 내에서 새로운 특성으로 변환하는 것이다. 우선 첫째의 경우를 보면 전문성은 세부적으로 극전문성, 준전문성 그리고 교양성을 나눌 수 있다. 그 중 극전문성은 해당분야의 고급전문지식에서 발생한다. 이 성향이 강할수록 일반인의 접근도가 떨어진다. 따라서 사람들은 이 분야의 지식을 이해하려면 전문가의 도움이 절실하게 필요하다.

예컨대 누구나 정치에 대해 말한다. 요즘 사회문제에 한탄하며 인문학적 지식을 늘어놓는다. 그들은 전문가들의 말을 전적으로 신뢰하지는 않는다. 그만큼 해당 지식을 수용할 만한 여력이 있다. 그 덕분에 비판적 자세를 견지할 수 있다.

그런데 의학이나 물리학과 같은 분야로 오면 이야기가 달라진다. 친절하게 이론을 제시해주어도 그것을 제대로 이해하기조차 어려운 경우가 많다. 이때 전문가들은 강력한 권위를 얻는다. 우리는 그 말에 의지해서 내용을 가늠한다. 그들이 쉬운 용어로 친절하게 설명해주기를 바랄 뿐이다. 끝내 내용을 이해하지 못해놓고 입 다물고 아는 척할 수도 있다.

준전문성은 전문성의 경지에 이르지는 못했지만 '상당히 전문적인' 특성을 일컫는다. 이것은 극전문성에 이르는 예비 단계의 특징이다. 또 이미 상식에 가까울 만큼 보편화된 전문지식의 성향이다. 시사상식에 많이 나오는 학술용어나 내용은 대개 준전문적이다. 그리고 이 중 제도권의 계몽적 사고에 입각해서 시민이 알아야 할 필수지식을 선별하여 알기 쉽게 했다면 이는 교양지식이며 교양성을 띤다. 그러므로 교양성은 준전문성 안에 포함된다. 여기서 비전문성은 보통 준전문성이나 교양성으로 변화한다. 단번에 비약하여 극전문성을 띠는 경우는 거의 없다.[*]

한편 두 번째의 경우에는 비전문성에서 '비'가 탈락하지 않은 채 전혀 새롭거나 나름대로 독자적일 만한 특징을 띤다. 대표적으로 문학성을 들 수 있다.

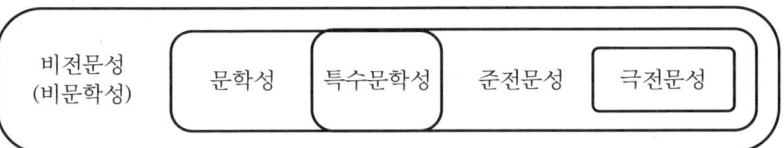

이때 문학성은 문학 분야의 정교한 이론과 실례를 바탕에 두고 학계의 전문성과는 다른 '또 하나의 전문성'을 획득한다. 특수문학성은 기존 전문성 영역과의 교집합에 놓인다. 그것은 비평문학, 르포문학, 역사나 SF, 의학전문 소설 등 장르문학이 놓이는 자리다.

그런가하면 비전문성을 잘 정돈한 곳에서 일반성이 드러날 수 있다.

---

[*] 니체처럼 지극히 독창적인 이는 기존 학풍과는 전혀 다른 사유를 펼쳤다. 그것은 학계의 전문성과는 관련이 없을 뿐 아니라 일반성을 띠지도 않는다. 그것은 그냥 니체적이다. 비전문성을 띤 그의 철학은 단숨에 극전문성의 영역에 편입된다.

| 비전문성 | 일반성 | 교양성 | 준전문성 | 극전문성 |

또는 주로 학문에서 벗어난 다양한 지식에서 일반성이 발생한다. 상식처럼 모두가 알 만한 지식에서 생길 수도 있고, 사회현상의 데이터 등에서 생길 수도 있다. 기사에는 이러한 특성이 많이 보인다. 기사에는 준전문성이나 극전문성을 띠는 경우는 드물다. 일반성은 교양성을 포함하지만 제도권의 입장에서 선별된 지식은 아니다. 그것은 비전문성의 영역에서 발생한 산발적인 데이터나 지식을 정리할 때 주로 드러난다. 말하자면 그냥 시사 사건을 기사화할 때 일반성을 띠지만 이것을 세공하지 않는 한 전문성을 띠는 정보는 아니다.

일반성 영역의 정보들은 아직 정돈되지 않았다. 그것은 비전문성과 구별하기가 모호하다. 사실 구분하지 않는 편이 나을 때도 있다. 영역도 애매하게 걸쳐있다. 예컨대 르포는 문학이면서 저널리즘의 영역에도 있다. 그러면서 르포의 기법은 고난도처럼 보이지 않는다. 그것들은 비전문성을 띤다.

즉, 비전문성을 세련화한 중요한 형태로서 일반성 등을 끊임없이 고민해야 한다. 비전문성은 다른 특성으로 변화할 수 있다. 당연히 일반성을 띠는 것으로 변할 수도 있다. 다만 아무리 비전문성을 다른 특성으로 바꾸려고 해도, 모든 비전문성이 완전히 사라지지는 않을 것이다.

결국 시민지성은 비전문성의 영역에서 출발해야 하는 태생적인 한계를 지닌다. 그리고 그들은 비전문성을 극복하기 위해 노력한다. 자신이 프로앰으로 각광을 받다가 출간을 하거나 유명인이 되면 정규 교육 과정을 이수하여 전문성의 권위를 얻으려 한다. 경쟁에서 살아남으려는 선택이다. 이는 결코 나쁜 것이 아니다. 사실 어떤 분야에서 전문성을 획득하면 또 한 명의 전문지식 생산자가 생긴다는 것이다. 이는 환영해야 마땅하다.

다만 우리는 지금 시민을 염두에 둔다. 그리고 그들은 어쨌든 비전문적이다. 시민은 현실적으로 항상 다른 영역으로 이동하는 데 성공하기 힘들다. 죽을 때까지 비전문적인 수준에 머무를 확률이 높다. 따라서 비전문성 자체를 더 탐구해야 한다. 비전문성의 영역은 여전히 발굴되지 않은 원석이 묻혀있는 곳이다. 가장 넓고 영원히 사라지지 않을 미지의 대륙이다.

3-2.

홀로 서기 위하여

우리는 종종 다른 곳과 자신의 영역이 다르다는 것을 인식한다. 그러면 자기만의 요소를 추려서 체계화한다. 배타적 영역을 확립하려는 목적 때문이다. 이때 배타적 영역의 성향이 독립성이다.

이러한 독립성은 어떤 대상이 새롭게 변하고자 할 때 '원래의 특성'에서 '변하려는 특성'으로 변화할 때 맺는 관계와 새로운 특성이 뿌리 내리는 순간까지도 포함한다. 예컨대 독립성은 식민 지배를 받던 한민족이 독립 국가를 세우려는 열망을 지니는 순간에 발생한다. 또한 독립 국가를 선포하고 더는 독립 자체가 한민족의 화두가 되지 못할 때까지 지속한다. 물론 그 후로도 독립성이 사라진다고 말할 수 없다. 하지만 더는 중요하게 상기해야 할 특성으로 기능하지 못한다. 독립하고 나면 더는 독립 자체가 소중하게 다가오지 않는다. 그래서 그 화두는 수면 아래로 가라앉는다. 그때부터 국가의 다른 현안들이 해결해야 할 문제로 다가가는 것이다.

비전문성에 대한 문제에서도 독립성이라는 화두는 유효하다. 다시 그림을 보자.

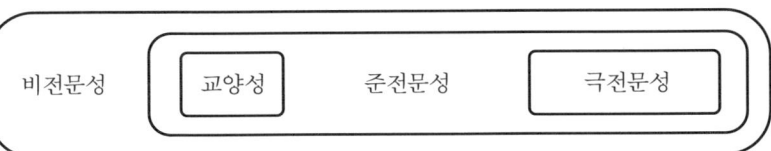

여기서 독립성은 어떤 구체적인 영역이나 고정된 대상에서 발생하는 것이 아니다. 정보가 지식과 달리 관계적인 개념인 것과 유사하다. 예컨대 언어학자 소쉬르와 인류학자 레비스트로스가 구조주의 철학의 탄생에 기여했을 때, 철학 내 세부분야에서 구조주의는 독립성을 획득한다. 이때 타 학문과 확실히 구별할 수 있는 관점이나 방법론 등 배타적인 기술을 지니는 것이 관건이다. 즉 독립성을 확보하려면, 다른 분과와의 경계를 치열하게 인식하고 선을 그어 자신의 영역을 확보해야 한다. 처음에는 개성적으로 연구주제를 고찰하려는 갈망에서 독립성이 태어난다. 그러다가 구체적인 방법론을 확립하고 구조주의가 하나의 분야로 튼튼히 섰다. 그때부터 독립성은 더는 절실한 특성으로 기능하지 못하고 수면 아래로 가라앉는다. 그것을 부르짖지 않고도 이미 하나의 분과로 자리 잡았기 때문이다. 이때 이 사례는 전문성의 영역 내에서 이루어졌다.

그런가하면 문헌학자였던 니체처럼 전통적인 학문의 밖에서 다소 모호한 상상력을 밀어붙일 수도 있다. 이 경우는 비약적으로 극전문성을 획득하는 사례다. 당시로서는 꽤 이질적인 사유로서 자신의 확고한 독립의지를 표현했다. 그리고 그것은 일종의 니체학이라 할 만한 위치에 선다. 역시 독립성은 수면 아래로 가라앉는다.

문학성의 영역에서도 독립성은 존재한다. 사실 문학성의 역사는 매우 오래되었다. 그래서 문학성 내에서도 독립성을 획득하려는 사례가 매우 많다. 수많은 예술가들이 자신만의 창작이론이나 작법, 감성 등을 표현하려 평생을 바치기도 한다. 어떤 이는 기존 풍토 내에서 자기 예술세계의 독자성을 획득한다. 또 어떤 이는 사조나 장르의 탄생에 크게 기여하기도 한다. 이를 위해 우선 기존에 있던 대상을 파악한다. 그리고 끊임없이 경계선을 자기 방식대로 그었다가 지운다. 그러다가 마침내 적절하게 배타적 영역을 그어 자기만의 경계선을 확정한다.

반면 일반성의 영역에서는 독립성을 획득하려는 사례가 많지는 않다. 일반성을 획득했다고 말할 수 있는 저널리즘의 '기사'를 제외하면, 도대체 무엇이 일반성을 띤다고 말할 수 있을지 불확실하다. 그래서 일반성의 영역을 굳이 따로 분류하는 경우조차 드물다.

사실 우리는 고등학교 때까지 '비문학'과 '문학'이라는 구분에 익숙하다. 또한 사회에서는 전문성과 비전문성만을 주로 언급한다. 아무래도 '일반'과 '비일반'으로 나누는 경우는 매우 드물다.

또한 일반성은 모호해서 대개 전문성과 문학성의 영역으로 재분류할 수 있는 경우도 있다. 그래서 배타적인 선을 명확히 그을 수 없을 때가 많다.※ 예컨대 〈논리야 놀자〉 시리즈는 일반저술이면서, 교양저술이다. 르포문학은 일반저술이면서 문학저술이기도 하다. 그러므로 기사를 제외하면 굳이 일반성의 영역을 엄밀히 고찰하는 것은 실익이 없어 보인다.

그럼에도 일반성을 함부로 외면할 수 없다. 비전문성에 독립적인 특성이 스며들 때 변화되는 중요한 특성 중 하나가 일반성이다. 만일 이상적으로 모든 비전문성이 일반성으로 변화하면, 다음과 같이 그림을 그려야 할 것이다.

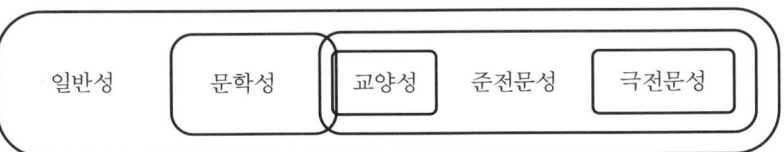

물론 모든 영역이 전문성이나 문학성 등으로 승화하고 모든 사람이 전문가나 문학가가 된다면 좋겠지만 현실적으로 그것은 거의 불가능하다. 그래서 그보다는 '또 하나의 전문성'으로서 비전문성을 체계화하는 편이 현실적이다.

※대표적으로 기사조차 일반인이 쓰기에 어렵지 않다. 그것이 나쁘다는 의미는 아니다. 다만 그 때문에 기사는 가끔 비전문성과 전문성 사이에 모호하게 걸치기도 한다. 영역의 배타적 경계가 모호해지는 것은 분명하다.

앞에서 비전문성이 변화하는 특성으로 전문성과 문학성 그리고 일반성을 들었다. 이 중 전문성을 획득하려면 제도권에서 인정할 만한 과정을 밟아서 전문가가 되면 가능하다. 문학성을 획득하려면 신춘문예나 문예지에 당선하여 문학가로 활동하면 된다. 또한 이미 '어느 정도 확립된' 일반성의 경우에는 기자, 다큐멘터리 감독, VJ 등으로 활용하면 된다. 시민은 이 같은 직업군에 속하여 활동할 수 있다.

그럼에도 나는 비전문성의 영역에 대한 미련을 버릴 수 없다. 앞장에서도 말했듯이 대부분의 시민들은 전문적이지도 않으면서, 문학적이지도 않다. 그렇다고 기자처럼 열성적으로 현상을 취재하기에는 삶이 여의치 않다. 철저하게 비전문적이다.

결국 나는 비전문적인 사람이 할 수 있는 뭔가를 꿈꾼다. 그것은 비전문성의 영역에 있으며 아직은 '미확인된' OO성을 띠고 있다. 발굴할 자원은 아직 다듬어지지 않은 '어떤 것'이다. 그것은 나름의 배타적 개성을 획득하여 경계선을 그으려는 독립 의지를 지닐 때 비로소 시작할 수 있다. 그리고 객관적으로 독립하여 그 자체의 문법을 확립하여 배타적인 특성을 획득할 때라야 더는 독립성을 거론하지 않을 수 있다. '또 하나의 전문성'으로서 OO성의 발현이 가능할까? 아직은 잘 모른다. 다만 이 '미확인된' OO성을 좀 더 많이 고찰해보는 것이 우리에게 유익할 것이라 믿고 있을 뿐이다.

또한 미지의 영역에 발을 들여놓고 자신만의 '어떤 것'을 가꾸는 과정 자체로 시민지성은 좀 더 치열하게 자신을 느낄 수 있을 것이다.

그것 자체로 의미 있다. 독립 의지를 지녔지만 아직 성취하지 못한 그 순간에 '독립'이라는 표현은 늘 불안하고 모호하다. 사실 독립성은 자신 안에 있는 미지의 영역으로 나아가는 태도를 달리 설명한 것에 다름없다.

즉 시민지성이 속한 비전문성의 독립성은 새로운 방법을 발견·발명하여 완성한다는 데 의미를 둔다기보다는 그러한 과정에서 불안과 모호함을 견디며 노력하는 행위 그 자체에서 발생할 것이다.

Chapter 4 글쓰기

4. 글쓰기

글은 지식을 생산하는 데 유력한 표현수단이다. 어떤 문제나 현상을 인식하고 이해하여 분석하고 상세히 표현하는 데 매우 중요하다. 그래서 다양한 표현수단이 있는데도 글쓰기만큼은 지속적으로 강조하고 있다. 많은 학자들 역시 다른 표현수단보다 글을 선호한다.

물론 인터넷이 발전하고 여러 소프트웨어가 개발되면서 다른 표현수단을 이용하는 데 큰 어려움이 없다. 그래서 일반 네티즌들은 단순 편집에 관해선 동영상·그림·음악 파일을 글만큼이나 즐겨 다룬다. 체감적으로 볼 때 글은 여전히 인터넷 자료의 주류를 이룬다. 하지만 그것을 다른 수단에 비해 더 활발하게 활용한다고 단정할 수도 없다. 그림 등 다른 표현방식을 간단히 설명하는 몇 줄의 글이 전부인 경우도 많다. 게다가 요즘에는 UCC가 크게 유행하고 있다. 그러니 앞으로도 글이 가장 중요한 표현수단일 것이라 확답할 수 없다.

그럼에도 글은 계속 중요해야 한다. 나는 앞서 프로앰인 시민지성의 당위성을 언급했다. 그들은 엄밀하게 볼 때 수용자다. 그것은 태생적으로 정해져있다. 그러면서도 그들은 자본주의의 논리와 생산자의 입장까지 아우르는 복합적이고 입체적인 위치를 점한다. 따라서 그들을 인문학적으로 해석하는 것은 의미 있다.

그것은 인터넷 속 새로운 유형의 사람들에 대한 이야기다. 또 지금과 미래의 윤곽을 그리는 데 매우 중요하다. 그들은 수용자가 사회의 진정한 주체로 태어나는 첫 징후다. 그러므로 단편적인 해석의 대상으로 머물러서는 안 된다. 더 나아가 그들 스스로가 자신을 해석하고 정체성을 정확히 인식하여 다양한 개성을 발휘할 때 시민지성은 비로소 새로운 미래의 열쇠가 될 수 있다. 이를 위해 여러 표현수단이 있을 수 있겠지만, 글만큼 효과적인 수단을 찾기 어렵다.

사실 글만큼 생각이나 말을 가장 흡사하게 옮기는 수단은 거의 없다. 물론 영상기술이 발전하면서 개인의 사적인 생활을 글보다도 더 상세하게 기록하는 매체가 있긴 하다. 그러나 개인의 내면이나 무형적인 정치·경제적 관계 등 추상적인 내용을 상세히 드러내는 데는 한계가 있다. 글을 쓰는 것에 비해 작품 하나를 완성하는 데 고려해야 할 요소도 많고 발품도 많이 든다. 예컨대 인용 하나를 하더라도 직접 전문가에게 인터뷰를 하거나, 그 자료를 만들기 위해 장비며 인력 등의 부분에서 여러 걸림돌이 있다. 장비 임대비용이 비쌀수록 그것을 활발히 사용하기 힘들다.

반면 글은 효율적이다. 글은 동영상과 달리 책상에 앉아서 쓸 수 있다. 글을 쓰는 데 돈도 거의 들지 않는다. 더 나은 글을 쓰기 위해 발품을 팔아야 하겠지만, 설령 그러지 않더라도 글을 쓸 수 있다. 잘만 사유하여 소재를 예리하게 포착하면 충분히 가능하다. 일부 문학가들은 칩거하여 글을 쓰기도 한다.

더구나 누구나 쉽게 글 쓰는 법을 배울 수 있다. 글이 매력적인 수단인 이유다. 우리는 글을 익히는 데 많은 시간을 들이지 않아도 된다.

물론 얼마나 잘 쓰느냐는 문제만을 따진다면 글 역시 다루기 힘들다.[65] 하지만 기본적인 수준에서 글을 익히면 자기 생각을 어느 정도 개진할 수 있다. 일반 사람들도 블로그에 간단히 일기를 적을 수 있다. 작가 중에는 종종 다른 일을 하다가 어른이 되어서 뒤늦게 글을 쓰는 경우도 제법 있다. 다른 경험 자체가 글에 직접적인 소재로 쓰일 수 있다. 어찌 보면 글에서는 어떤 사물을 보는 시각 자체가 가장 중요할 수도 있다.

글은 단 몇 줄의 문장에서도 지은이의 인식을 '비교적 명확히' 드러내준다. 글쓰기는 사물에 대한 관찰력을 키워준다. 글을 단순 짜깁기하더라도 글의 내용을 정확히 알아야 훌륭하게 편집할 수 있다. 뭔가를 제대로 인식하는 것은 모든 사유의 첫 번째 과정이다. 글은 그 과정을 상세하게 보여준다.[66]

반면 네티즌이 다른 표현수단에 창의성을 주입하기란 만만치 않다.※ 기술적으로 요구되는 것이 많기 때문이다. 특히 음악이나 미술의 경우 지속적으로 연습하지 않으면 금세 실력이 퇴보한다. 단순히 대상을 관찰한 것만으로는 예술이 되기에 여전히 부족하다.

다행히 기술적인 면을 보조해주는 프로그램이 나날이 발전한다. 그래서 미디를 활용하여 작곡하거나 동영상을 직접 제작할 수 있다. 그

※ 사진은 예외다. 그것은 글보다 민주적인 면모를 띠는 표현수단이다. 다만 그것으로는 시민 지성의 처한 위치와 정체성을 명확히 인식하고 사유를 상세하게 전개하는 데 한계가 있어 보인다.

림을 디지털로 작업할 수도 있다. 다만 아직은 세련된 편집과 질감의 연출이 용이하지 않다. 질적으로 고급예술을 흉내 내기조차 버거운 수준인 경우도 많다. 기껏해야 대개 그림들을 나열하거나 동영상을 단순 합성하는 정도의 정보활용능력을 보여준다. 이러한 수단을 활용하는 (온라인의) 프로앰조차 특별히 더 낫지 않다. 설령 기술적으로 쉬워지고 프로앰의 역량이 늘더라도 그러한 표현수단을 인문학적 해석에 활용하기가 쉽지 않다. 아무래도 한계가 보인다.

물론 프로앰이 반드시 글만을 주요 표현수단으로 삼아야 한다는 것은 아니다. 사실 프로앰이 시민예술가로서 예술적 능력을 강화하는 것도 좋다. 다만 나는 항상 근본적인 변화를 염두에 두고 말한다. 그래서 글을 선호할 뿐이다. 글쓰기는 직관적으로 영감을 표현하기보다는 우리의 위치를 냉철히 드러내고 다음을 예비할 수 있게 해준다.

특히 산문에는 거품이 적다. 자기가 모르면 모르는 대로 아는 것은 아는 만큼 드러난다. 운문이나 미술 등은 직관적으로 " '어' 하면 '아'"라고 반응하는 것이 가능한 자들에게 유용하다. 다만 서로가 제대로 소통한 것인지는 명확하지 않다. 내가 예술가보다는 지성이라는 표현을 선호하는 이유다. 지성의 가장 적절한 수단은 글이요, 주로 산문이다.

다행히 저술문화의 대중화 바람이 분다. 글쓰기의 강조 현상은 인터넷 인구가 많아지면서 나타났다. 자기를 더 잘 표현하고자 하면서 글은 갈수록 중요해진다. 또 자기 일기를 누군가 읽을 것이라는 기대

심리가 생기면서 사람들은 좀 더 나은 글쓰기를 갈망한다. 그런가하면 박사가 늘어나면서 임용에서 탈락한 이들이 본격적으로 저술을 업으로 삼는 경향도 생겼다. 스타 블로거도 생겼다. 다양한 방면에서 다양한 정체성을 지닌 사람들이 다양한 이유로 글을 쓴다.[67]

그러나 이 현상은 시민지성의 입장에서는 한계를 지닌다. 우선 단순히 글쓰기를 갈망하는 것은 초보적인 수준에 불과하다. 설령 스타 블로거가 책을 내더라도 그것은 자신의 경험에 국한한 정보거나 전문성이 떨어지는 내용이 거의 대부분이다. 이것은 언제나 덜 전문적이거나 덜 문학적이다.

결국 시민지성은 단순한 저술 대중화 차원을 넘어서 나름의 방식으로 저술 수준을 고급화할 수 있는 길을 찾아야 할 것이다. 이를 위해 우선 자신들에게 맞는 문법과 형식을 지닌 장르를 선택하는 게 필요하다. 저술의 태도와 방법은 그 다음 문제다.

4-1.

글쓰기의 영역

형식은 그 자체만으로 글의 내용을 제한할 수 있다. 형식이 성립하는 과정에 그와 관련된 일정한 규칙 등이 스며들기 때문이다. 그러므로 형식의 전통이 오랫동안 확고하게 이어질수록 형식은 점점 내용을 구속한다. 예컨대 까다로운 저술 규칙이 있는 연구논문에서는 그만큼 자유로운 발상이나 새로운 저술 시도가 여의치 않다.

따라서 시민지성은 자신의 독립의지를 표현할 적절한 형식을 먼저 검토해야 한다. 그리고 그들의 태생적 입지를 고려했을 때 가장 적확한 시작점으로 다룰 형식은 비전문저술이어야 할 것이다. 나는 이를 위해 먼저 저술의 영역과 특성을 생각했다. 그림을 보자.

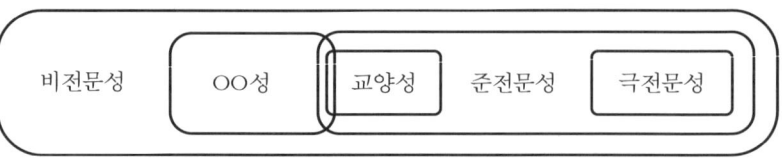

비전문성　　　OO성　　　교양성　　준전문성　　　극전문성

나는 앞서 전문성과 비전문성을 검토했다. 이 성향에 '저술'이라는 표현을 붙이면 대개는 저술의 영역이라 할 수 있다. 다만 저술은 사회적 행위로 객관적 성향과는 차이가 있다.

예컨대 연구논문은 아무나 쓸 수 있는 것이 아니다. 단순히 극전문성을 획득한다고 박사도 아닌 사람이 갑자기 독학해서 객관타당하게 그 실력을 인정받기는 어렵다. 설령 좋은 연구논문을 써도 제대로 인정받으려면 편견을 극복해야 한다. 그만큼 시간이 걸릴 것이다. 합리적이지 않다고 억울해하더라도 현실은 그렇다. 전문분야의 최정점을 표현하는 연구논문을 쓰려면 그만큼 제도적인 공부가 뒷받침되어야 하는 경우가 많다. 이는 실력 때문이든 제도적 절차 때문이든 간단히 거부하기 어렵다.

여기서 극전문성을 획득하고 글을 쓴다고 반드시 극전문저술로 불리는 것이 아니라는 사실을 알 수 있다. 작품의 질과 상관없이 여러 다른 요인이 글의 품격을 좌우한다. 일례로 물리학을 독학한 사람이 고난도 주제로 연구논문을 썼다고 치자. 그러면 분명 이것은 연구논문이 맞다. 극전문성을 띠고 있어 극전문저술이다. 그럼에도 사회적으로 이것은 제대로 평가받기 어렵다. 실질적으로 아무도 극전문저술이라 부르지 않을지도 모른다. 사회적 변수 탓에 극전문성이 극전문저술로 바로 치환하지 못하는 경우다.

그러나 이런 사회적 변수만 걷어낼 때 각 성향에 '저술'이라는 표현을 붙이면 대개는 저술의 영역이라 할 수 있다.

말하자면 연구논문은 극전문저술의 영역에 있다. 그리고 '최협의의' 전문성을 띤다. 만일 전문성을 강조하는 현대사회에서 전문성의 범위를 '최협의'로만 놓고 본다면 그 나머지가 비전문저술의 영역에 해당한다. 물론 통상적으로 전문성의 범위를 그렇게 엄밀하게 적용하지는 않는다. 개론서나 교양서 수준의 준전문지식도 극전문성을 구성하는 매우 기본적이고 중요한 요소이기 때문이다. 대개 우리는 '협의의' 전문성까지를 전문성이라고 말한다.

더 나아가 '광의의' 전문성은 단순히 학계에 속하는 전문성을 넘어서 '또 하나의' 전문성을 획득한 다른 성향까지도 아우른다. 장인의 우동 만드는 기술도 전문성을 띤다고 표현할 수 있는 것이다. 이 영역에 문학성과 일반성까지도 넣을 수 있다.

그리고 거의 염두에 둘 필요는 없지만 '최광의의' 전문성도 생각해볼 수 있다. 비전문성까지 아우르는 것으로, '또 하나의' 전문성이나 학계의 정격적인 '전문성'으로 다듬어질 미계발 특성을 미리 포함하는 영역이다.

⌒

그렇다면 비전문저술의 영역을 정할 때 문학성과 일반성은 어떻게 바라봐야 할까? 그 역시 비전문성의 영역에서 출발했고, 지나치게 난해하지도 않다. 따라서 시민지성이 접근 가능한 저술 영역이라고 평가할 수도 있다.

시민지성의 입장에서 순수한 비전문저술의 영역에서 출발하여 다른 영역과 교집합을 이루는 저술 장르를 고려하는 것이 순차적이다. 이를 위해 문학성과 일반성을 더 고민할 수 있다.

사실 시민지성의 관점에서 봤을 때 문학가와 기자는 모호하면서도 매력적인 존재들이다. 그들은 어떻게 보면 시민지성의 좋은 본보기다. 그러면서도 달리 보면 분명 제도적으로 정착하여 안정적인 정체성을 획득한 부류다.

우선 문학성의 '최협의'에는 소설, 시, 희곡 등이 속한다. 제도적으로 꾸준히 창작자를 발굴하고 있으며 수많은 상이 존재한다. 통념상 대개 문학가의 지위를 인정한다. 그들의 단체가 있고 그들의 작품을 판단할 이론도 있다. 문학에서 오랜 전통을 지닌 장르들이면서 전형적인 예술들이다.

둘째, '협의의' 문학성에는 위 장르와 함께 비평문학과 문학적 에세이도 포함된다. 비평문학은 현대에 와서 문학의 중요한 장르로 인정받는다. 꾸준히 신인 평론가를 위한 등용문도 많아지고 있다. 반면 문학적 에세이의 경우 지겹도록 반복되는 천편일률적인 내용 때문인지 그 중요도가 떨어진다. 갱신되지 않는 고전적인 이론 등도 한 몫 한다. 에세이 작가들은 뭔가 고매하고 중산층의 안정적인 고민을 담아내는 경우가 많다. 또한 타 문학 장르에 비해 정교하지 않다는 인식도 있다. 그 때문인지 다른 주요장르에 밀린다. 많은 문학가들이 보통 주력 장르에 대해 잠시 숨을 돌릴 때 에세이를 다룬다.

그렇지만 에세이는 무형식의 형식이라 할 만큼 자유로워 수많은 글쓰기에 적용할 수 있다. 관점에 따라서 비평문학과 문학적 에세이는 교양성과 일반성의 영역에도 속한다.

셋째, '광의의' 문학성에는 위의 장르에다가 르포문학과 평전문학을 추가할 수 있다. 불행히도 한국에서 르포문학은 대중에게 그 인지도가 미미하다. 그것은 보통 기자가 오랜 취재 끝에 쓰는 글로 일반성과 밀접하게 관련 있을 것이라 이해할 수도 있다. 하지만 그 장르의 글은 보도문학으로서 분명 르포문학만의 객관적 아름다움을 드러낸다.

그러나 르포문학은 아무래도 일반성의 영역에 더 자주 포함된다. 평전문학도 마찬가지다. 이 장르는 인물비평을 엄밀하게 할 수 있는 분위기에서 발전할 수 있다. 그렇지만 개인의 명예에 민감한 한국에서는 각종 송사에 휘말릴 수 있는 문제가 있다. 자연히 누군가를 적극적으로 평가하는 평전문학이 성숙하기 힘들다.**68**

넷째, '최광의'의 문학성에는 지금까지 거론한 장르와 함께 '문학성을 띠는' 비문학저술을 포함할 수 있다. 여기에는 아주 일부의 극전문저술도 포함할 수는 있다. 예컨대 베르그송의 첫 철학논문인 『의식의 직접소여에 관한 시론』과 같은 경우 문학성을 인정받는다. 버트란드 러셀의 작품은 또 어떤가. 극전문저술의 문학성은 에세이(시론)을 정격적인 논문에도 폭넓게 인정하는 유럽권에서 종종 나타난다. 그런가하면 일기나 편지와 같이 사적인 기록이 문학성을 띠는 경우도 많다. 광고문구 중에도 가능할 수도 있다.

한편 '최협의의' 일반성에는 대표적으로 기사·르포·시사비평·평전 등이 있다. 그런가하면 둘째, '협의의' 일반성을 띠는 것으로는 비문학적 에세이, 공문서, 교양저술 등을 추가할 수 있다. 셋째, '광의의' 일반성에는 극전문저술과 '매우 비전문적인' 글뭉치를 제외한 모든 글 들이 해당된다. 넷째, '최광의의' 일반성에는 극전문저술을 제외한 모든 글이 속한다.

이제 비전문성을 생각해보자.

우선 '최협의의' 비전문성은 전문성과 일반성과 문학성의 영역에 속하지 않는 글을 생각하면 된다. 예컨대 출판되지 않을 사적인 일기부터 인터넷을 떠도는 개인의 잡문이 여기에 속한다.

둘째, '협의의' 비전문성에는 비전문적 특징으로 '또 하나의 전문성'을 획득했던 문학성과 일반성을 포함한다. 따라서 그에 해당하는 저술 형식을 아우를 수 있다.

셋째, '광의의' 비전문성에는 준전문성과 교양성까지 포함한다. 실제로 일부 문학가가 교양적인 부분에 대한 에세이를 쓰는 경우가 있다. 이 영역의 경우 어느 정도 공부하면 접근 가능하다. 독특한 시선으로 해석하여 저술하면 꽤 괜찮은 결과를 얻기도 한다. 시민지성이 아예 저술을 시도조차 못할 영역은 아니다.

다만 신뢰도가 떨어지는 문제는 어쩔 수가 없다. 이를 방지하기 위해서 관련 분야에서 경력을 쌓거나 직접 제도권 교육을 다시 받기도 하는데, 이럴 경우 내가 상정하는 일반적이고 평범한 시민의 지성과는 거리를 두게 된다.

넷째, '최광의의' 비전문성에는 극전문성이 포함된다. 그런데 이리 되면 표현의 모순이 발생한다. 비전문적인 극전문성이라는 말 자체가 성립하지 않을 듯하다. 실제로 대개 이 표현은 성립할 수 없다. 게다가 비전문성 자체에 전문성이라는 중심골격이 담겨있는 것을 감안하면 '정련되지 않은 특성을 지닌' 비전문성의 한 요소로 극전문성이 포함되는 것은 어딘가 어색하다. 사실 비전문성이라는 말은 전문성이라는 용어가 없다면 태어날 수 없는 용어 아닌가!

그러나 뒤집어보면 꼭 이해하지 못할 것도 없다. 사실 전문성의 선행단계에 비전문성이 존재하고 그 영역은 가장 넓다. 그러므로 비전문성을 다른 단어로 표현하여 ○○성이라 한다면, 기실 전문성을 비○○성이라고 해야 온당하다.※ 마치 문학성과 비문학성으로 나눌 때 (학계의) 전문성이 비문학성에 포함되는 것과 같다. 즉 엄밀하게 말하면 '최광의의' ○○성에 극-비○○성이 포함되는 것이라 볼 수 있다.

※ 다만 현대사회는 전문성의 시대라고 했다. 전문성은 현대사회의 중요한 미덕이므로, 이를 강조하는 방식을 취할 뿐이다.

게다가 극전문성의 분야에서도 가장 첨단에 위치한 이론들이 의외로 비전문적인 방식으로 생산되기도 한다. 예컨대 아인슈타인과 같은 석학은 애초에 이론과 식을 상정해놓고 그것을 어떻게 표현할지를 역으로 고민했다. 비약적으로 사고하는 경우는 더 있다. 논쟁적인 학자 중에 다윈은 어떤가. 그의 상상력은 과학적이지 못하다고 많은 비판을 받았지만 결과적으로 다위니즘은 과학사와 인류사에 큰 변화를 이끌어냈다. 마셜 맥루언, 보드리야르, 리처드 도킨스 등 논란을 일으켰던 수많은 학자들도 도발적으로 과감한 이론을 전개했다. 이 모두 극전문성을 띠지만 어찌 보면 보수적인 학계의 관습에 대치한다. 심지어 논리보다는 상상적 사유에 가깝기도 하다. 동시에 비전문적이라고 부를 수 있을 만하다. 그런가하면 논리적 오류에서 오히려 극전문성을 띤 이론을 발견하기도 한다. 현대물리학이나 수학에서 이런 경우를 종종 봐왔다.[69]

또한 니체처럼 인용 없이 문학적 상상력까지 동원하여 독자적인 철학을 구축하는 사례도 있다. 그는 비전문성의 영역에서 단번에 극전문성의 영역으로 훌쩍 넘어갔다. 어쩌면 독자적인 '니체학'으로 정립되었다고까지 표현해볼 수도 있다.

⌒

물론 나는 '최협의의' 관점을 중심으로 '협의의' 비전문성으로 확장하여 검토한다. 그러면 드물게 극전문성까지 획득할 만한 아주 독창적인 글쓰기를 하는 경우도 있다. 하지만 대다수의 시민지성의 경우 정련된 글쓰기를 하는 데 더 힘을 쏟아야 한다. 그들의 태생적 영역인 '최협의의' 비전문성의 영역엔 일반저술이나 문학저술도 속하지 않는다.

사실 '최협의의' 비전문저술에는 합당한 이름이 없다. 지금 임의적으로 부르는 비전문저술이란 표현은 그저 다른 영역에 대한 나머지를 끌어 모아 명명한 것에 불과하다. 즉 전문적이지도 않고 딱히 문학적이지도 않으며 일반적이라 할 만큼 정돈되지도 않은 '어떤' 글쓰기인 셈이다.[70]

비전문저술은 '아직 미확인된' OO성을 숨기고 있다. 그것은 첫째, 아직 발생하지 않은 미지의 특성일 수 있다. 시민지성이 정련된 글쓰기를 하고 싶다는 욕구를 지니는 순간, 비전문저술은 '뭔가 어떤 특성으로 변화하려는' 독립성을 띤다. 그리고 그것은 정련된 OO성을 지향하는 속성을 띨 것이다. 대개 그 특성은 폭넓은 일반성으로 통칭할 수 있지만, 나는 문학성이나 일반성 외의 "새로운 특성이 없다"고 단정할 수 없다. 따라서 그것을 '아직 미확인된' OO성이라고 표현한다.

둘째, '아직 미확인된' OO성이 문학성이나 일반성, 때때로 전문성이며, 아주 희박하게 극전문성일 수 있다. 그중 '협의의' 비전문성에 속하는 문학성과 일반성이 시민지성으로서는 접근하기 수월하다. 예컨대 기사나 르포, 시나 소설을 쓰는 게 학문적 개론서나 연구논문을 쓰는 것보다 신뢰도에 타격을 덜 받는다.

~

　요컨대 시민지성이 비전문저술을 할 때 그것은 '비전문성의 영역에 아무렇게나 흩어져있는 글쓰기를 세련되게 정련하여 다른 특성, 대개는 일반성을 획득하려는 과정'이라 할 수 있다. 그들이 비전문저술 자체에 진지한 자세를 지니는 순간, 그들의 위상을 배반하지 않는 글쓰기를 시작할 수 있다. 그때부터 비전문가로서 자신에게 맞는 저술 방식으로 다양한 영역을 넘나들 수 있을 것이다.

　이를 위해 비전문저술을 더 살펴봐야 할 것이다.

4-2.

비전문저술

나는 '최협의의' 비전문성에서 출발하여 '최광의의' 비전문성까지 순차적으로 비전문저술의 범위를 검토했다. 그것을 정리하여, 시민지성이 다룰 수 있는 형식을 제시하면 다음과 같다.

① 지극히 비전문적인 사적 글쓰기
② 일반저술 : 기사, 르포문학, 시사비평, 평전문학, 비문학적 에세이 등
③ 문학저술 : 소설, 시, 희곡, 문학적 에세이 등
④ 교양–준전문저술
⑤ 극전문저술

여기서 시민지성의 대표적인 극전문저술 사례는 적다. 교양–준전문저술 역시 신뢰도 문제가 걸릴 수밖에 없다. 과연 누군가 시민지성이 쓴 전문분야의 글을 얼마큼 신뢰하고 책을 펼치겠는가? 이미 유명

해진 저자라면 상관없지만 저자에 대해 정보가 전혀 없을 때 우리는 결국 저자의 약력이나 권위자의 추천사에 의지한다.

그런가하면 극전문저술과 교양–준전문저술에 비해 상대적으로 문학저술과 일반저술을 다루기는 쉽다. 그러나 이 역시 등단하거나 기자로 재직하는 등 사회에서 요구하는 조건을 갖추지 않으면 외면받기 쉽다. '또 하나의' 전문성이 작용하는 셈이다. 사회에서 이런 자격을 갖추지 못할 경우 쉬이 신뢰받지 못한다.

사실 시민지성이 글을 정련하려는 의지를 지니면서 대개 비전문성 너머의 영역을 염두에 둔다. 그 지점에서 글쓰기를 시작하다보니 자연히 신뢰도 문제에 봉착하기 마련이다. 다행히 '미지의' 특성을 발굴하여 다듬거나, 자기만의 강렬한 개성을 보이는 경우라면 또 모르겠다. 그런데 이것은 매우 어렵다. 이 정도 능력이 있다면 딱히 걱정할 게 없다.

그렇다면 결국 지극히 비전문적이고 사적인 글이나 배설하면서 의지를 꺾어야 할까?

그럴 필요는 없다. 각 저술의 전통에 완전히 부합하여 흉내 내면 문제가 발생하지만, 시민지성 역시 기존 저술 장단점을 잘 가려서 처지에 맞게 수용할 수 있다. 그러려면 우선 시민지성의 입장에서 어떤 글쓰기가 적확한지 더 세부적으로 기준을 세우고 다른 영역의 장르를 살펴야 할 것이다. 이에 대해 네 가지 정도의 기준을 세울 수 있다.

첫째, 시민지성에게는 간결한 저술 형식이 적합하다. 훈련받지 않고도 자유롭게 접근하려면 형식이 지나치게 복잡하면 안 된다.

둘째, 장르, 소재, 그리고 표현 등의 호환도가 높아야 한다. 다양한 저술에 적용할 수 있는 형식일수록 좋다. 자연히 다양한 소재를 다룰 수 있고, 소설적 문장이나 기사체, 논문체 등 다양한 문체를 담아낼 수 있는 형식일수록 시민지성에 적합하다.

예전에 나는 소설에는 적절하지 않은 표현이나 단어가 있다는 말을 듣고 놀란 적이 있다. 그것이 맞든 틀리든 시민지성에게는 '버려진 문장과 표현까지도 담아낼 수 있는' 호환도 높은 저술 형식이 좋다.

셋째, 의미를 압축하는 방식보다는 사유를 세밀하게 드러내는 데 적합한 저술 형식일수록 좋다. 시민지성에게는 개인과 사회의 문제를 명징하게 표현할 수 있는 능력이 중요하다. 따라서 운문보다는 산문이요, 예술적 표현보다는 비평적 표현을 선호한다.

넷째, 신뢰도에 타격을 입지 않는 저술 형식일수록 좋다. 시민지성이 함부로 다른 전통의 저술을 하기 힘든 까닭이 바로 신뢰도의 문제 때문이다. 사실 이것만 해결된다면 시민지성에게 별 장벽이 있을 리 없다. 그래서 그들은 이를 극복하려고 전문가의 전통을 그대로 수용하여 발로 뛰거나 많은 참고서적을 읽어서 저술하기도 한다. 유감스럽게도 그렇게 하더라도 곧바로 신뢰도 문제를 극복할 수 있는 건 아니다. 그것은 개인적인 문제가 아니라 사회의 선입견까지 고려해야 하는 문제다. 사회의 편견이 사라지지 않는 한 그 한계를 극복하기가 쉽지 않다.

 게다가 일반시민은 현실적으로 직장을 가지고 있거나, 돈이 없어 오랫동안 공부하기에는 버겁다. 이들이 전문인의 방식을 그대로 따라하는 것도 쉽지 않다. 전문가들이 선호하는 객관적 기술만을 쓰려고 흉내 내다보면 이도저도 하지 못한 채 능력의 한계를 절감하고 말 것이다. 어쩌면 대개 제한된 정보만을 다루는 이들에게 저술이란 지적 허영이나 만족시켜주는 취미일 수도 있다.

 따라서 일정한 수준의 객관성을 바탕에 두고 주관적 해석을 적극적으로 개진하는 편이 현실적이다. 심지어 그 해석을 더욱 밀고 나가 상상의 영역까지 표현해보는 방법도 신중히 검토해볼 만하다. 그러기 위해 먼저 신뢰도에 타격을 입지 않는 형식을 택할 수 있다.

 이와 같은 네 가지 조건에 부합하는 장르가 에세이다. 에세이는 무형식의 형식을 특징으로 한다. 전천후 플레이어나 잡식성 동물에 비유할 만큼 다양한 내용과 표현을 수용할 수 있다. 또한 전문저술이나 시론 형식의 논문에서도 이는 정격적인 저술보다는 좀 더 자유롭다. 객관성을 강화하는 중수필도 있지만 신변잡기적인 이야기를 풀어놓는 경수필도 있다. 예술적인 경우도 있고 학문적일 때도 있다.

 사실 모든 저술 영역에 걸쳐 있는 장르는 에세이밖에 없다. 또한 객관과 주관을 동시에 수용할 수 있다. 더구나 에세이는 형식적인 규칙에 얽매이는 글을 제외한 나머지라고 볼 수도 있다. 그런 점에서 보면 비전문성과 통한다.

따라서 시민지성은 에세이저술에 우선적으로 몰두해볼 수 있다. 에세이저술이라면, 형식 자체에서 사회적 관습을 크게 거스르지 않는다. 그러면서 조심스럽게 새로운 형식과 태도, 그리고 방법을 고민할 수 있을 것이다.

특히 시민지성은 '비전문성의 영역에서 다른 영역으로 확장하거나 미지의 특성을 발현하는' 글쓰기를 할 때 먼저 에세이를 활용하는 것이 적절하다. 에세이를 활용하면 다양한 분야로 비교적 적극적으로 접근할 수 있다. 그 모호한 형식이 약점이자 강점인 셈이다. 더구나 에세이는 정격적인 장르와 겹치는 부분이 있다. 그 때문에 엄밀한 형식으로 저술하기 전에 교두보 역할도 해준다.

에세이야말로 시민지성이 적극적으로 활용할 만한 저술 형식이다.

에세이

서양의 에세이(essay)는 동양의 수필(隨筆)과 거의 같다. 그것은 "형식에 구애됨 없이 생각나는 대로 붓 가는 대로 견문이나 체험, 또는 의견이나 감상을 적은 글"이다.[71] 그렇다면 나는 왜 수필이 아니라 굳이 에세이라는 표현을 선택했을까?

사실 나는 수필과 에세이라는 표현에 대해 특별히 고민하지는 않았다. 다만 이 글에서 일관된 용어를 선택하기 위해 역으로 이 표현의 미세한 차이를 인식하려했다.

우선 에세이의 기원을 살피면, 고대까지 거슬러 올라가야 한다는 등 다양한 의견이 있다. 그렇지만 대체로 몽테뉴의 『수상록』을 에세이의 원조로 본다. 수필과 에세이를 거의 같은 개념으로 보면 그보다 훨씬 오래된 동양의 수필 개념을 검토해야겠지만, 이에 대해 나는 잘 알 수 없다.[72]

다만 에세이나 수필이 수많은 유형으로 나뉜다는 사실은 안다. 수많은 에세이의 명칭이 있다. 사색적 수필·비평적 수필·스케치·담화수필(譚話隨筆)·개인수필·연단수필(演壇隨筆)·성격소묘수필(性格素描隨筆)·사설수필 등등 굳이 나누는 행위가 무색할 정도다. 나는 그중 에세이와 미셀러니(miscellany)나 포멀 에세이와 인포멀 에세이, 중수필과 경수필로 나누는 관점에 주목했다.

한국의 경우엔, 경수필을 보통 수필이라고 일컫고 중수필은 평론·시론 등 다른 이름으로 자주 불린다. 특히 수필 하면 흔히 경수필을 떠올린다. 수필이라는 표현은 대개, 제도적이며 관습화된 경수필만으로 범위를 한정하여 쓴다. 또한 수많은 사람들이 다양한 소재를 가지고 수필 혹은 에세이를 쓰지만 아무나 수필가라고 부르지 않는다.

반면 에세이라는 용어는 미셀러니보다 널리 쓰인다. 예컨대 우리는 수필이라는 개념을 극전문성의 영역에서는 쓰지 않는다. 그런데 유럽에서는 에세이라는 표현이 시험이나 소논문 등으로 자주 쓰인다. 많은 지식인들이 에세이라는 형식으로 고도의 전문지식을 즐겨 다룬다. 또한 미셀러니보다는 에세이라는 이름으로 경수필의 영역까지 침범한다.[73]

말하자면 에세이의 범위는 수필보다 훨씬 모호하고 폭넓다. 그래서 나는 수필보다는 에세이라는 표현을 선택할 수 있었다. 더 나아가 에세이는 산문이라는 용어보다 더 적절하다. 산문이라고 할 경우, 운문에 대별하는 글을 뜻한다. 이 개념은 연구논문이나 일반저술, 문학저술까지 넓게 포함한다. 산문이라는 개념은 에세이도 포함한다. 정돈된 산문 형식 이외의 나머지가 에세이인 셈이다. (경)수필은 에세이 안에 있다.

그러므로 시민지성이 에세이 형식을 잘 활용할 때 다양한 영역에 폭넓게 관여할 수 있다. 그 형식에 담아내는 내용이 정교해질수록 에세이는 정격적인 장르로 전환되는 데 용이하다.

더구나 에세이는 매우 다양한 유형만큼이나 표현의 잠재력이 깊고 넓다. 아직 발견하지 못한 방식마저 염두에 둔다면 이 장르 하나만을 붙들고 늘어져도 충분하다. 그러면 시민지성이 활용할 만한 에세이 유형을 정리해보자.

첫째, 극전문저술에 자주 적용되는 시론이 있다. 이 형식에 적절히 내용을 개진하려면 방대한 전문지식을 파악해야 한다. 그래서 시민지성의 입장에선 가장 어려운 저술 형식이다. 그렇다고 아주 불가능하지는 않다. 방법은 두 가지다.

하나는 말 그대로 방대한 전문지식을 파악해서 쓰는 것이다. 결코 쉽지 않다. 최근 유행처럼 등장한 독립저술가들은 이 방법을 취한다. 다른 하나는 제한적으로 공개된 전문지식을 자기언어로 이해·해석하고 추론하여 비판적 상상에까지 이르는 방법이 있다. 이것이 시민지성에게 더 적합하다. 다만 이를 위해서는 예민한 관찰력과 미세한 요소를 분별하여 분석하는 판단력과 사유가 뒷받침되어야 하는데, 이 역시 쉽지 않다.

둘째, 교양–준전문저술에 적용되는 에세이 형식이 있다. 이는 지식을 효과적으로 대중에게 전달하기 위해 쓰인다. 편하고 부드러운 형식을 취하여 가독성을 높여준다. 또한 개괄적 지식에 대해 깊이보다는 교양적 정보를 전달하는 데 폭넓게 활용된다. 많은 독자를 흡수하려는 전략적 선택인 경우가 많다. 흔히 학자들의 대중적 글쓰기를 뜻한다. 한 분야에 깊은 관심을 보이는 시민지성이라면 활용할 만한 형식이다. 다만 새로운 관점이나 기발한 형식으로 차별화하지 않으면 신뢰도라는 장벽에 가로막힐 수 있다.

셋째, 일반저술과 교양–준전문저술에 적용되는 비평적 에세이가 있다. 비평적 에세이를 세분해보면 대표적으로 르포적 에세이·인물비평적 에세이·기록비평적 에세이·비판적 에세이 등을 들 수 있다. 이는 '현상과 사건, 그 속에 있을 인물, 그것을 표현한 기록'에 대한 시선에 따라 나뉜 것이다. 또 이에 대한 비판, 비평 그리고 탐사취재라는 저술 태도 역시 적용하였다.[*]

그때 처음으로 르포적 에세이가 드러난다. 이 방식은 르포라는 모델이 있기 때문에 쉽게 흉내 낼 수 있다. 다만 엄밀한 르포를 쓰기에 현실적 장벽이 있다. 이때 전통적인 르포와 달리 더 적극적이고 주관적으로 개입하는 글쓰기 방법을 택할 수 있다. 특히 직장인이 글을 쓰고자 할 때 현실적인 제약이 심하다. 그 한계를 인식하고 르포적 에세

---

[*] 여기서는 비판을 좀 더 엄밀하게 현상 자체를 분석하여 판단하는 개념으로 본다. 비판은, 우리가 어디까지 인식하고 무엇이 사실이고 참인지를 파악하여 비평하고 상상할 수 있는 근간을 가늠하는 작업이다. 비판에 비해 비평은 좀 더 적극적으로 분석하고 논리를 개진하는 어조를 담는다.

이를 시도해볼 수 있다.

인물비평적 에세이는 평전이라는 모델이 있다. 다만 7~8년씩 혹은 수십 년간 한 인물을 취재하고 방대한 자료를 모아서 종합적으로 평하는 평전전문작가를 능가하기란 쉽지 않다. 이때 제한된 정보의 한계를 인식하면서 인물을 그려나가는 방식을 취할 수 있다. 신선한 관점이나 분석이 있다면 인물비평적 에세이 역시 빛을 발할 수 있다.

기록비평적 에세이는 이미 출판된 책이나 기사 등 여러 정보를 집중적으로 분석하는 저술 형식이다. 행간의 숨겨진 의미를 발견해내는 데 몰두하는 작업이다. 이때 1차 기록의 주체나 문장이 서술될 때의 상황 등 여러 변수에서 다양한 의미가 드러난다. 이는 발로 뛰는 데 제약이 많은 이들에게 적합하다. 치열하게 사유만 한다면 일명 방구석 저술(골방 저술)이 가능하다.

사실 우리는 기록으로 어떤 현상을 접하는 경우가 많다. 기록이 경험을 압도하는 시대다. 우리는 우리가 가보지도 못한 곳에 대해 다양한 기록을 접하고 아주 많이 말할 수 있다. 그것을 안다고 믿는다. 그러니 기록이야말로 세계를 인식하고 비판하는 데 아주 중요하다. 그 기록 자체를 비판하는 것 역시 매우 중요할 수밖에 없다. 세계로 적극적으로 나아가게 하는 첫 번째 문이기 때문이다. 시민지성에게 기록비평적 에세이는 현실적인 방안이다. 또 가장 중요한 저술 형식 중 하나일 수 있다.

비판적 에세이는 비평적 에세이를 엄밀하게 적용한 형식이다. 이 장르에서는 인식 가능한 범위를 파악하고 대상을 집요하게 분석하여 비판의 경계를 확정짓는 데 주력한다. 과감한 평보다 냉철하고 객관적인 시선이 절대적으로 필요하다.

비판적 자세는 시민지성에게 특히 중요하다. 제한된 정보로 많은 문제를 접하고 판단하는 데 효과적이다. 또 비판적 에세이를 제대로 써내지 못하면 좋은 비평적 에세이를 쓰기 어렵다.

넷째, 일반저술에 적용되는 비문학적(비전문적) 에세이 형식이 있다. 그것은 흔히 기행문이나 일기문, 자기계발서와 같이 에세이 형식이다. 전문성이 떨어지고 딱히 문학적이지도 않다. 그럼에도 엄연히 각 장르의 영역 속 에세이를 일컫는다.

한비야와 같은 저술가가 이러한 글쓰기를 즐겨 쓴다. 또한 최근에는 연예인들이 자주 펴내는 포토 에세이 등도 여기에 해당한다고 볼 수 있다. 물론 이 장르는 그 영역이나 특성이 모호하다. 이 유형의 에세이를 쓸 때 저술 방법도 제각각이다. 전문적인지 문학적인지 일반적인지도 섣불리 판단하기 어렵다. 그래도 시민지성이 편하게 접근할 수 있는 장점이 있다. 파워블로거들이 흔히 이 형식으로 책을 출판한다.

다섯째, 문학저술에 적용되는 경수필과 에세이문학이 있다. 이는 너무도 보편적이다. 경수필의 경우엔 신변잡기적인 특성을 띤다. 제도권문학에서 다소 소외되어 있지만, 그렇다고 제도권문학이 아니라고 할 수 없다. 한동안 정체되어 있는 양상도 띤다. 시민지성의 입장에서는 초보적인 단계의 모든 글쓰기가 사실 경수필적이다. 경수필은 쉽게 접근할 수 있는 장르다.

반면 박상륭·한유주·배수아 식의 경계를 넘나드는 소설쓰기는 에세이문학의 한 방법이다.[74] 그 난도가 만만치 않다. 체질에 맞는 사람이라면 활용해볼 수 있겠다.

여섯째, 전문성이나 문학성을 획득하지 못한 채 소외된 '지극히 사적인' 글과 아직 체계화되지 않은 디지털적인 글이 있다. 이는 비전문성의 영역에 속한다. 예컨대 일기·편지·메모·독후감 등은 흔한 장르지만 보통 문학성을 발하지 못한 채 비전문적 글로 남는다. 아무도 읽지 않거나 숙제를 위해서 구색만 맞춘 글은 그렇게 쓸쓸히 사라진다.

그럼에도 이 글 형식은 다른 글쓰기의 시작점이 된다. 더구나 우리는 인터넷을 활발하게 사용하면서 일기나 독후감을 많이도 쓴다. 우리는 자연발생적으로 쓰는 글을 좀 더 세밀하게 다듬는 것도 중요하다. 그런 비전문저술은 에세이로 진화할 수 있다.

그런가하면 디지털적인 글쓰기를 탐구할 수도 있다. 아직은 미확립된 저술 형식이다. 대개 인터넷 글쓰기는 하이퍼링크가 적용되어 역동적이다. 또한 혼성적인 성향을 띤다. 이미지와 음악 등이 글과 결합할 수 있다. 그것은 디지털저술 형식으로 진화할 가능성이 있다. 이때 글의 내밀한 논리만큼 감각적인 편집이 중요해진다. 표현 수단이 늘어나면 대상에 대한 문학적 묘사에 얽매이지 않을 수도 있다. 조금은 투박하더라도 디지털 글쓰기로 기존 방식의 틀에서 벗어날 수도 있다. 표현의 다양화와 용이함이 시민지성에게는 긍정적이다. 이 글쓰기는 독서에서도 다면적인 특성을 지닌다. 독자의 선택에 따라 혼종적이고 링크적인 정보의 수용 방식이 달라지기 때문이다.

이처럼 에세이 형식은 다양한 영역에 폭넓게 걸쳐있다. 또한 시민지성이 쉽게 접근할 수 있는 장르다. 그래서 '이 저술 형식을 얼마나 잘 다루느냐' 하는 문제는 시민지성이 '얼마나 자신의 역량을 키울 수 있는가' 하는 화두와 연결된다.

그런데 사실 일반인이 가장 쉽게 접근할 수 있는 장르는 에세이가 아니다. 사진과 시를 생각해보라. 누구나 조금만 노력하면 제법 그럴듯한 사진을 찍는다.* 휴대폰 카메라 때문에 전 국민이 '셀카'의 달인이 되었다는 우스갯소리도 있다. 그만큼 사진은 민주적인 표현수단이다. 시 역시 짧은 글쓰기로 완성이 가능하다. 문학적인 수준을 끌어올리자면 시 쓰기만큼 어려운 것이 없지만, 시를 쓰다보면 제법 그럴듯한 시 한두 편은 쓰기 마련이다.

하지만 앞서도 언급했듯 이러한 장르로는 복잡한 사회와 시민지성의 미묘한 위치를 절실하게 표현할 수 없다. 산문이 적합하다. 그리고 그 산문 중에서 가장 민주적인 장르가 에세이다.

---

* 사실 표현의 난도만을 따진다면 사진 작업이야말로 정보생산에 참여하기에 가장 쉽다. 물론 수준 높은 사진을 찍으려면 여전히 난제는 있다. 그래도 가끔은 예리한 안목과 끈기 있는 기다림만으로 좋은 사진을 찍을 수 있다. 아마추어 사진가들은 이를 자주 증명한다. 나는 사진 쪽이 참여의 측면에서는 글보다 더 수월하다고 여긴다.

글쓰기의 자세

에세이는 시민지성의 저술 태도를 적용하기에 적합하다. 나는 이미 에세이가 주관적인 해석을 담기 수월하고, 산문으로 구성되어 사유를 세밀하게 서술할 수 있으며, 다양한 분야의 소재를 자유롭게 담아낼 수 있는 장르라고 언급했다.

이쯤에서 우리는 어떤 저술 태도로 에세이를 다루어야 할 것인지 살펴볼 수 있다. 사실 시민지성이 저술하는 과정에서 첫째, 그들이 제한된 정보를 수용하고 활용해야 한다는 한계에 봉착하고, 둘째, 비전문가라는 약점이 늘 걸림돌이 된다. 즉 비전문적 수용자이기 때문에 저술의 영역을 확장하고 그 깊이를 획득하는 데 실패하곤 한다.

만일 전문가와 비교할 때 능력에 전혀 차이가 없고 다양한 전문자료를 수집하여 활용할 수 있다면, 굳이 저술 태도를 달리할 이유가 없다. 이때는 제도권의 전문가를 선호하는 사회적 편견만 극복하면 된다. 이 역시 만만찮다. 지금도 많은 저술가들이 정통적인 저술태도를 유지한다. 그것은 한 분야의 전문가가 독자들에게 알찬 정보를 주거나 일정한 주장을 하여 그들을 설득하는 방식이다.

물론 시민지성이 다른 영역으로 글쓰기를 확장하려면 기존의 가치를 받아들여야 할 때가 많다. 어쩌면 그들이 기존 전통에 따르지 않고 독립적으로 글을 쓸 수 있다는 발상 자체가 허무맹랑하다. 그들이야말로 제한된 정보에 철저히 의존해야 하는 '수용자'다. 그래서 어떤 이들은 제도권의 전통을 성실히 받아들인다. 더구나 순수한 아마추어가 대다수다. 그들은 푸코나 에코처럼 되기 힘들다. 경제적이든 다른 이유 때문이든 제도권의 절차를 온전히 밟기도 벅차다.

현실적으로 대다수를 차지하는 시민들은 여러 영역의 수용자로 남을 수 있다. 드물게 자기 영역 내에서 작은 권위자가 될 수도 있다. 예컨대 자기경험의 전문가가 되는 것을 들 수 있다. 경수필에서 그 경험이란 개별적 사례 그 자체로 가치를 지닌다. 또 그것을 절실하게 말할 수 있는 사람이 바로 작가 자신이다. 자신이 오랫동안 다루었던 분야에 대한 실용지식을 언급할 때도 권위자의 힘을 얻을 수 있다. 사실 문학가는 전문가와 달리 문학적 상상을 활용하여 제한된 정보를 다른 차원에서 보여준다. 그런가하면 기자는 관찰자나 해석자의 입장에서 한 사건을 기사로 담아낸다. 르포 작가는 기자의 자세를 지니고 내용을 개별적이면서도 심도 깊게 담아낼 수 있다. 그들의 글은 취재를 바탕에 둔다. 그 안의 정보가 이론을 형성할 정도는 아니더라도 하나의 중요한 사례로 남는다. 그래서 전문성과는 또 다른 차원에 놓인다. 자연히 내용 자체를 함부로 폄하할 수 없다.

　시민지성이 주변에 있는 소소한 일을 관찰하는 습관을 지닌다면, 얼마든지 작은 권위자가 될 수 있다. 간단한 일례로, 일기를 배설하는 장르가 아닌 하나의 사례로 다룰 수도 있다. 그런가하면 독특한 관점으로 무장하고 자기언어로 이론을 밀어붙일 수도 있다. 매우 드문 경우라 하겠다. 하지만 불가능한 것만은 아니다. 논란을 일으키는 일부 사상가나 이론가의 글쓰기와도 통하는 면이 있다. 나는 호이징가의 『호모 루덴스』서문이 인상적이었다. 자칫 신뢰도를 떨어뜨릴 수도 있는 발언에 담긴 저돌성 때문이었다.

　　『독자들은 여기에 나오는 말 하나하나에 대해서 상세한 증거 문헌을 기대해서는 안 된다. 문화의 일반적인 문제를 다룰 때에는, 공격자 자신이 충분히 탐사해보지 않은 부분이라도 항상 과감하게 공격해야만 하기 때문이다. 미리 내 지식의 미흡한 점을 보충한다는 것은 나로서는 불가능한 일이다. 나는 지금 쓰거나, 그렇지 않으면 아예 쓰지를 말아야 한다. 그래서 나는 쓰기로 결정하였다.』[75]

　호이징가는 공격적이고도 적극적인 저술 태도에 대해 당당히 언급한다. 분명 학술적 글쓰기보다 도발적이다. 그는 신중하게 검토하되 명확하게 판정하는 것에 지나치게 얽매이지 않는다. 이는 가늠하기 힘들지만 가늠해야만 하는 절박함을 띠기도 하고, 지적인 놀이를 해서 더 풍성한 의미를 도출해보려는 시도처럼 보이기도 한다. 이러한 저술 태도 역시 전문분야에 포함된다. 그러면서 대단히 위험하고 경솔한 태도로 치부되는 것 역시 사실이다. 시민지성의 입장에서는 그 글쓰기를 감당할 만한 역량만 된다면 적용해볼 만한 저술 태도다.

그러나 이러한 공격형 글쓰기를 하기 위해서는 대개 수비형 글쓰기가 선행되어야 한다. 나는 이미 비평적 에세이와 비판적 에세이의 중요성을 언급했다. 철저히 자신의 경험 범위로 제한하거나 직접 발로 뛰어 개별적인 사건을 취재하는 것이 아니라면 결국 기존 지식을 비판적으로 검토하는 데서부터 저술을 시작한다. 엄밀할수록 좋다. 그렇지 않을 때 주관적이면서 공세적인 글쓰기는 공허해진다. 이는 전문가들에게도 똑같이 적용된다. 그래서 그들은 기존 지식의 성과를 파악하고 이해하여 비판하는 작업을 선행한다. 설령 그들이 그것을 하지 않는 것처럼 보이더라도, 기실 기존 성과를 수용하여 그것을 바탕에 두고 글을 쓴다. 인용표기는 괜히 하는 것이 아니다.

이는 시민지성에게도 매우 중요하다. 다만 능동적 수용자로서 지식을 자유롭고, 때로는 '엄밀하지 않게' 지식 자체를 즐길 수 있어야 한다. 물론 이렇게 해서는 진리를 말할 수 없을지도 모른다. 어쩌면 다양한 지식에 밀착하여 진리의 주변을 끊임없이 헛돌거나 맴돌 뿐이다. 그럼에도 이는 시민지성에게 적실하다.

우리는 '허용되지 않은 것'을 끊임없이 말해야 한다.* 그래야 세련되게 말하는 법을 익힐 수 있다. 기실 우리는 우리가 아는 것보다는 모르는 부분이 더 많다. 또 허용된 것보다 허용되지 않은 것이 더 많다.

그 부분을 아무 비판 없이 수용하는 버릇이 들면, 변화의 주체가 될 수 없다. 만일 가장 옳은 의견만을 수용할 수 있는 혜택을 받더라도, 그 의견 역시 시대가 지나고 사람이 변하면 변질될 수밖에 없다. 그때는 또 누가 더 나은 의견을 제시하여 우리를 가르쳐줄 때까지 기다려야 한다. 사회의 대다수가 스스로를 사유하는 방법을 터득하지 못하면 변화는 항상 소수의 것이고 사람들은 여전히 시대에 무력하게 끌려 다녀야 할 것이다.

사실 정보수용자는 허용된 것들만을 말해야 하는 것처럼 요구받는다. 결국 허용되지 않은 것에는 침묵하는 편이 속편하다. 제대로 알지 못하는 것을 말하는 행위는 경박한 태도로 분류된다. 그 가치는 우리를 압박한다. 우리는 아주 많은 부분에 대해서 말조심할 것을 요구받는다. 글쓰기의 기본이 안 되었다고 비판 받고, 제대로 정보를 알지도 못하거나 부정확한 정보에 과하게 집착한다는 평가도 받는다.

물론 우리는 엄밀한 비판 작업을 선행한 후 공격형 글쓰기를 검토할 수 있다. 이 지점에서 전문가와 비전문가의 길이 갈린다. 시민지성은 제한적 정보의 행간을 읽고 그 의미를 선별적으로 수용할 수 있다.

✱물론 부정확한 정보에 바탕을 두고 헛소문을 유포하여 무고한 사람을 매장시키는 행위는 비판받아야 마땅하다. 이런 행위는 다른 이와 연대하여 더 나은 방향을 모색하는 일과는 상관없어 보인다. 오히려 서로에게 상처를 주고 공멸하는 것에 불과하다면 그 부분은 마땅히 정화하기 위해 노력해야 할 것이다.

예컨대 '비자금 의혹 사건'에 대해서 수많은 해석이 붙은 자료를 보고, 그 사실 여부를 확신할 수 없을 때가 많다. 설령 명백해 보이는 증거가 있어도 그것마저 음모라고 의심할 수 있다. 결국 우리는 아무것도 쉽사리 판단할 수 없다. 정치적 환경에서 왜 그 시점에 어떤 신문에서 그 기사가 터졌는지, 그리고 왜 다른 발언자와는 전혀 다르게 이 사건을 해석하는지 혼란스럽기만 하다. 이때 우리는 '이 사건의 실체를 알 수 없지만 이 사건은 이야기되고 있다'는 가장 사실적인 문장을 건질 수 있다. 이 문장만큼은 비판을 통해 우리가 가장 객관적으로 수용할 수 있다. 이처럼 시민지성은 불투명한 부분을 도려내고 명징한 부분만을 선별할 수 있다. 소극적 객관화다.

　전문가들은 적극적으로 많은 자료를 검토하여 넓은 범위를 감당한다. 반면 시민지성은 작은 영역에서 사유할 수 있다. 귀납적이라기보다는 연역적인 추론 방식을 더 많이 활용할 수 있다. 이는 자기 경험 범위가 아니다. 따라서 그 작은 영역에서 자신이 권위자가 될 수는 없다. 오히려 사건의 실마리를 잡으려는 '탐정'과 같다고 해야 할 것이다.

　그런데 단서가 적으면 사건의 실체를 파악하기가 그만큼 곤란하다. 수많은 가능성을 추리해도 이를 뒷받침할 단서가 너무 적으면, 오히려 너무 많은 가능성에 억측만 남을 수 있다.

　결국 현상의 실체에 현실적으로 접근할 수 없을 때 우리는 다양한 가정을 세우고 하나씩 검토해서 그 범위를 좁혀갈 수밖에 없다. 그래서 시민지성의 글쓰기에서 '만약~ 한다면~'이라는 문장은 중요하다. '~ 인 듯하다', '~일 가능성이 있다', '~일 수 있다', '~일지도 모른다' 등도 중요하다. '~는 나로서는 알 수 없다. 다만~'이라는 문장 역시 자주 활용할 수 있다. 하나의 가능성에 대해 조건 짓고 판단을 확정하지 않으면서 어느 정도 제한하는 표현으로 마무리한다. '조건달기'와 '판단유보'는 시민지성에게 현실적으로 유용하다.

그러나 이러한 태도를 지속하면 글 자체가 모호해진다. 수많은 가능성을 검토하는 것 자체로도 그 의미가 풍성해질 수는 있다. 다만 그것이 적확한 사실을 말해주지 않는다. 문학적인 작업이나 인문학적 놀이라면 모를까 사실 관계를 확인해야 하는 작업에서도 이러한 태도를 취하는 것은 바람직하지 않다. 명백한 한계다.

여기서 우리는 내용이 끝없이 방만해지는 걸 막기 위해 수시로 비판 작업을 할 수 있다. 이때 유력한 추론 중 몇 개를 선택하는 과정을 거친다. 비판 작업은 언제나 어디서든 도입될 수 있다.

비판 작업 덕분에 추론이 과도하게 모호해지는 걸 막을 수 있다. 또 끊임없이 과정을 환기하여 무엇을 추론하고 있는지 인식하게 해준다. 그렇게 내용이 대상에서 지나치게 멀어지지 않도록 해준다. 이는 수많은 자료를 검토하여 신중하게 판결하는 전문가들에게도 당연히 필수적이고 기본적인 자세다. 모르는 부분에 끊임없이 선을 그으면서도 치열하게 한 현상을 붙들고 늘어지는 수비적 자세라 할 수 있다.

시민지성은 다양한 의미를 추리하면서 지성을 발현하고, 진실을 위해 노력해야 할 것이다. '지성의 발현'과 '진실의 확인'은 시민지성이 글을 쓰는 목적이다. 그리고 이를 위해 수비적으로 글을 쓴다. 내가 어디서부터 말할 수 있고 어디까지 말할 수 있는가를 우선 인식해야 한다. 이는 매우 기본적이고 중요하다. 이것이 선행된 후에야 비로소 공격적 저술 태도에 대해 말할 수 있다.

우선 공격적 태도 유형으로 호이징가 같은 모험가형을 들 수 있다. 전문가들은 적극적 객관화 작업을 하려고 많은 문헌을 인용하거나 나름대로 조사 연구하여 현상을 드러내려 한다. 반면 모험가형은 소극적 객관화 작업을 하여 비판과 비평에 초점을 맞춘다. 특히 비평에 해당하는 '비판적 추론' 작업에 힘을 집중한다.

그런가하면 전문가와는 전혀 다르게 지식의 구축을 놀이처럼 즐기는 유형이 있을 수 있다. 지식놀이꾼이다. 이 유형은 소극적 객관화 작업인 비판과 비평을 한다. 또한 소극적 주관화 작업에 발을 담근다.[*] 이는 '비판적 상상' 작업이다.

간혹 이것은 음모론이라는 부정적인 형태로 드러나기도 한다. 한 현상에 대한 부정확한 정보를 바탕에 두고 헛소문을 유포하는 행위는 비판받아야 마땅하다. 시민지성의 글쓰기가 다른 이와 연대하여

---

[*] 문학가는 적극적 주관화 작업에 해당하는 문학적 상상을 하여 현상을 표현한다. 광범위하게는 문학가 역시 시민지성에 놓을 수 있다. 분명 그들은 시민지성이 지향해야 할 미덕을 지니고 있다. 하지만 문단이 존재하고 문학은 실질적으로 '또 하나의 전문성'을 획득했다. 그래서 보통 문학가들을 시민지성으로 거론하지는 않는다. 여기서는 범위를 좁혀 시민지성의 저술 태도에서 문학가형을 제외한다.

더 나은 방향을 모색하는 것이 아니라면 무의미하다. 마땅히 정화하기 위해 노력해야 할 것이다.

그럼에도 단편적인 부작용 탓에 시민 저술 문화의 긍정적인 가능성을 무작정 외면할 수는 없다. 시민지성이 부작용을 극복하고 지식을 긍정적으로 활용할 수도 있을 것이다. 혹시 아는가. 그들이 대상을 단순히 이해하고 해석하는 수준을 넘어서 그것을 생활에 지혜롭게 적용할 수 있을지도 모른다. 그때 시민은 '지성을 발현'하여 '진실을 확인'하고 '지혜를 생산'하는 사회인이 될 수 있을 것이다.

글쓰기의 방법

현실적으로 시민의 글쓰기 역량은 아직 부족하다. 다양한 부작용이
발생할 수밖에 없다. 간단히 예시를 들자면 무분별한 도용과 키치적
저술 습관, 저술의 상업화, 질적 수준 하락 등을 예상할 수 있다. 과격
하게 말하면 쓰레기에 불과한 정보로 넘쳐날 수도 있다.

게다가 이미 이런 부정적인 면이 시민 저술문화가 확립하지 않은
지금도 존재한다. 어쩌면 항시 존재하며 우리가 끌어안고 가야 할 문
제다. 그런데 정작 이것을 수용자 스스로 걸러내기 힘들다. 수용자 스
스로 지적으로 성장하려고 꾸준히 노력하지 않는 한 언제나 부작용
이 생길 것이다.

그럼에도 능동적 수용자가 더 많아지려면 쓰기만큼 효과적인 수단
도 없다. 스스로가 치열하게 자신을 표현해낼 때 진정한 집단지성의
등장이든 정보의 민주화든 바람직한 사회를 구현할 수 있다고 믿는
다. 그러니 현실적으로 우리의 글쓰기 수준이 머물러 있는 지점을 검

토할 수밖에 없다. 저술의 대중화를 위한 시작점이다.

여기서 대중화에 대해 세 가지 정도를 생각해볼 수 있다. 그 세 가지란 내용적인 면, 형식적인 면 그리고 기술적인 면이다.

우선 내용적인 면으로는 난이도나 선호도와 같은 특성을 떠올릴 수 있다. 그러나 현 대중의 입맛에만 맞추면 상업화의 다른 이름에 지나지 않는다. 요즘 '대중적 글쓰기'란 대중에게 한 분야를 쉽게 이해시키고 흥미를 유도하는 글쓰기다.

둘째, 저술의 대중화를 말할 때 특별히 형식적인 면을 거론하지는 않는다. 다만 너무 정격적이라 가독성을 떨어뜨리는 구성보다는 편하게 접근할 수 있는 레이아웃을 지향한다. 대표적으로 주석이 너무 많이 달리면 학술적인 냄새가 풍겨 일반 독자들이 선택을 꺼려한다.

셋째, 기술적인 면에서는 독자가 어려워할 만한 부분을 건드리지 않거나 간단하게 언급한다. 또 그들이 흥미를 느낄 수 있도록 다양한 삽화·예시 등을 들 수 있다.

물론 이러한 세 가지는 '시민이 직접 참여하여 어떻게 글을 쓸 것인가' 하는 고찰이라기보다는 '어떻게 하면 시민이 글을 읽도록 할 것인가' 하는 방안이다. 사실 많은 파워블로거가 글을 쓸 때 정보생산자의 입장에서 이 같은 가치를 받아들인다. 스스로가 권위자가 되어 기존 교양저술가의 태도를 그대로 수용하고 만다. 이런 방식은 한 분야에서 준전문가로 불안하게 행세할 때 부득이하게 필요하다.

그러나 시민지성이 이 가치를 그대로 수용하지는 않아도 된다. 자

기 위치를 명확히 인식하고 그것을 담담히 받아들이고 인정하는 데
서 글쓰기를 시작해야 한다. 그러면서도 다양한 분야에 접근하기 위
해 저술 태도를 먼저 언급했다. 그리고 그 태도에 입각하여 시민지성
다운 저술 방법을 택할 수 있다.

여기서는 내용적인 면에서 '쉬운 글쓰기'를, 형식적인 면에서는 '적
은 글쓰기'를, 기술적인 면에서는 '낮은 글쓰기'를 제시한다. 이러한
글쓰기는 기존에 이미 있었다. 그러나 그것을 좀 더 명확히 인식하고
의식적으로 활용할 때 다양한 가능성을 발견할 수 있다.

우선 '쉬운 글쓰기'는 말 그대로 내용을 쉽게 쓰자는 의미다. 되도
록 많은 이가 내용을 알기 쉽게 이해하고 직접 판단할 수 있게끔 써야
겠다. 쓸데없이 전문적인 용어가 난무하여 자기들끼리만 알아보는
허세 섞인 글은 지양한다.

물론 극전문적인 내용을 다룰 때는 마냥 글을 쉽게 쓸 수 없다. 그때
전문용어는 짧은 분량으로 내용을 효율적으로 표현하게 해준다. 각
자 선택해야겠지만 이 같은 경우를 제외하면 되도록 내용을 쉽게 쓰
려고 노력해야 할 것이다. 일상에 밀착하여 고민하고 지식 수용의 한
계를 절감하면 굳이 전문가의 문장을 흉내 내지 않을 것이다.

사실 하나의 전문지식에서 출발하여 관념적으로 추론하는 작업이
아니라면 대개 최초의 출발점은 현상이다. 이것을 우리가 느낀 대로
관찰할 때 내용이 쓸데없이 현학적으로 변하지는 않을 것이다. 이를
위해 우선 사전적 정의에 무게중심을 둘 필요가 있다. 우리가 흔히 아

는 기본적 정의에서 시작할 때 의미가 쉬워진다. 물론 학술적 용어가 사전적 정의와 크게 다르지는 않다.

다만 때때로 더 정교하고 다양한 의미가 쓰인다. 학자마다 다르게 정의하여 보편화된 정의를 교란하는 경우도 있다. 시민지성은 이 부분을 명확히 인식하고 세밀하게 글을 써야 할 수도 있다. 이 경우엔 사전적 정의만으로는 내용을 풀어내기 곤란하다.

하지만 이때도 되도록 전문용어로 압축하지 않는다. 자기만의 용어를 만드는 것은 지양해야겠다. 그보다는 '보편적 정의의 쉬운 표현으로 길게 묘사하는' 방법을 택하면 좋다. 누가 읽더라도 정의가 미세하게 다르다고 판단할 수 있을 때 내용이 쉽게 와 닿을 수 있다.

둘째, 형식적인 면에서 '적은 글쓰기' 방식은 시민지성에게 적합하다. 그들은 표현요소를 최소화하거나 꼭 필수적인 요소만을 추려서 글을 쓸 수 있다. 또한 분량이 짧은 글쓰기를 할 수도 있다. 이를 세분화하면 조립형, 연쇄형, 링크형 글쓰기를 들 수 있다.

조립형 글쓰기는 생각의 덩어리를 잘게 나누어서 글을 쓰고, 내용 조각을 합치는 방식이다. 사실 이것은 한달음에 쓰는 일부 작가가 아니라면 많은 사람들이 즐겨 사용한다. 대개 작은 단위의 글 뭉치를 합쳐 한 권의 책이 된다. 조립형 글쓰기다.

특히 직장인과 같은 이들이 글을 쓸 때는 생각을 연속적으로 길게 할 수 없다. 그때 우리는 좀 더 적은 분량 안에서도 조립형 글쓰기를 할 수 있다. 조립형 글쓰기를 단순히 기능적인 면에서 짧은 생각을 이

어간다는 고정관념을 벗어날 때 더 신선한 글쓰기를 할 수도 있겠다. 예컨대 큰 본문에 이질적인 내용이나 개성이 충돌하는 글 덩어리를 삽입할 수도 있다. 이를 통해 내용이나 관점, 문체에 따라 다채롭게 글을 감상할 수 있도록 구성해볼 수 있다.

연쇄형 글쓰기는 방금 언급했듯이 다양한 꼭지로 한 권의 책을 완성할 때 적용할 수 있다. 이때 전문가들은 내밀한 논리를 바탕에 두고 꼭지들을 연결한다. 어떻게 보면 꼭지간의 논리적 흐름이 얼마나 밀도 높고 정교한가 하는 것으로 글의 완성도를 평가할 수도 있다.

그러나 시민지성에게 엄밀한 논증은 쉽지 않다. 그보다 자유로운 방식의 인문학적 상상과 경험을 바탕에 둔 담화가 더 적합하다. 이를 바탕에 두고 논증하는 편이 현실적이다. 이것을 짧은 글쓰기 안에서 적용할 수 있다. 그러면서 논증이 점점 엄밀해져야겠다.

더 나아가 지식놀이꾼은 논증만큼이나 '논리의 놀이'에 관심을 지닐 수 있다. 즉 엉뚱하지만 개연적인 흐름을 만들어 글을 구성할 수도 있다. 학자에게는 결코 권할 수 없는 방법이지만 지식놀이꾼은 도발적인 재미를 추구한다. 그렇게 나름의 방식대로 지성을 발현하여 진리에 밀착하려 한다.

결국 지식놀이꾼은 논증을 대신할 자기만의 개연성을 확보해야 한다. 그리고 그 개연성이 엄밀할수록 글이 촘촘해진다. 그러면 학문적인 논리에서 자유로워질 수 있다. 현실적으로 수준 높은 시민지성이 아니라면 대개 헐거운 개연성을 바탕에 두고 망을 짠다. 전문가가 퀼

트를 짜려하고, 탁월한 시민지성이 털목도리를 짜려한다면, 일반 네티즌은 망을 만든다. 아무리 논리가 허술하더라도 대개 거칠게라도 자신의 생각을 표현할 수 있다. 거칠더라도 신선하다면 좋다.

말하자면 이들에게 '뭔가를 증명하고 엄밀하게 조사하여 이론을 만들거나 진실을 규명해야 할' 의무는 없다. 그건 전문가의 몫이다. 다만 진실을 날카롭게 인식하고 정보를 자발적으로 수용하여 활용하려는 치열한 몸부림을 요구할 수 있다. 내용이 평범할 때는 논리라도 정교해야겠다. 그 가운데 진정성이 묻어날 것이다.

링크형 글쓰기는 연쇄형의 또 다른 방식이다. 다만 본문으로 선택받지 못한 내용을 주석으로 기록하든지 덧글로 써서 주 내용을 보완하는 방식이다. 때로는 방사형으로 끊임없이 새로운 길을 내면서 의미망을 더 복잡하고 풍성하게 할 수 있다.

이때 방사형의 특성이 강해지면 주(主)와 부(副)의 의미가 희미해진다. 전체가 유기적으로 연결되어 있지 않아서 아무데서나 읽어도 내용을 이해하는 데 무리 없다. 독자는 필요한 부분을 용이하게 발췌독할 수 있다. 공작형 글쓰기라고도 한다.[76] 단순히 글은 모아놓은 형식으로 볼 수도 있다. 흔히 시집이나 산문집에서 이 구성 방식을 발견한다.

직장인이 틈틈이 글을 쓸 때 내용을 처음부터 끝까지 체계적으로 쌓아가기 힘들다. 그때 위의 방식을 활용하여 중간 중간 본문을 뒷받침하는 생각을 덧붙여 내용을 보완할 수 있다. 또한 인용표기도 중요하다. 그것은 자신의 출발점을 더 강하게 인식하는 절차로, 단순히 저자의 도덕성을 확인하는 절차로만 여길 수 없다. 그 갈래를 인식하는 작업은 시민지성에게 매우 중요하다. 어쩌면 '우리가 어떻게 연결되어 지금의 의미망을 드러냈는지를 인식하는' 문제가 '창조적이고 독자적인 글쓰기를 하는' 문제보다 더 중요할 수 있다. 다만 링크형 글쓰기가 너무 과하면 글 전체를 파악하기 어려워진다. 적절하게 수위를 조절해야겠다. 과도하게 인용했다면 이를 저작권 윤리와 연결지어볼 수도 있겠다.

셋째, 기술적인 면에서 '낮은 글쓰기'를 생각해볼 수 있다. 사실 낮은 글쓰기는 시민지성의 처지를 잘 반영하고 있다. 이는 부족한 역량을 지닌 시민들이 글에 접근하기 위해 어느 정도 글쓰기의 '기술적 타락'을 감수해야 한다. 어쩌면 가장 초보적인 형태의 글쓰기이면서, 스스로를 인식하고 표현하는 솔직한 글쓰기라고도 할 수 있다.

'쉬운 글쓰기' 역시 '낮은 글쓰기'에 속할 수 있다.✱ 그런가하면 논증보다는 담화 등의 방식을 택하는 것도 어찌 보면 '낮은 글쓰기'의 맥락에 놓인다. 제한된 정보로 매력적인 성과를 최대한 끌어내려는 수용자의 태도는 또 어떤가. 말할 수 없는 것을 끊임없이 인식하고 말하려 할 때 많은 부작용을 낳기도 한다. 그러면서도 그 노력과 시도를

✱ 물론 쉬운 글쓰기야말로 가장 어려운 글쓰기일 수도 있다. 가장 간결하게 세계를 표현하는 것은 결코 쉽지 않다. 더구나 그것으로 독자에게 울림을 주기란 더더욱 어렵다. 쉬운 글쓰기가 반드시 좋은 글쓰기는 아니지만 좋은 글은 쉽고 간명한 경우가 많다.

무조건 부인하기 어렵다. 오히려 세계를 성심껏 읽어내려 할 때 그것은 정당하다.

　이 목적을 이루려면 우선 좋은 글쓰기라는 고정관념에 과도하게 집착하지 않아야 한다. 흔히 간결하고 명징한 글쓰기를 좋다고 말한다. 틀린 말은 아니다. 다만 독자를 상정한 글쓰기에서만 '어느 정도' 옳다는 의미다. 기실 소통을 목적으로 하지 않는 글쓰기란 이율배반적이다. 그래서 '간결하고 명징하며 명쾌한' 글쓰기는 좋다.

　물론 자기만족을 위한 글쓰기거나 과정 자체가 중요한 글쓰기에 집중한다면 '간결하고 명징한' 글쓰기가 반드시 옳다고 할 수 없다. 어떤 이에게는 남들이 인식할 만한 내용을 짧고 재미있게 전달하려는 게 목적일 수도 있지만, 어떤 이에게는 고민을 온전히 드러내고 글 안에서 방황하는 것이 목적일 수도 있다.✱

　수많은 지성들이 쉽고 간결하고 명징한 글쓰기를 했다. 동시에 수많은 지성들이 산만하고 난해하며 모호한 글을 썼다. 시민지성의 입장에서 글쓰기의 미덕을 염두에 두는 것은 바람직하지만 자신이 어떤 태도로 글에 접근하느냐에 따라 조금은 다를 수 있겠다. 모든 글쓰기 방식에는 각각의 미덕이 있다. 그것이 보편적으로 좋은가 나쁜가 하는 것과는 다른 문제다. 따라서 여기서는 어떤 가치가 옳다고 판결

✱중복 표현은 제거해야 할 수도 있지만 그 자체로 그 단어를 습관적으로 선택했다는 정황이 드러난다. 사실 어떤 내용도 사전적인 의미 그대로 반복하는 경우는 없다. 반복하는 횟수마저 의미를 띠는 셈이다.

내리지 않는다. 그저 우리가 저급하다고 여기는 것, 수준 낮다고 여기는 특징에 점수를 매기지 않고 물음표로 남겨두려 한다.

　물론 저술문화의 대중화라는 대명제 때문에 이를 묵인할 뿐이다. 만일 글쓰기의 수준이 이대로 머물면 분명 부정적이다. 또한 시민이 써대는 글이 매우 식상하거나 말초적인 데서 머물면 그저 출판양이나 늘리는 역할만 할 것이다. 그렇게 되면 저술문화를 대중화하는 진정한 의미가 퇴색한다.

저술 놀이

시민지성은 특정한 분야에서 지식을 숙달한 자들이 아니다. 그래서 그들은 먼저 수비형 글쓰기를 해야 한다. 이는 전문가에게도 해당한다. 하지만 그들이 각종 전문자료를 바탕에 두고 새로운 결론을 세련되게 뽑아내는 데 반해, 시민지성은 수비형 글쓰기에 좀 더 집중할 수 있다. 그들은 단정하기를 끊임없이 유보하면서 모든 가능성을 상세하고 치열하게 검토할 수 있다.

만일 그들이 한 분야를 명확하게 진단하려면 전문가의 길을 걷는 편이 낫다. 또한 모든 시민지성이 각 분야의 전문가가 되는 것은 그리 나쁘지 않다. 다만 우리는 언제나 생활인으로서 다양한 분야에 노출된다. 현실적으로 그 많은 분야에서 전문가가 되는 건 불가능하다. 한 분야의 전문가가 그 분야의 권위를 얻더라도 그 이외의 것을 말하기 어렵다.

그런데 시민지성은 다르다. 그들은 어떤 분야의 전문가가 아니다.

수용자로서 제한된 정보를 파악하여 비판적으로 해석할 뿐이다. 그런 후 '소극적으로 객관화'한 비판의 성과를 바탕에 두고 다음 작업을 진행할 수 있다. 나는 이미 4-4장에서 모험가형과 지식놀이꾼형을 언급했다.

모험가형은 논리적으로 글을 개진하려한다. 비록 지나치게 과감하게 의견을 개진하여 근거가 부족하더라도 그들은 엄연히 논리를 고수한다. 말하자면 그들은 적극적인 추론 방식을 택한다. 이는 제한된 정보의 불공정함에 대한 항의를 뜻할 수도 있다. 또 그 현실 안에서 최대한 자발적으로 진실에 접근하려는 몸부림을 의미할 수도 있다.

사실 이것은 전문가 사이에도 엿보인다. 지식생산자 사이에도 정보 불평등은 존재하기 때문이다. 주류를 형성하는 이들은 대개 권력을 쥐고서 어떤 사안을 처리할 때 고급정보를 비밀에 부치곤 한다.

하지만 여기에 권력이 개입할 수 있는 가능성이 현실적으로 존재한다. 만일 그런 일이 생기면 그때부터 이야기가 달라진다. 고급정보에 접근할 수 없는 일부 언론이나 비판적 지식인들은 현재의 엄정한 사실 관계만을 따질 수 없다. 그들은 좀 더 적극적으로 과거의 사례를 끌어와 미래의 일을 예견한다. 비판적 추론이다.

때때로 이를 두고 "상상하지 말고 사실 관계만을 놓고 말하자"는 지적을 할 수 있다. 분명 사실을 직시하는 태도는 매우 엄밀하고 바람직하다. 하지만 권력 개입의 가능성이 있을 때 사실만을 강조하는 행위는 드러나지 않은 의도에 대한 적극적 추론을 억압하는 것에 불과하다. 우리는 미래를 걱정할 수 있다. 따라서 미래를 적극적으로 상상하고 검토할 수 있는 권리를 지닌다. 일어나지 않은 일에 대한 과도한 추론이 비전문적 태도에 직결하는 저급한 특성이라 선고하는 것은 부당하다. 어쩌면 진실을 적극적으로 규명하는 노력을 폄훼하는 것이다.

시민지성의 경우 위의 상황에서 벗어나기 힘들다. 우리는 제대로 알지 못하는 것에 대해 말하는 것 자체가 경솔하다는 인식에 구속받는다. 이를 극복하기 위해 제도권의 문법을 수용하여 아는 것만 말하든가, 비판적 추론을 적극 활용하여 저항하는 방법이 있다.

그리고 또 하나, 지식놀이꾼으로서 지식을 가지고 놀 수 있다. 이는 '지성의 발현'과 '진실의 확인' 중 전자에 더 중점을 둔 글쓰기다. 그들은 논리에 집착하지 않을 수 있다. 개연성만을 바탕에 두고 때로는 비약하며 문학적 해석을 곁들일 수 있다. 그들은 지식을 레고처럼 가지고 놀면서 지식의 새로운 의미나 전복 가능성을 검토할 수 있다. 그런 점에서는 예술가적인 면모를 보인다. 즉 '진실의 확인'을 논리적으로 하는 것이 아니다. 대신 논리로 놀이하거나 문학적인 해석을 곁들이는 등 색다른 방식으로 '진실'의 언저리를 맴돌며 중심에서 조금씩 엇나가면서 중심으로 다가갈 수 있다. 예컨대 언뜻 보기에 명쾌하게 논리적인 것처럼 보이는 경우라도 '의사(擬似)논리적'일 수 있다. 엉뚱한 근거를 끌어오거나 의도적으로 상대의 논리를 교묘하게 패러디하여 풍자할 수도 있다. 삼천포로 빠지기·사오정 기법·횡설수설·말

돌리기·요지 흐리기·비약·말갈이 등 비주류적인 기법을 활용해볼 수도 있다.

다만 이러한 기법은 때때로 궤변가의 어법을 닮아있다. 지식놀이꾼은 스스로 진실을 은폐하거나 현실을 외면하는 흉내를 내다가 실제로 그 덫에 빠질 위험에 처한다. 이를 미처 인식하지 못하면 그 놀이는 더는 놀이가 아니다. 설령 놀이라 하더라도 놀이에 지배받는 꼴은 우습다. 그마저 인식하지 못하는 처지라면 더 처량하다. 그러므로 그들은 자신만의 기술 방법을 능숙히 다루기 위해 우선 '무엇을, 왜, 어떻게 하는지'를 명확히 인식해야 한다. 이때 가지고 놀던 전문지식을 제대로 습득할 수 있다.

물론 순수한 놀이의 소재로서만 전문지식을 다룰 수도 있다. 말장난을 확대한 개념일 것이다. 예컨대 인터넷에서는 댓글놀이·릴레이 소설·첨가놀이·숫자놀이 등이 보편화되어있다. 이러한 순수한 말놀이를 활용하여 오로지 놀이로서 전문지식에 밀착해볼 수도 있다. 놀이는 혼자서도 할 수 있지만 둘 이상이 할 때 재미가 더 크다. 저술 놀이는 어떤 작품을 완성한다기보다 작품이 만들어지는 과정에 집중하는 행위다. 또한 개인 창작뿐 아니라 집단 창작 역시 가능하다. 기존의 저술 관행과 달라도 상관없다.

나는 여기서 말한 '저술 놀이'의 유력한 표현 방식을 편의상 '농담'이라 부르겠다. 또한 이를 비평적 농담과 문학적 농담으로 나누어볼 수 있다.

우선 비평적 농담은 어느 한 현상이나 대상, 전문지식을 바탕에 두고 '소극적으로 주관화'하는 작업이다. 비판적 상상의 영역이다. 비판적 상상은 도발적으로 아주 멀리까지 나아가는 추론이기도 하지만, 추론에서 벗어나서 엉뚱한 농담으로 귀결할 수도 있다. 물론 비평적 농담을 고급화하기 위해서는 대상에 대한 정확한 인식이 선행한다. 수비형 글쓰기는 수용자가 태생적으로 끊임없이 의식해야 한다. 그것이 올바르게 선행되지 않을 때 농담은 공허해진다.

둘째, 문학적 농담은 이야기를 서사로 정교하게 구성하기보다는 찜질방이나 술자리에서 자유롭게 자신의 생각을 풀어놓듯이 다양한 소재를 풀어내는 작업이다. 여기에는 인물이나 사건이 있을 수 있다. 문학으로 형상화하지 못하는 다양한 상상을 시민지성 역시 자기 방식대로 이야기할 수 있다. 이는 시민지성의 유형 중 시민예술가의 작업이다. 이때 이 농담은 문학의 자장에 강하게 영향을 받을 수밖에 없다. 때때로 이 농담이 정교하게 세련될 경우 글 자체가 문학성을 띨 것이다. 비평적 농담이 전문지식 등의 학문적 영역을 의식하고 출발한다면, 문학적 농담은 자신의 경험을 바탕에 두고 적극적으로 이야기를 꾸미기 때문에 과감하게 상상할 수 있다. 문학의 미니픽션이나 짧은 산문 혹은 시와도 겹치는 면이 있다.

더 나아가 저술 놀이의 방법적인 면을 생각해볼 수 있다. 그러면 우선 개인 창작과 집단 창작을 나누어볼 수 있다. 개인 창작의 경우, 저술 전 몇 가지 규칙을 정하고 그것에 맞출 수 있다. 예컨대 직장인의 경우 집에 있는 책조차 제대로 읽을 시간이 없다. 이들이 개인 서재에 꽂힌 책만을 읽고 의도적으로 제한한 정보로 저술 놀이를 할 수 있다. 한 문장만을 인용해서 그 문장의 다양한 의미를 구성하는 이야기를 뽑아낼 수도 있다. 또 모든 문장을 다양한 출처에서 인용해와 내용을 편집하고 단 한두 문장만으로 의미를 전도해버리는 기교를 사용해볼 수도 있다. 물론 이 경우에는 저작권 윤리와 대치하는 창작법이라 그에 대해 신중하게 검토해야 한다. 또한 몇 가지 검색어로 도서목록을 꾸리고는 거기서 즉흥적으로 글감을 찾아내 저술 놀이를 하거나, 기사와 주변 사례를 결합해서 생생한 에세이를 쓸 수도 있다. 방법은 매우 다양하다. 다만 이 경우엔 비판적·비평적 태도를 지니고 기존의 글쓰기를 할 것인지, 농담까지 활용하여 방법적·내용적 면에서 저술 놀이를 할 것인지 저자가 선택해야 할 것이다.

집단 창작의 경우, 릴레이소설이나 댓글놀이처럼 일정한 규칙을 두고 여럿이 함께 창작할 수 있다. 이때 여러 사람의 창작을 그대로 붙여서 작품을 완성할 수도 있다. 저술 놀이의 연출가를 두어 하나의 통합된 관점을 드러내는 작품을 제작할 수도 있다. 여러 예술가, 즉 사진가·화가·문학가·저술가 등이 모여 한 주제에 대해 각자의 방식으로 작업하여 연출가가 통합할 수도 있다. 또 자유롭게 작업하여 의도치 않은 의미를 생성하는 글쓰기를 의도할 수도 있다. 누군가 시재를 던지면 이를 즉흥적으로 시 놀이 하듯 저술에 적용해볼 수 있다. 일정한 영역을 설정하고 그곳을 탐색하여 저술 놀이 할 수도 있다. 오브제 작업이나 정크 아트처럼 버려진 정보를 재활용하여 전혀 새로운 의미를 구성할 수도 있다. 맥락이 다른 수많은 인용문장을 콜라주할 수도 있다. 역시 농담을 활용할 수도 있고, 전통적인 비평이나 비판적 글쓰기를 할 수도 있다. 이 역시 방법이 매우 다양하다. 다만 저술 놀이를 적극적으로 확장할수록 저작권 윤리라는 가치와 끊임없이 대면해야 할 것이다.

물론 저술 놀이에 대한 논의는 여기서 끝나지 않는다. 우리는 아직 저자와 독자 간의 관계를 고려해보지 않았다. 저자와 독자의 관계를 거론할 때 흔히 상호반응성, 혹은 일방성이라는 표현을 떠올릴 수 있다. 고전적인 글쓰기는 일방적이다. 저자가 완성한 글을 독자가 읽고 느꼈다. 저자의 의도는 대체로 글 자체와 부합했다. 때때로 저자와 글 간에 의도치 않은 간극이 있기도 했다. 그렇다고 읽기나 독자에게 특별한 의미를 부여할 정도로 글의 완결성을 의심치는 않았다. 그러다가 현대에는 저자의 죽음을 선언할 정도로 글 자체가 생성하는 의미와 독자가 받아들이는 수용력 역시 중요하게 여긴다. 저자의 손을 떠나면 그 글은 더 이상 저자만의 것이 아니다.

인터넷 시대에 오면 정보의 상호반응성을 더 많이 이야기한다. 누군가 일방적으로 주고 누군가는 일방적으로 받기만 하지 않는다. 그럼에도 실질적으로 우리는 수용자로서 많은 정보를 일방적으로 받는다. 하이퍼 픽션조차 작가가 설정해놓은 몇 가지에서 결말을 선택해야 한다. 결국 독자의 자발적 선택에는 한계가 있다. 작가가 제안한 결과 범위를 넘어설 수가 없다.

그럼에도 인터넷의 정보 활용 방식은 기존의 그 어떤 생산과 수용 관계보다 상호반응성이 강하다. 하이퍼 픽션 역시 그렇다.[77] 디지털 게임 스토리는 어떤가. 전체적인 서사 안에서 유저들은 세부 이야기를 매번 새로 쓴다. 그 수많은 갈래를 모두 경험할 수 없을 정도로 이야기는 다양하다. 참여하는 이가 많아질수록 그렇다. 각자의 반응이 다르기 때문이다.[78]

지식놀이꾼의 입장에서 하이퍼 픽션이나 디지털 게임 스토리의 문법을 활용해보는 것도 나쁘지 않다. 상호반응성의 측면에서 이 장르들은 암시하는 바가 크다. 예컨대 어떤 비평문에 빈 공간을 남겨두는 방식을 가정해볼 수 있다. 오프라인 서적에서 보자면, 참고서와 문제집의 형식을 빌려오는 것이라 할 수 있다. 여기에는 독자가 남겨놓을 다양한 답이 있을 수 있다. Q/A 형태의 글도 마찬가지다. 여기에는 독자의 참여를 유도하는 성향이 있다.

그런가하면 농담을 활용하여 상호반응성을 담아낼 수도 있다. 예컨대 틀린 문장 찾기나 틀린 내용 찾기, 틀린 그림 찾기 등을 떠올릴 수 있다. 의도적으로 잘못된 정보를 숨겨놓고 독자에게 틀린 것을 찾게끔 할 수 있다. 이는 사실과 의견, 참과 거짓을 구별해내는 일종의 게임으로 적극적으로 쓰일 수 있다.

페이크 다큐멘터리를 보면서 그것에서 완전한 거짓을 보기도 한다. 그러다가 문득 어디까지가 진실인지 궁금해서 자료를 찾아본다. 자전적 소설을 읽을 때도 그렇다. 어디까지가 작가의 경험인지 알고 싶어 갖은 노력을 해본다. 이때 우리는 이미 현상의 사실과 의견, 참과 거짓을 가려내고자 하는 적극적 의지를 표출한다.

이처럼 저술 놀이는 다양하다. 저작권 윤리와 무관하지 않으며, 독자의 참여를 유도하는 게임이기도 하다. 이 놀이를 잘 활용하면 다양한 가능성을 발견해낼 수 있을 것이라 믿는다.

물론 우선적으로 기존의 글쓰기를 적극적으로 활용해야겠다. 이미 오랫동안 수없이 검증된 글쓰기 방식을 존중하고 좀 더 세밀하게 관찰할 때 의외의 잠재력을 발견할 것이다. 저술 놀이는 그 유장한 글쓰기 전통에 부차적으로 붙을 수 있다.

4-7.

인용

모든 글은 완벽히 새로울 수 없다. 시민지성의 글쓰기 역시 많은 자료에 빚질 때 가능하다. 인용은 기존 전문가들의 업적에 예를 표하는 행위다. 그래서 아무리 저작권이라는 자본주의적 가치에 철저하게 반박하더라도 도용은 용납할 수 없다.

설령 도용이 아니더라도 함부로 남의 창작품을 인용했다가는 문제가 생긴다. 특히 대중음악처럼 엄청난 부의 창출이 가능한 분야에서는 그만큼 저작권을 엄격하게 적용한다. 저작권의 포기는 단순히 창작자의 아이디어를 빼앗기는 게 아니라 막대한 돈을 잃는 것을 의미한다. 상대적으로 학술 분야에서는 인용을 허용하는 폭이 넓다. 다만 그 기준이라는 게 객관적으로 딱 떨어질 만큼 명확하지는 않다. 그래서 언제나 인용할 때 조심스럽다.

사실 엄밀하게 보면, 우리는 인용 없이 단 한 문단도 나아가기 힘들다. 다행히 인용을 허하는 기준을 너무 꽉꽉하게 적용할 수는 없다.

우리는 끊임없이 사회에서 허용할 수 있는 상식적인 기준을 검토한다.

　그렇게 마련된 인용의 허용 수준만큼만 인용문을 활용한다. 그것은 글의 신뢰도를 높여준다. 저자가 얼마나 많은 자료를 참고하여 의견을 진술했는지 그 흔적을 보여준다. 또한 인용의 실용적인 기능도 있다. 사실 수많은 전제를 검토하려면 필연적으로 글의 분량이 방대해진다. 인용표기는 논의의 경제성을 위해 '어쩔 수 없이' 기존 권위자의 견해를 바탕에 두는 기법이다. 사실 이것 역시 엄밀하게는 모두 자기 관점에서 검토해야겠지만, 매번 새로운 비판적 범주를 설정할 수는 없는 노릇이다. 많은 경우 동어 반복적인 내용을 위해 지면을 할애하는 것은 비효율적이다.

　이런 이유 때문에 우리는 인용을 한다. 특히 시민지성이라면 전문분야를 거론할 때 권위자의 의견을 참고해야 할 것이다. 참고하는 목록이 많을수록 글은 더 전문성을 띤다.

　물론 현실적으로 시민지성은 제한적 정보만을 바탕에 두고 말해야 할 때가 많다. 마침 인용하는 의견이 해당분야의 소수설일 수도 있다. 시민지성은 미처 이를 파악하지 못하고 전체를 조망하지 못할 수 있다. 이를 방지하려면 '어떤 권위자의 어떤 관점의 어떤 의견'에 기초하는지를 명백히 인식해야 한다. 그리고 그것을 '참'이라 수용할 때 어떤 사유가 가능한지를 살필 수 있다.

　이때 인용은 가장 밑바탕에 깔린 생명줄과도 같다. 비전문가인 우리는 여기에 근거를 두고 탐정처럼 추론하고 상상한다. 또한 평이하게 서술하다보면 권위자의 개념을 되도록 쉽게 풀어쓰고 때때로 일상용어로서 의역하여 대상을 분석할 수 있다. 그렇다고 그 의견이 자기만의 독창적 사고는 아닐 것이다. 그때 그 생각들을 잘 분류하여 그것의 원류를 파악하고 기록해야 한다. 자칫 그 작업을 게을리 할 때 본의 아니게 남의 의견을 도용하는 우를 범할 것이다. 인용표기의 작업이 더더욱 중요할 수밖에 없다.

이러한 인용에는 원칙적으로 직접인용만이 있다. 권위자의 육성 그대로 문장을 적고 그 의미를 되도록 정확하게 파악하는 것이 첫 번째 작업이다. 사실 직접인용만 하는 것이 바람직하다. 그러나 현실적으로 직접인용만을 사용할 경우 글의 흐름이 매끄럽지 않을 때가 많다. 그래서 간접인용이 있고, 참고인용과 참조인용 등 다양한 인용방식이 있다. 역시 글의 흐름과 경제성을 위해 인용방식을 세밀하게 나눈다.

그런데 한국 출판계에서는 학술도서가 아니라면 주석을 부담스러워 한다. 독자가 꺼려하기 때문이다. 그래서 판매를 위해 인용표기를 아예 삭제해버리기도 한다. 그러면 그만큼 지면이 줄고 독자에게 책이 무겁다는 인상을 주지 않는다. 이 관행은 바람직하지 않다. 인용은 글쓰기의 기초뼈대를 세우는 행위다. 인용표기로 글의 골격을 객관적으로 드러낸다. 그것은 단순히 출판 현실 때문에 삭제해도 되는 선택 사안이 아니다.

그럼에도 우리는 현실을 무작정 외면하기 어렵다. 그래서 인용표기의 원칙을 때때로 변칙적으로 사용하여 약어를 쓰기도 한다. 인용의 숫자를 되도록 줄이기 위해 문단 전체를 묶어 인용표기를 할 수도 있다.* 나는 여기서 몇 가지 인용에 대해 검토하겠다.

우선 ① 직접인용이다. 더 말할 것은 없다. 모든 문장마다 인용표기를 달 수 있다면 이것이 가장 좋다.

② 간접인용이다. 문장의 흐름을 매끄럽게 하고 인용문을 자기화한 흔적을 보여주는 인용방식이다. 그러다보니 때때로 간접인용문은 저자의 의견과 뒤섞일 때가 있다. 또 인용표기 수를 줄일 때 간접인용문에 단 주석표시가 어디서부터 어디까지를 의미하는지 모호할 때도 있다. 그럼에도 현실적으로 간접인용은 자주 쓰인다.

③ 재인용이다. 어떤 한 자료를 읽을 때 거기도 인용된 문장이 있다. 그것을 따올 때 사실 그 인용문은 원출처가 있을 것이다. 원칙적으로 그것을 찾아서 검토한 후 직접 혹은 간접 인용하는 것이 좋겠지만, 그러지 못할 경우 재인용할 수 있다. 다만 학자라면 되도록 재인용을 쓰지 않으려 할 것이다. 언어 장벽이나 다른 이유로 고급정보에 접근하기 힘들 때 이 인용방식을 사용할 수 있다.

④ 참고인용이다. 어떤 의견을 개진할 때 이를 더 다각적이거나 상

---

* 예컨대 문단 전체에 하나의 인용표기만을 달고 여러 문장의 인용출처를 한 번에 표시할 수 있다. 물론 이것은 인용표기 수를 줄여야 하는 현실을 수용한다는 면에서 허용할 수 있지 원칙이 될 수는 없다. 이때, 일례로 "혼합인용 : A+B+C"와 같은 식으로 표현해볼 수 있겠다.

세하게 표현한 자료가 있다면 그 출처를 밝혀놓을 수 있다. 적극적 독자에게는 매우 유용하다. 만일 글의 흐름에서 상세히 논의할 만한 내용이 아니면서도 그것을 알 때 글을 이해하기 수월한 경우가 있다. 이때 참고인용을 표기해주거나 해당문장을 미주 처리하여 독자의 이해를 도울 수 있다.

⑤ 참조인용이 있다. 이 방식은 시민지성이 애용할 만하다. 예컨대 어떤 한 대상을 해석하여 설명할 때 푸코적인 접근을 했다고 치자. 그런데 그 사람은 푸코를 공부해놓고도 푸코를 정확히 이해하기 어렵다. 그래서 차라리 자기 언어로 현상을 설명한다. 그럼에도 그 내용이 푸코의 사유와 유사할 수 있다. 그러면서도 조금은 다르다. 푸코를 오독했기 때문에 그럴 수도 있고, 실제로 자기만의 사유가 스며들었기 때문일 수도 있다. 그는 분명 푸코를 의식하고 있지만 그런 면 때문에 권위자로서 푸코의 이름을 직접 거론하기도 힘들다. 다만 그의 견해를 참조인용으로 표기할 수 있다. 그렇게 독자에게 폭넓은 지식을 제공할 수 있다. 본문의 의견과 유사하거나 조금은 다른 견해를 참조인용하면 좋다.

⑥ 역주인용이다. 이는 번역서를 볼 때 역자가 본 저자의 주석과 구별하여 자신의 견해를 밝히거나 번역의 몇 가지 의견을 밝힐 때 활용한다.

⑦ 자체인용(저자 주)이 있다. 미주에서 다른 권위자의 의견을 직접 기술하다보면 그것에 대해 저자의 견해를 밝힐 때가 있다. 이때 독자

입장에서 그것이 인용한 문장인지 저자의 말인지 헷갈릴 때가 있다. 이를 방지하기 위해 '자체인용(저자 주)'이라는 표기를 해둘 수 있다.

⑧ 대체인용을 생각해볼 수 있다. 이 인용방식은 주로 탁월한 편집가들이 애용할 수 있다. 그들이 여러 자료에서 문장을 추출해서 자기화하는 과정을 거치다보면, 수많은 간접인용을 표기해야 할 의무가 생긴다. 지나치게 한 자료에 편중하여 인용한 경우도 있다. 때때로 인용한 출처를 잃어버리기도 한다. 이때 다른 자료에서 간접인용문과 같은 의도의 문장을 찾았을 때 그 출처로 원출처를 대체할 수 있다.

다만 직접인용문처럼 생생한 진술을 담은 경우, 대체인용을 되도록 피한다. 그래도 부득이하다면 직접인용문을 간접인용문을 풀어쓴 후에 대체인용할 수 있다. 물론 번역한 문장을 직접인용했다면 얘기가 좀 다르다. 이미 번역 자체가 간접인용문이기 때문이다. 이때 글을 책임질 수 있는 범위에서 상황에 맞게 대체인용으로 바꾸어 표기할 수 있다.

⑨ 미상인용이 있다. 이는 되도록 배제해야 한다. 하지만 도저히 그 출처를 확인할 수 없을 때 사용할 수 있다. 분명 자신이 아닌 누군가 했던 말이라고 기억하지만 그 출처를 알 수 없고, 그럼에도 써야한다면 "자신의 의견이 아니라 누군가의 의견을 인용한 것"이라고 밝힐 수 있다. 이는 소극적으로 도의적 책임을 다하는 인용방식이다.

사실 우리의 의견이라 믿는 많은 문장들이 미상인용이다. 이를 적극적으로 이용하여 전략적으로 글을 써보면 우리가 역사에 얼마나 크게 빚지고 있는지를 알 수 있다.

⑩ 편집인용이다. 이는 직접인용의 변용이라 할 수 있다. 원 출처의 문장을 그대로 기술하되 글의 내용에 불필요한 부분이 있을 때가 있다. 이때 과감히 불필요한 부분을 생략하고 인용문을 실을 수 있다. 본 의도를 훼손하지 않고 인용출처의 여러 군데 산재한 문장을 통합하여 편집인용할 수 있다. 이때 글의 흐름을 매끄럽게 하려고 직접인용문을 손질하거나 간접인용문으로 바꾸어 통합할 수 있다.

⑪ 혼합인용은 편집인용의 확장한 방식이다. 다만 편집인용이 하나의 출처에서 같은 의도의 문장을 통합하는 것이라면, 혼합인용은 여러 출처에서 같은 의도를 지닌 문장을 적절히 배치하여 하나의 흐름을 완성하는 방식이다. 각 문장의 본 의도를 살린다는 면에서 이는 출처가 다른 문장 간의 물리적 결합이다. 탁월한 편집가들이 자주 사용한다. 이때 원칙적으로는 각 문장마다 직접인용표시를 하는 것이 좋다.

그러나 사정상 그것이 여의치 않을 때 문단별로 묶어서 한꺼번에 인용 출처를 밝힐 수 있다. 글의 흐름을 매끄럽게 하려고 직접인용문을 손질하거나 간접인용문으로 통합할 수 있다. 이에 독자는 각 출처를 찾아다녀야지만 각 문장의 정확한 출처를 알 수 있다. 혼합인용의 단점이다.

⑫ 변용이 있다. 흔히 패러디물에서 변용을 자주 발견한다. 본뜻을 교묘히 바꾸면서 새로운 의미를 생산할 때 변용을 활용한다. 다만 이

것만이 변용의 다가 아니다. 뭔가를 있는 그대로 쓰지 않고 변형만 한다면 변용이라 할 수 있다. 변용은 사실 폭이 넓다. 사실 직접인용을 제외하면 모든 인용이 일정 부분 변용에 해당한다.

크게 보면, 본 의도를 유지하는 경우와 본 의도를 바꾸는 경우로 나눌 수 있다. 전자의 경우 간접인용·편집인용·혼합인용 등이 이에 해당한다. 후자의 경우는 혼융인용·오용 등이 있다.

다만 '좁은 의미의' 변용은 편집인용처럼 한 출처에서 인용문구를 사용하되 그 의미를 변형하는 것을 의미한다. 물론 더 다양한 변용이 있을 가능성은 얼마든지 있다. 어느 한 분류에 넣기 애매하면서도 분명 문장을 변형해서 사용했다면 폭넓게 변용이라고 표기할 수 있다.

⑬ 혼융인용을 생각해볼 수 있다. 앞서 말했듯이 변용의 한 종류다. 혼합인용처럼 여러 출처에서 인용 문구를 뽑아내지만, 혼합인용과는 달리 본의도가 변질하는 인용방식이다. 정크 아트나 르네 마그리트의 전치 작업, 뒤샹의 오브제 작업에서 볼 수 있듯, 맥락과 전혀 다른 상황에 동일한 소재를 놓을 때 예상치 못하게 다양한 의미가 발생한다. 문장도 마찬가지다. 혼융인용은 비평적 농담 등 저술 놀이에서 적극 활용할 수 있다. 패러디는 좁은 의미의 변용이기도 하지만, 여러 작품을 적극적으로 결합하여 전혀 새로운 의미를 발견할 때도 쓰인다. 혼융인용이다. 혼합인용이 출처가 다른 문장 간의 물리적 결합이라면, 혼융인용은 출처가 다른 문장의 본 의도가 변질하므로 그 문장들 간의 화학적 결합이라고 해야겠다.

⑭ 오용은 아주 제한적으로만 사용할 수 있다. 저술 놀이를 하면서 의도적으로 오독하여 의견을 개진하고 독자에게 참여를 촉구할 수 있다. 이때 오용한 부분을 찾아내면서 의견의 교묘한 뒤틀림을 발견해낼 수 있다. 가끔은 전략적으로 오용을 의식하고 조심스럽게 쓸 수 있다. 이는 오용을 책임질 수 있을 때만 가능하다. 그런 경우가 아니라면 오용은 본 의도를 무책임하게 훼손하거나 저자가 아전인수 격으로 글을 쓰는 데 소모된다. 이때 오용은 독이다.

⑮ 무단전재 역시 마찬가지다. 저술 놀이에서 책임질 수 있는 범위 하에 제한적으로 활용하거나, 저작권 윤리에 의문을 던지는 적극적인 행위로 쓰일 수 있다. 대개는 쓰지 않는 편이 바람직하다. 남의 작품을 허락 받지도 않고 통째로 쓰는 것은 도의적으로 나쁘다. 특히 그것이 해당 권위자의 수입원이 된다면 더욱 그렇다.

⑯ 도용은 이보다 더 나쁘다. 무단전재는 그나마 창작자를 밝히고 있지만 도용은 인용표기를 방기하고 마치 모든 의견이 자신의 것인 양 하는 파렴치한 행위다. 이는 저술 놀이에서 참과 거짓 혹은 사실과 의견을 뒤섞어 독자와 게임을 할 때 '극히 제한적으로' 활용할 수 있다.

물론 이 경우에 숨겨놓은 인용 표기가 있어야 한다. 즉 형식적인 면에서 도용의 껍데기만 활용했을 뿐이다. 진정한 도용엔 그마저도 없다. 결코 바람직하지 않다. 다만 무수히 흘러가는 사유를 자신이 도용하는 줄도 모르고 사용하는 경우가 있다. 의도치 않게 큰 실례를 범하는 것이라 하겠다. 어쩌면 진정한 전문가나 프로가 되기 위해서는 독창성에 매진하기 전에 자기 의견과 남의 의견을 가르는 작업부터 냉철히 해야 할 것이다. 쉽지 않다.

이처럼 인용은 다양하다. 원칙적으로 직접인용만이 존재하지만 현실적으로는 인용의 쓰임새를 세밀하게 나눌 수 있다. 그래서 다른 이의 아이디어를 어떻게 활용하는지 치밀하게 인식할 수 있다. 이를 통해 인용표기를 줄이면서도 적극적으로 자신의 생각이 어디에서 기원하는지를 깨닫고, 그 연대기의 마지막 문장을 새롭게 쓰기 위해 노력해야 할 것이다.

4-7.

디지털 글쓰기

인터넷은 사람들의 생활에 큰 영향을 끼쳤다. 특히 글쓰기의 일상화라는 면에서는 그 영향이 실로 크다. 누구나 쉽게 블로그를 만들거나 카페에 가입하여 생각을 공유할 수 있다. 그들은 대개 글로 소통한다.

이제 우리는 예전보다 더 자주 생각을 정리하고 일기 쓰는 버릇을 들이고 있다. 숙제검사를 받기 위한 글쓰기 습관에서 한발 더 나아갔다. 우리는 불특정 다수가 우리글을 읽을 수 있다는 걸 안다. 글을 쓰는 데 동기가 부여된다. 방문객수가 올라가고 즉각적으로 댓글이 달릴 때 희열을 느낀다.

디지털 글쓰기는 사람들의 습관을 바꾸었다. 이제 여기서는 디지털 글쓰기를 정제하여 세련되게 나아가는 것에 대해 생각해볼 수 있다.

인터넷에는 다양한 사람들이 있다. 정보생산자와 정보수용자가 있다. 디지털저술의 주역으로는 이들 모두가 가능하다. 다만 나는 능동적 수용자인 프로앰을 시민지성의 씨앗으로 보면서, 그들의 글쓰기를 고민했다. 그러므로 이들이 디지털저술에 접근할 때 드러날 수 있는 사안을 점검하는 데 초점을 맞춘다.

우선 ① 디지털 글쓰기에서 정제하여 드러날 만한 특징을 살피면, 이것 역시 선형성을 대개 지닌다. 앞에서 뒤로, 위에서 아래로 내용이 흘러간다. 그러면서도 다양한 표현방식을 동시에 드러낼 수도 있다. 예컨대 음악이 흘러나오면서 그와 동시에 글을 읽어 내려갈 수 있다. 또 양단을 나누어 두 이야기가 동시에 흘러갈 수도 있다. 플래시에서 글이 흘러나오게끔 해서 선형성에 동적인 의미를 부여할 수도 있다. 그 바탕에 이미지를 두어 동시적이면서 중층적인 의미를 생산하도록 의도할 수도 있다. 시를 낭송하면서 목소리에 대비를 주거나 다른 효과를 삽입하여 글의 선형성을 새로운 차원에서 보게 할 수도 있다.

그러므로 ② 디지털 글쓰기는 선형적이면서도 혼종성을 띤다. 우리는 흔히 인터넷에 자료를 올릴 때 다양한 자료형식을 첨부한다. 예컨대 글에 음악을 붙이고 그림·움짤·동영상 등을 혼합하여 자료를 구성한다. 이는 단순히 글의 내용을 돕고자 하는 기능에 머무를 수 있다. 하지만 더 나아가 이 부분적인 자료에 독자적으로 의미를 부여하여 글과 의미의 충돌을 연출할 수도 있다. 그럴 때 새로운 의미가 발생한다. 기존 오프라인 글쓰기에서는 잘 사용하지 않던 방식이다. 디지털 환경은 사람들에게 입체적으로 창작할 수 있도록 다양한 기능을 지원하는 방향으로 변화한다. 이것을 어떻게 활용할 것인가 하는 문제는 전적으로 수용자에게 달렸다.

③ 다양한 자료를 결합하여 글을 쓸 때 선별성이 드러난다. 사실 모든 자료를 전부 이용하기 힘들다. 이때 우리는 글에 더 적합한 내용과 그렇지 않은 내용을 구분해야 한다. 그렇게 더 정제하여 글을 쓸 수 있다. 이때 글의 경제성을 고려한다. 어떤 것을 편집하여 일정 부분을 자신의 글에 인용하고 어떤 부분은 링크로 처리하여 독자에게 참고하도록 할지 결단할 수밖에 없다.

④ 여기서 링크성을 말할 수 있다.[79] 그것은 단순히 주석을 다는 등의 소극적인 출처 처리를 넘어 즉각적이고 용이하게 참고자료에 접근할 수 있도록 해준다. 하이퍼링크는 독자가 더 많은 자료를 읽고 다양하게 가지치기를 하여 글을 감상할 수 있도록 해준다.

⑤ 즉 디지털 글은 하나의 글 자체로 닫혀있지 않다. 링크로 수없이 가지치기 하면서 중심에서 이어지는 새로운 자료들이 독자를 기다린다. 분산된 정도가 강할수록 때때로 중심 글이 주변적인 기능을 하는 것에 멈출 수도 있다. 독자는 항상 새로운 자료를 발견할 가능성에 노출되어 있다.

⑥ 그런가하면 직접적으로 인용하여 글에 삽입하기 위해 해당 자료에서 원하는 부분을 복사하여 편집할 수 있다. 점점 저작권 윤리가 강화되어 인용 허용치 안에서만 가능하다. 이때 저자는 자료를 감식하고 필요한 부분을 적절하게 추출할 수 있는 능력을 지니고 있어야 한다. 또한 좋은 디지털 글일수록 글의 유통 파급력이 크다.

⑦ 디지털 글은 상호반응성을 기대할 수 있게 한다. 오프라인 글보다 훨씬 즉각적이다. 링크된 자료로 글의 가능성을 확장하는가하면, 독자들 역시 이 글을 읽다가 자발적으로 자료를 찾아보는 경험을 한다. 또한 글에 대한 촌평을 댓글로 달 수도 있다. 지적을 빠르게 받아들여 수정할 수도 있다.

이런 면에서 디지털 글쓰기는 오프라인 글쓰기와 분명한 차이를 보인다. 하지만 완성도 높은 글을 써야한다면 수정을 빈번하게 할 정도로 안이한 창작 태도는 좋지 않다. 글을 통제하지 못해 수많은 오류가 생기다면 그 저자는 아마추어에 불과하다.

따라서 시민지성은 수용자로서 조심스럽게 오류가능성을 인식하고 수정 가능성을 열어두어야 한다. 그러면 이 글쓰기에서 우리는 독자의 비판적 독서를 유도할 수 있다. 그때 비로소 디지털 글쓰기는 매력적이다.

⑧ 즉 디지털저술을 할 때는 글의 창작과정이나 저자에게 접근이 용이하다. 그 덕분에 독자는 창작에 일정 부분 참여할 수 있다. 예컨대 스타크래프트의 신 버전이 출시되었을 때 유저들이 게임의 버그를 잡아내어 그 상품이 견고해질 수 있도록 해주었듯, 디지털저술에서도 유사한 상황이 벌어질 수 있다. 하이퍼 픽션은 또 어떤가. 여러 갈래의 결말이 있어 독자에 따라 혹은 독서 때마다 결말이 달라질 수 있다. 이런 특성은 독자의 참여도를 높인다.

시민지성 역시 허구와 진실을 뒤섞어 독자들이 비판적 독서게임을 하도록 유도할 수 있다. 이때 디지털적 저술 놀이도 고민해볼 수 있다. 사실 저술 놀이는 오프라인 글쓰기로도 가능하지만 디지털저술에서 더 효과적이다.

⑨ 그런가하면 독자는 선별적으로 독서할 수도 있다. 나열형의 글에서 자유롭게 원하는 정보만을 뽑아낼 수도 있다. 참고자료를 링크한 것을 무시하고 넘기기도 한다. 정작 저자가 중요하게 여기지 않는 부분에 접속하여 자기만의 독서를 즐길 수도 있다. 음악자료를 배치했는데도 다른 음악을 들으며 글의 분위기를 새롭게 느낄 수도 있다. 때때로 이미지 자료에 오류가 발생하여 보이지 않을 때 저자가 의도하는 방식과는 다르게 글을 이해할 수도 있다. 매체의 지원능력도 중요해지는 셈이다. 그 독서의 변칙 가능성은 오프라인 글을 읽을 때보다 크다.

이처럼 디지털 글쓰기는 다양한 특성을 지니고 미지의 잠재력을 지닌다. 이를 잘 활용하기 위해 디지털의 특성을 꾸준히 관찰해야 할 것이다. "단순히 오프라인 글쓰기 문법을 그대로 디지털 매체에 옮기는 것은 디지털 글쓰기에 대한 모독이다."

또한 저자를 시민지성으로만 국한할 때, 현재 일반 수용자의 디지털 글쓰기에 대해 몇 가지를 언급할 수 있다. 첫째, 인터넷의 글쓰기란 파편적이거나 매우 짧은 경향이 있다. 몇 해 전 인기를 끌었던 귀여니의 소설은 짧고 단순한 문장과 대사 위주의 구성이 많았다. 라이트노블은 또 어떤가. 휴대용 디지털 매체의 작은 화면에 들어갈 수 있는 짧은 문장과 분량으로 구성된다. 미니홈피나 마이크로 블로그처럼 단상이나 메모 정도를 지원하는 사이트에서도 분량이 길고 정교한 글을 찾아보기 힘들다. 그나마 블로그가 글을 쓰기에는 가장 적합하지만 네티즌들은 긴 글을 선호하지 않는다. 단락나누기에 행간 띄기가 빈번하지 않을 경우 독서를 하지 못하곤 한다. "스크롤 빨라지는 소리"나 "스크롤 압박"이라는 표현을 쓰면서 조금만 길면 독서하기를 포기한다.

그래서 보통 네티즌의 글은 분량이 짧다. 또한 단상, 메모, 일기에서는 주로 신변잡기적인 이야기를 주관적으로 다룬다. 인터넷적인 변형 문장에 심지어 외계어라 불릴 정도로 알아듣지 못할 글이 넘친다. 수많은 압축어의 남발 역시 새로운 경향이다.

나는 이것을 무조건 부정적으로 보지는 않는다. 다만 폐해를 명확히 의식하고 적절히 응용할 때 오히려 독특한 저항이 가능할 수도 있다. 나는 이미 4-4장에서 쉬운 글쓰기, 적은 글쓰기, 낮은 글쓰기를 언급했다. 물론 대개는 아마추어의 글쓰기를 아무 의식 없이 소모적으로 사용한다. 그러므로 더 나은 글쓰기를 위해 주변에 널린 말을 잘 살펴봐야겠다.

우리는 실제로 서 있는 지점에서 디지털 글쓰기를 정제하려 노력할 수 있다. 예컨대 디지털 글쓰기에서는 다양한 혼종적 자료를 활용할 수 있다. 자기 생각을 드러내려고 온전히 문장력에만 의존하지 않아도 된다. 때때로 묘사하기 힘든 것을 사진으로 처리하면서 새로운 의미를 의도할 수 있다. 문장력보다는 대상을 발견하는 관찰력이 중요하다. 물론 훈련된 문학가라면 수준 높은 문장으로 뽑아내려 노력해야 한다.

하지만 시민지성은 과하게 문장력을 요구받지 않을 수 있다. 집요하게 관찰하여 예리하게 현상을 인식하는 일이 먼저다. 이를 적절하게 글로 표현할 수 있으면 족하다.

예컨대 자료를 정교하게 배치하고 그것에 촌평을 달면서 짧은 문장으로 관찰한 바를 예리하게 드러낼 수 있다. 그들은 그때 탁월한 편집가이면서 예리한 촌평가가 될 수 있다. 다만 이런 방식에만 머물러서는 글쓰기 역량을 높이는 데 걸림돌이 될 수 있다. 사실 문장을 적게 쓰는 것은 매우 힘들다. 단순히 적게 쓴다면 모를까, 적확하고 예리하게 담을 내용만을 쓴다는 것은 현상을 무수히 분석하고 그 내용을 걸러내기를 반복한 후에야 가능하다. 천부적이지 않다면 이것은 매우 고되다. 적게 쓰면서 동시에 더 정교하게 분석 작업을 하거나 독창적인 저술 놀이를 하기 힘들 것이다.

따라서 디지털저술이 수준 높아지려면 역시 전통적인 글쓰기에 대한 기본기를 확실히 갖추는 게 중요하다. 결국 기본기가 있어야 모든 것을 창의적으로 확장할 수 있다.

출판

우리는 소통하려고 저술한다. 소통이 아니라 자기구원이 목적이더라도 글 쓴다는 자체로 이미 누군가 읽을 가능성을 염두에 두었다. 글 쓰는 행위는 소통의 성립을 전제할 수밖에 없다. 그것이 이루어지든 이루어지지 못하든 상관없이 그렇다.

그리고 출판은 소통 의지를 공식화한다. 출판된 책들은 그렇게 불특정 다수의 독자를 기다린다. 인터넷의 등장 전엔 전통적인 오프라인 출판만이 있었다. 자비출판이든 유명출판사와 계약하든 책이란 종이책만을 의미했다. 전통 있는 출판사에서 아무 글이나 출판해주지도 않는다. 이것은 지금도 마찬가지다. 다만 독립저술가나 파워블로거들도 예전보다는 비교적 수월하게 출판을 할 수 있다.[80]

여기서 상업성의 판단은 출판 여부를 결정할 때 중요하다. 사람들이 책을 잘 읽지 않으면서 출판시장이 위축했다. 그러면서 영세한 출판사들은 상업성을 더 절실하게 고민할 수밖에 없다. 잘 팔리는 자기

계발서나 영어 수험서, 학생들의 참고서, 유명인의 에세이 등에 시장이 편중되는 현상마저 있다. 예술서적이나 인문학서와 같은 책은 그야말로 찬밥 신세를 면하기 힘들다. 그나마 문학처럼 일정한 독자가 있고 문단이 있으며 문학 전문 출판사들이 있으면 명맥을 이어간다. 나름대로 출판환경에 적응할 수 있는 체계가 있는 셈이다.

반면 인기 분야나 문학이 아닌 비인기 출판물은 고전을 면치 못한다. 오래 그랬다. 비인기 분야의 저술가 대부분은 스스로 길을 개척해 나가야 한다. 스스로 출판사를 찾고, 원고가 왜 출판돼야 하는지 편집장을 설득할 수밖에 없다. 대개 출판사에서는 '잘 팔리게' 잘 쓴 글을 원한다. 자기들의 출판관과 맞으면 더 좋다. 물론 출판관보다 상업성을 우위에 두는 경우가 많다.

많이 팔려고 쉽고 재미있게 쓰는 데 집중하는 바람에, 때때로 주객이 전도되어 꼭 필요한 부분을 삭제하기도 한다. 분량이나 주석도 독자가 책을 판단하는 요소이기 때문에 적절한 분량과 적은 주석으로 책을 편집할 수도 있다. 저자의 경력은 매우 중요하다. 독자에게 저자의 경력은 책을 선택하는 중요한 요소 중 하나다. 이런 점은 분명 시민지성에게는 악재다. 자기 책을 출판하고 싶어도 신출내기가 책을 내기란 여간해서 쉽지 않다. 그런데 출판시장이 위축하면서 새로운 경향이 등장했다.

예컨대 첫째, 1인이 저렴한 비용으로 출판사를 세우는 경우가 있다. 둘째, 전자책의 등장도 변화의 중심에 있다. 그동안 종이책을 대체하지 못할 것이라는 예견이 맞아떨어진 듯했다. 많은 독자들이 여전히 종이책을 선택한다. 하지만 전자책 기술은 지속적으로 발전하여, 눈이 빨리 피로해진다는 치명적인 문제가 많이 개선됐다. 종이책과 비교해 가독성이 똑같아질 날도 머지않았다.[81] 관계자들은 전자책 시장의 성장을 낙관적으로 전망한다. 전자책은 초기비용이 많이 든다. 대신 다양한 파일을 한 번에 실을 수 있다. 그 편이성 때문에 매력적이다. 물론 이것은 저술가와는 별 상관없다. 그들로서는 그저 자기 글이 인터넷에서 파일 형태로 유통될 것이라는 사실만이 직접적이다. 때때로 CD라는 전자매체 형태로 출시될 수도 있다. 그것은 기존 책에 비해 생산비 절감 효과가 있다.

많은 사람들이 전자책을 선택한다면, 더 많은 저술가가 출판할 수 있는 기회가 생길 것이다. 처음에는 오프라인 글을 그대로 옮기는 수준이겠지만, 점차 디지털저술 문법이 글에 적용되어 색다른 묘미를 맛볼 수도 있겠다. 그 상황에 이를 때 진정 전자책은 질적인 면에서도 오프라인 책과 달라질 수 있다. 즉 전자책은 디지털저술을 확산할 수 있는 강력한 매체다.

셋째, 파워블로거들의 블로그나 유명한 저자의 사이트 자체에서 온라인 출판하는 경우가 있다. 그것을 유료화할 수도 있다. 포털사이트와 계약을 맺고 전문적으로 글을 올릴 수도 있다. 이 경우는 인터넷에 접속하여 사이트의 일정 규칙을 수용할 때 독서가 가능하다. 인터넷과 컴퓨터 등의 디지털 기반시설이 잘 갖추어진 곳에서 활발하다. 한국에서도 이 경우의 잠재력을 검토할 만하다. 다만 아직은 블로그 등에 글을 게재하는 것만으로 출판했다고 보는 시각은 보편적이지 않다. 그래도 법적으로는 분명 온라인 '출판'에 해당한다.[*]

여기서 시민지성은 이 같은 출판 시장에 적응하거나 저항하기 위해 다각적으로 노력할 수 있다. 그들은 주로 시민지성의 정체성을 인식한 채 '상업성에 대한 저항'의 태도를 취할 수 있다. 그리고 '저술문화의 대중화'를 위한 방법을 모색할 수도 있다.

① 먼저 '상업성에 대한 저항'을 할 때 시민지성은 비인기 소재로 글을 밀어붙일 수 있다. 분량도 아주 방대하거나 역으로 아주 적을 수 있다. 주석을 세밀하게 달 수도 있고 경력란에 이름 외에는 아무것도 쓰지 않을 수도 있다. 비상업적이라 발붙일 수 없는 모든 요소를 검토하여 문화의 다양화를 옹호하기 위해 노력할 수 있다. 결국 시민지성은 자신의 글 자체에 독창적인 인식을 담아 출판 가능성을 높일 수밖에 없다. 이는 저자라면 당연히 지향해야 하는 바다. 다만 그럴수록 출판사는 그 글을 꺼려할 것이다. 그때 그들은 자신의 글을 그대로 출판해줄 적절한 곳을 찾으려 노력할 것이다. 자비 출판하는 형식을 취할 수도 있다. 출판을 위해 모든 형식은 가능하다.

다만 이성적으로야 모든 출판은 평등하다고 해야겠지만, 아무도 알

---

[*] 실제로 신춘문예 등에서는 다른 곳에 게재했던 작품은 새로운 작품으로 인정하지 않는다. 여기에는 인터넷 사이트도 해당한다. 자칫 멋모르고 자신의 투고작을 미리 인터넷에서 공개했다가는 투고 결격 대상이 된다.

아주지 않는 혼자만의 자축파티는 서글퍼 보인다. 자족적인 글쓰기도 나쁘다고 할 수는 없지만, 글쓰기의 수준을 올리기 위해서 노력하는 편이 좋다.

혹은 기존 생각을 조금 전환해볼 수도 있다. 어차피 세간의 편견을 이겨내며 무명저술가로서 출판하려 한다면 굳이 오프라인 출판을 고집하지 않아도 된다. 아직 대세는 아니지만 출판하는 데 좀 더 수월한 방법을 찾아보는 것도 좋다. 예컨대 전자책 시장을 대비하여 자신을 차별화하거나, 파워블로거로 적은 비용을 들여 먼저 인지도를 얻는 방법을 생각해볼 수 있다. 말하자면 온라인 독립출판 방식도 염두에 둘 수 있다. 다만 일상적으로 블로그에 글을 올리는 행위와는 분명 달라야 한다. 오프라인으로 출판한다는 자세로 엄밀하게 블로그를 운영한다면 신뢰도를 높일 수 있다.[82]

② '저술문화의 대중화'를 모색한다면, 시민지성은 다양한 분야에서 자율적으로 글을 써 출판을 시도해볼 수 있다. 스스로 출판하면서 글쓰기 자체가 성역이 아니라는 사실을 증명할 수 있다. 그러나 역시 내용이 참신하지 않으면 독자를 사로잡기 어렵다. 세간의 편견까지 이기려면 적당히 참신해서는 부족하다. 자기만의 글을 늘 상상하자.

또 우리는 전자책 시장을 염두에 둘 수 있다. 디지털저술에 매진하여 독자의 참여를 유도할 수 있다. 아직 확립되지 않은 영역에서 치열하게 고민하면 그 분야에서 '또 하나의 전문성'이라는 의외의 성과를 얻을 수도 있다. 온라인에서도 그들은 출판할 수 있다. 적극적으로 독자를 참여하게 할 수 있다. 집단 창작과 같은 저술 놀이를 하여 새로운 풍속도를 그려낼 수도 있다. 사람들에게 독서가 즐겁고, 독서 방식이 다양하고, 저술 역시 흥미롭다며 함께 하기를 권할 수 있다. 지식인들이 말하는 대중적 글쓰기와는 달리, 그들은 '수용자로서 공감하고 몸부림치는' 글쓰기를 할 것이다.

물론 이 경우에도 '출판'하겠다고 마음먹었다면 자기 글에 책임질 수 있어야 한다. 글자와 활자는 다르다. 글자일 때는 아직까지 저자가 수정할 수 있다. 그런 면에서 온라인의 활자는 여전히 글자다.

그런데 한번 출판하면 여간해서는 고치기가 힘들다. 일단 출판의 형식을 띠면 책임을 의식하지 않을 수 없다. 설령 다른 방식으로 출판하더라도 기존 책에 활자를 박겠다는 자세로 자기 글을 살필 때 시민 지성의 글쓰기가 한층 성숙할 것이다.

읽고, 또 읽어라

사람은 읽는 동물이다. 우리는 세상의 모든 것을 읽으며 산다. 그리고 그 읽은 내용을 쓰는 사람이 있다. 책에는 세상의 비의들이 무수히 담겨있다. 운 좋게도 우리는 글을 쓰기 전에 책을 읽을 수 있다. 쓰지 않고도 읽는다.

출판하려 노력하는 저술가들도 결국 저술가이기 전에 한 사람의 독자다. 어쩌면 우리가 독자라서 더 많은 세상읽기를 가능하다. 독자의 태생적 축복이다. 세상의 모든 내용을 쓸 수 없지만, 세상의 거의 모든 내용을 읽을 수는 있다.[83] 그런데도 여전히 책은 끊임없이 출판된다. 세상의 의미망 사이로 생각지도 못했던 내용들이 책에 담겨 내게 온다. 그래서 책은 위대하다.

우리는 책을 읽는다. 책 읽기란 저자의 창의성을 엿보는 행위다. 세상의 비의를 간파하는 작업이면서, 비의를 찾으려 노력했던 수많은 사람들의 생각을 성실히 살피는 의식이다. 이때 독서법은 글을 쓰기 위해 읽을 때와 순수하게 읽을 때 달라진다. 우선 글을 쓰기 위해서는 아무래도 글감을 찾기 위한 자료 수집형 독서를 하게 될 것이요, 순수한 독서라면 좋아하는 책을 편하게 집어들 것이다.

전자의 경우라도 대상을 중심에 두고 글을 쓰는 것이냐, 자신을 중심으로 쓰는 것이냐에 따라 자료를 대하는 방식이 달라질 수 있다. 예컨대 내가 만일 데리다를 쓰려 한다면, 그리고 그것이 평전이나 해체론과 관련된 입문서라면 적어도 그의 대표저작이나 전작, 그와 관련된 논문, 영향 받은 학자와 앞뒤 사조 혹은 당시 배경을 정독 혹은 숙독해야 할 것이다. 히라노 게이치로의 표현대로라면, '지독(遲讀)'하여 '지독(智讀)'해야 할 것이다.[84] 지독(至毒)한 끈기가 필요한 독법이다. 그렇게 '완독(緩讀)'하여 '완독(玩讀)'하다보면 결국엔 '완독(完讀)'의 가까이에 갈 수 있을 것이다.*

이는 전문가들이 자주 애용하는 읽기 방식이다. 그들은 자신이 연구하는 대상이나 사람을 치밀하게 살펴 되도록 정확하게 분석·비판하여 '적극적으로 객관화'하는 작업을 한다. 필요하다면 신뢰도와 타당도가 높은 실험을 병행하면서 엄밀하게 주제에 접근한다. 이들은 기존 성과를 기반에 두고 그 다음을 개진하기 위해 다각적으로 노력한다.

반면 생각의 정립에 유익했던 지식들의 출처를 알아내려는 독서라

---

* 느리게 읽어 뜻을 깊이 생각하며 읽으면 책의 내용을 진정으로 다 읽어내는 수준에 이를 수 있다.

면 조금 다르게 읽을 수도 있겠다. 물론 이때도 정독·숙독은 항상 적절한 모범독법이다. 다만 누군가는 속독이면 충분하다 하고, 누군가는 통독이라 한다. 나는 발췌독이면 '그럭저럭' 적절하다 여긴다. 주로 비문학서적을 읽을 때 발췌독을 애용할 수 있다.

이때 어떤 부분이 인용할만한지 적절히 판단할 수 있어야 한다. 이를 위해 자신만의 지식 지형도를 짜놓아야 한다. 가장 근접한 값을 얻기 위해 적절한 검색어를 선택할 수 있어야겠다. 그런 정도라면 '목차'를 느낄 줄 알고 서평기사를 활용할 수 있을 것이다. 책의 기본적인 윤곽을 스케치할 만한 힘이 있다면, 통독은 가능하다.

나는 주로 전체를 잡고 통독해가면서 내용을 검토한다. 독서하면서 구상하고 있는 글의 목차나 핵심어를 대비해본다면, 통독을 어느 부분에서 멈춰야 할지 알 수 있다. 발췌독은 그렇게 시작된다. 그리고 발췌 부분은 파편처럼 놓인다. 표면적으로는 한권의 책도 읽지 못했지만, 지식 하나를 몸에 아로새긴 듯 느낄 때도 있다.

이러한 읽기 방식은 전문가와 비전문가가 동시에 활용한다. 전문가 역시 연구논문을 점검하여 미처 챙기지 못한 부분을 더 정확히 하려고 인용출처를 확인한다. 그러다보면 미표기 부분을 보완할 수 있다. 그런가하면 비전문가 역시 자기언어로 대상이나 상황을 기술하고 신뢰도를 높이려고 권위자의 의견을 인용표기할 수 있다. 이렇듯 순수하게 독자로서 읽을 수도 있지만 쓰기 과정에서 지속적으로 읽기를 할 수 있다. 이때는 쓰기가 곧 곡진한 읽기다.

여기서 인용표기는 적극적인 객관화 방식의 한 사례다. 다만 비전문가의 경우 자기언어로 기술할 때 현상을 비판하고 사유할 수 있는 영역을 한정짓는다. 그것은 소극적으로 객관화하는 작업이다. 그 논의의 정당성을 위해 꼭 필수적인 부분만을 인용표기 하여 일정부분 적극적으로 객관화한다. 우리는 그 비전문가의 글이 어떤 권위자의 의견을 기반으로 했는지 파악하고, 인용한 원문을 발췌독할 수 있다. 그것을 중심으로 퍼져나가는 사유를 구분할 수 있다.

사실 인터넷에서 독서란 발췌독인 경우가 많다. 더구나 세상 읽기는 언제나 발췌독이다. 발췌를 위해 자신이 무엇을 바라는지 명확히 알고 대상을 적확하게 읽어 핵심을 짚어낼 수 있어야 한다. 발췌독을 잘 하려면 그전에 그 분야를 거시적이면서 미시적으로 정독하고 숙독하는 단계를 거쳐야 한다. 다양한 생각을 유형별로 신속하게 분류해낼 수 있을 만큼 독서량이 쌓여야 어떤 내용을 읽을 때 여러 사항을 염두에 두면서 핵심을 짚어낼 수 있다. 그것은 때때로 직관에 의존하는 것처럼 보인다.

하지만 직관이 좋아지려면 그만큼 경험이 필요하다. 또한 논리적으로 추론하는 능력을 높이면 적은 경험으로도 예리하게 직관할 수 있다. 물론 천재적인 인물이라면 그 성과가 쌓이지 않아도 뛰어난 직관력을 지닐 수 있을지도 모른다. 그렇지만 대다수 시민에게는 다소 벅차다. 역시 논리적 사고를 세련되게 하는 버릇을 들여서 예리하게 직관할 수 있는 수준에 이르는 편이 정석이다. 직관적으로 대상의 의미를 적확하게 짚어내려면 우선 잘 읽어내야 한다. 그리고 읽기의 가장 효과적인 훈련이 '쓰기'다. 쓴다는 것은 더 잘 읽기 위한 노력이다.

물론 우리는 쓰는 것보다 압도적으로 많은 시간을 세상을 읽는 데 할애한다. 더 잘 읽을수록 세상을 파악하고 다음을 예비할 수 있다. 잘 읽어야 잘 쓸 수 있고, 세밀하게 쓰다보면 더 섬세하게 세상을 읽을 수 있다.

다만 읽기를 항상 세상의 진의를 올바르게 파악하는 데만 활용하지는 않는다. 이는 쓰기도 마찬가지다. 예컨대 그것으로 논리적 사고를 배양하는 데 역점을 두어야만 하는 것도 아니다. 가끔은 대상을 '잘못' 읽기도 한다. 때때로 이런 엉뚱한 실수에서 의외로 매력적인 성과를 얻는다. 물론 오독 자체는 바람직하지 않다. 오독을 인식하지 못하고 그것을 바탕에 두고 함부로 글을 쓰는 것도 좋지 않다. 사실 인터넷에선 아마추어들이 스스로 인지하지 못한 채 불량정보를 대량 유통시키기도 한다.

그러나 의식적으로 오독을 인식하고 활용한다면 이야기는 조금 다르다. 마치 백신으로 바이러스를 이길 내성을 기르듯, 대상을 조심스레 오독하여 여러 오류가능성을 가늠해볼 수 있다. 고정관념에 의문을 던질 출발점이 될 수도 있다. 특히 저술 놀이에서 오독을 적절히 활용할 수 있다.

멋지게 '오독'할 경우 세상의 중심과 그 주변을 맴도는 것, '옳지 않아 보이는 것'까지 다시 숙고할 수 있다. 그렇게 상대적인 가치와 우리가 지켜야 할 더 많은 것을 생각할 수 있게 해준다. 현재 옳은 것이 항상 옳은 것은 아니다.

또한 오독을 인식했을 때 우리는 말하지 않을 것과 말할 수 있는 부분에 민감해질 수 있다. 상대의 사유를 섣불리 이해하거나 평가하려는 자만심을 경계할 수 있다. 함부로 인용하지 않고, 나름의 타개책을 자기언어로 말하는 방법을 터득하려 할 것이다. 의식적으로 오독한 내용을 자기언어로 풀어 쓰면서 우리는 딱딱한 진리가 아니라 상상의 영역으로 뻗어가는 쾌감을 맛볼 수도 있다.

사실 우리는 세상을 오독하는 데도 시간을 많이 할애한다. 때때로 세상에서 꿈을 이룰 수 있을 것이란 막연한 상상을 한다. 그러다가 현실에 부딪혀 삶의 녹록치 않음을 뼈저리게 느낀다. 청춘의 오독이다. 그렇게 오독하여 저지른 일을 어떻게든 수습하려다가 결국 성공을 하기도 한다. 이때 도발적인 상상 자체로 성공하는 행운을 거머쥐기도 하지만 사태를 극복하려고 냉철하게 대응을 하여 의외의 성과를 얻기도 한다.

물론 제대로 세상을 이해했다면 애초에 가지 않았을 길과 저지르지 않았을 실수였다. 그런데 그게 전화위복이었던 셈이다. 이러한 오독은 전문가와 비전문가 모두가 언제든지 저지를 수 있다. 예컨대 사르트르는 하이데거의 철학을 다소 오독하여 『존재와 무』라는 대작을 완성했다. 비유클리드 정리나 양자역학 이론 역시 기존의 유클리드 정리나 상대성이론과는 모순적이다. 과감하게 다른 관점에서 접근하여 세계를 설명했다. 그리고 그 가치를 인정받는다. 예술에서는 이런 일이 비일비재하다. 어쩌면 창조적인 예술가는 매력적으로, 의식적으로 오독하는 사람들이다.[85] 이때 오독은 창조적이면서 때때로 과격한 해석이다.

시민지성도 저술 놀이에서 오독을 의식적으로 활용할 수 있다. 4-7장에서도 언급했듯 오용 등으로 독자가 비판적으로 정보를 분별할 수 있도록 의도한다. 그렇게 전략적으로 글쓰기를 할 수 있다. 또한 오독 자체를 확장하여 비판적 혹은 문학적 상상을 할 수 있다. 그러다 보면 전혀 새로운 국면으로 내용을 밀고 나갈 가능성도 있다.

다만 생산적으로 오독을 하기란 쉽지 않다. 이 역시 직관적이나 이성적으로 분별하는 과정을 거친다. 소모적으로 오독하면 그저 헛소문을 양산한다. 그러면 불량정보로서 불안이나 불신을 조장할 뿐이다. 즉 '오독을 어떻게 다룰 것인가' 하는 수용자의 태도와 지혜가 더 중요하다.

수없이 '읽고' 어떤 것을 자기 방식으로 '써낼지' 선택하고, 그것을 '다시 어떻게 생산적으로 읽어내어' 다른 이에게 보여줄지는 전적으로 수용자의 몫이다. 읽기는 항상 쓰기를 예비하고, 쓰기는 늘 읽기로 다시 태어난다. 이때 '더 잘 읽기 위해 쓰고, 쓰다 보니 더 잘 읽을 수 있다'는 명제만이 항상 유효하다.

Chapter 5 　정체성 – 나는 누구인가

5. 정체성 – 나는 누구인가

시민지성은 저술하면서 몇 가지 태도를 지닐 수 있다. 당연히 먼저 수용자의 태도를 지닌다. 수용자야말로 시민지성의 필수적인 정체성이다. 그들이 수용자의 태도를 지니기 싫으면, 제한적인 경험의 권위자가 되는 길이 있다. 예컨대 문학가는 제한된 경험 안에서 작은 권위자가 된다. 다만 정보 사회에서 제한된 지식만을 수용하는 현실이 가장 중차대한 현안이다. 이것을 감안할 때 수용자라는 정체성을 시민지성의 가장 기본에 두어야 할 것이다.

이때 첫째, 능동적인 수용자이자 초기 시민지성으로서 탁월한 편집가가 보인다. 그들은 수많은 자료를 세련되게 편집·가공하여 자신의 의견을 소극적으로 덧붙인다. 그들의 태도는 오히려 편집 방식에서 선명하게 드러난다. 이들에게는 좋은 정보를 선택·분류하여 적절히 편집·활용할 수 있는 안목이 중요하다.

그러나 그들의 편집활동은 저작권 윤리와 대치되는 면이 있다. 어쩌면 세상의 편견에 강하게 부딪힐 수 있다. 그들은 기껏해야 정보를 능동적으로 소비하는 존재로 비춰질 뿐이다. 그런데 능동적 수용자로서 비판적 읽기에 능하다면, 좋은 글을 쓸 수 있다. 시민지성이 태생적으로 끊임없이 인식해야 하는 가장 중요한 정체성이다. 그래야 수비형 글쓰기에 역점을 둘 수 있다.

그래서 둘째, 기록비평가에 대해 생각해볼 수 있다. 나는 이미 인간은 세상의 모든 것을 읽는다고 했다. 대상이 기억이나 경험 혹은 현상과 같이 비(非)기록인 경우도 있지만 기록인 경우도 많다. 기록은 단순히 문장만을 의미하지 않는다. 다큐멘터리나 수많은 예술작품 등 인간이 표현해낸 여러 장르로 존재한다. 우리는 이 모든 기록을 검토할 수 있다.

확정된 기록에는 기록자의 관점이나 태도가 선명히 스며들기 마련이다. 따라서 우리는 기록자의 관점에 종속될 가능성을 염두에 두어야 한다. 기록들을 좀 더 철저하게 파악하고 비판·수용해야 할 것이다. 예컨대 하나의 사건에 대해 각 언론사마다 다른 각도에서 해석한다. 그래서 같은 사건이라도 이를 서술하는 어조가 조금씩 다르다. 그것은 은연중 독자의 판단에 영향을 미친다. 심지어 기사제목의 토씨나 편집 크기와 순서에도 언론사의 관점이 스며있다. 이 관점 때문에 우리는 어떤 기사를 읽느냐에 따라 하나의 사건도 달리 바라본다. 그래서 기록비평은 중요하다.

4-3장에서 비평적 에세이의 중요성을 언급할 때 나는 이미 기록비평적 에세이를 언급했다. 시민지성은 비판적·비평적 에세이를 중시해야 한다. 우리는 매일 수없이 받아드는 방대한 기록부터 검토할 수 있다. 인터넷이나 TV만 켜도 수용치를 넘긴 정보가 밀려든다. 그래서 시민지성은 기록비평가로서 태도와 방법을 명확히 지닐 필요가 있다.

나는 앞서 전문지식에 대한 인식을 강조했다. 또한 비판대상을 설정하고 인식범위를 정하는 것이 중요하다고 했다. 이 역시 기록비평과 연관된다. 기록비평가로서 시민지성은 당연히 수비형 글쓰기에 기반을 둔다. 먼저 어떤 문제나 현상을 소극적으로 객관화하기 위해 비판하고 비평한다. 비판적 추론을 한다. 때때로 비판적 농담 같은 도발적인 공격형 글쓰기도 할 수 있다. 미래의 분명해 보이는 위험에 대해 현재 객관적으로는 증명할 수 없다는 이유만으로 침묵해서는 안된다. 그것은 문제를 엄밀하게 관찰한다기보다 회피하는 것에 불과하다. 그때 기록비평가는 조건부로 여러 가능성을 검토하는 공격형 글쓰기를 할 수 있다.

셋째, 우리는 더 넓은 범위의 에세이를 저술할 수 있다. 이 역시 4-3 장에서 언급했다. 말하자면 시민지성은 에세이저술가이기도 하다. 그들은 기록뿐 아니라 자기 경험이나 다양한 전문지식을 비판적으로 추론하고 상상할 수 있다. 또한 비평적 농담과 문학적 농담으로 구성한 에세이를 실험할 수도 있다. 다양한 저술 놀이 역시 에세이에서 활용할 수 있다. 에세이는 무형식의 형식을 지닌 자유로운 저술 형식이므로 시민지성도 저술 규칙을 스스로 만들 수 있다. 이때 수용자의 태도를 지니든 '제한적 범위 안에서' 권위자가 되든지 자신이 선택할 수 있다.[86] 에세이는 시민지성이 다양한 영역을 넘나들 수 있게 해준다.

넷째, 시민지성은 인생학도다. 여기서 인생학이란 편의적인 표현일 뿐이다. 다만 시민지성은 되도록 생활철학으로서 일상용어를 택하는 쉬운 글쓰기를 선호할 수 있다. 좀 더 적극적으로 미래에 대해 말할 수 있다. 인생'학'이라는 말처럼 다양한 인생 유형을 분류하여 문학적 자산까지 활용할 수 있다. 소설가처럼 자신이 겪지 않은 일을 치열하게 말할 수 있다. 함부로 말하지 않는 것이 사려 깊다고 할 수 있지만, 제한된 정보에 구속받는 시민지성은 좀 더 다양한 이야기를 적극적으로 해야 한다. 말은 무수히 많은 오해와 오류를 낳기도 하지만 뜻밖의 새로운 가능성을 열어주기도 한다.

또한 그들의 주제는 인생'학이라는 데서 알 수 있듯 생활과 삶을 사유의 대상으로 한다. 그들은 학문적인 관념이나 이론으로 인생을 거론할 수 있다. 비판 작업에 충실한 학생으로서 일상적인 글쓰기를 하되 인생을 적극적으로 검토하는 글쓰기(공격형 글쓰기)를 할 수 있다. 어떤 한 인생에 대해 비판과 추론을 하고 비판적 상상까지 할 수 있다. 극의 캐릭터를 이해하고 해석하는 작업과 유사하다.

다만 '인'생학도들은 모든 기록과 기억을 구체적인 경험으로 추출해내려 한다. 이론의 보편성이 삶의 개별성을 압도할 수 없다. 더 나아가 사람이 중심에 서고 인생이 주변을 두른다. 기록비평가나 에세이저술가로서 시민지성은 이를 강조할 수 있다. 결국 인생을 이해하려는 지식은 지혜의 단계로 성숙해야 한다. 수용자로서 정보를 어떻게 다루느냐 하는 가장 중요하다. 지식을 누가, 언제, 어디서, 어떻게 다루는가 하는 문제에서 지혜가 생긴다.

시민지성은 자신이 '인생학도'라는 사실을 명심해야 한다. 이때 그들이 '적극적이고 때때로 무모하게 말한 것을 자신의 삶에 적용하고,

또 어떤 미래를 예비할 것인가'를 적극적으로 성찰할 수 있다. 그들은 인생학 '도'로서 권위자가 아니라 학생이다. 따라서 삶을 겸허히 수용하여 미래를 설계할 수 있다.

다섯째, 시민지성은 시민기자일 수 있다. 그들은 수용자로서 정보를 받아들였다. 그리고 그들에게 쏟아지는 기록을 가려내고 어디까지 수용해야 하는지 비판한다. 그런가하면 자신의 경험과 다양한 기록 등을 에세이로 쓸 수도 있다. 그때 인생을 바라보는 깊은 시선과 삶을 어떻게 다루어야 할지 성찰할 수도 있다.

이처럼 시민지성은 다양한 정체성으로 드러날 수 있다. 그런데 이 모두 개인적인 차원에 머물러 있다. 제한적인 정보를 수용하거나 일반시민으로서 자기 일 하는 경우라면 어쩔 수 없이 소극적인 면모를 띤다.

이것이 불만이라면 시민지성 역시 적극적으로 사회의 쟁점에 참여해야겠다. 그저 개인의 제한된 경험이나 기록으로만 사회를 바라보는 것이 아니라, 직접 발로 뛰어 경험을 넓혀 생생하게 사회를 대면할 수도 있다. 발로 뛰어 사건과 사람을 대한 만큼 경험 범위가 넓어진다. 이때는 대체로 객관화 작업에 매진한다. 취재 등을 하여 적극적 객관성을 획득할 수 있다. 미디어가 보도하지 않는 틈새를 공략할 수도 있다. 이때 비로소 시민지성이 글쓰기의 수용자나 단순한 생산자의 정체성을 넘어선다. 단순한 정보 생산자가 아니라 행동하는 실천가의 면모를 띨 때 우리 사회는 변할 수 있다. 그래서 시민기자는 시민지성의 중요한 유형이다. 그들은 자기가 다루는 사건과 경험 안에서 권위자가 될 수 있다.

물론 기자라 하더라도 역시 사건의 진위와 구체적인 내막을 다 알 수 없다. 더욱이 시민기자라면 수용자의 태도를 지니고 더 섬세하게 사려 깊게 사건과 대면해야겠다. 명칭으로만 그럴 듯하게 '시민'기자가 아니라 기법적인 면에서도 시민기자만의 차별화된 방식을 고안할 수 있다.

그런가 하면 기자와 시민기자는 모두 정보유통자다. 이것이 기자의 몫이다. 사실 기자는 정보유통자로서 중간자적인 면모가 있다. 따라서 시민지성은 정체성을 다치지 않으며 자기 역량을 일반성의 영역으로 확장할 수 있다. 구체적으로 그들은 르포적 에세이나 인물비평적 에세이 등을 다룰 수 있다.

여섯째, 시민지성은 시민예술가일 수 있다. 이때 예술가란 단순히 작가가 아닌 모든 예술가를 의미한다. 글쓰기에 중심을 둔다면 보통 문학가를 뜻한다. 이들은 이미 튼튼한 전통과 제도 안에 있다. 예술가를 배출하는 분야별 체계도 확립되어있다. 이를 무시하거나 외면할 때 그들은 사회적으로 온전히 예술가로 대접받지 못한다. 그것이 옳은 것이라 말하긴 어렵다. 여기서 '시민'예술가라는 표현을 추론해볼 수 있다. 제도권 밖에서 활약하는 이들로 넓은 범주에서 시민지성에 넣을 수 있다.

사실 이 글에서 저술문화를 강조했지만 모든 기록행위는 중요하다.

시민예술가 역시 다양한 기록행위로 자신을 표현하고 사회에 질문한다. 이들은 각 분야의 기술방식을 고수한다. 딱히 시민지성적 기록행위인 수비형 글쓰기보다는 적극적 주관화 작업인 예술적 상상, 문학적 상상을 주 표현 방식으로 활용한다.

일곱째, 시민지성은 지식놀이꾼일 수 있다. 즉 지식(정보)사회에서 '정보를 얼마큼 언제나 자유자재로 다룰 수 있는가' 또 '그 사용성과가 어떤가' 하는 데서부터 차이가 생긴다. 그리고 수용자라는 태생적인 한계를 지닌 시민이 적은 정보로서 진리를 규명하는 학문적 행위를 한다는 것은 현실적으로 대단히 힘들다. 이때 우리는 지식을 유희적으로 다룰 수 있다. 농담이나 게임 방식으로 독자의 참여를 유도하는가하면, 전략적으로 패러디하거나 참과 거짓, 사실과 의견 등을 뒤섞어 비판적 농담을 할 수도 있다. 그러다보면 지식에 은폐된 중요한 의미를 발견하는 의외의 성과를 얻는가하면, 꼭 그렇지 않더라도 지식을 흡수하는 능력이 높아지거나 지식에 더 많이 관심을 지닐 수 있다. 이는 시민예술가와 달리, 지식을 중심에 두고 그 궤도를 움직인다. 대개 자신이 정보를 인식할 수 있는 범위를 정하고 거기서부터 도발적으로 비판적 상상을 한다. 이들은 '저술 놀이'를 한다.

여덟째, 시민지성은 지식게릴라일 수 있다. 나는 이미 '시민지성이 극전문저술 영역에서도 드물게 존재할 수 있다'고 언급했다. 이들을 지식게릴라라고 부르겠다. 기존 학자들이 독립적 지식인을 지식게릴라라고 언급한 경우가 있다. 다만 이를 부정적으로 보는 학자도 있다.

지식인의 입장에서 '게릴라'라는 제한적이고 한시적인 어감이 좋지 않았기 때문이다.

하지만 시민지성의 입장에서 지식게릴라는 별 거부감이 없는 표현이다. 어차피 시민지성이라는 용어 자체부터 한계를 지닌다. 언젠가 그들이 성숙해서 '시민'이라는 꼬리표가 빠지길 바랄 수 있다. 그래도 어디든 시민은 있다. 우리는 그 정체성을 고민한다.

마찬가지로 지식게릴라는 학계에 편입되지 않은 아주 독창적인 사상이나 분야를 다룬다. 혹은 기존 분과가 있지만 전혀 전문적이지 않은 문법으로 나름의 엄밀성을 갖춘다. 이들은 지식놀이꾼과는 달리 지식을 논리적으로 다룬다. 그런가하면 동양의 고전사상가들처럼 문학적으로 깊은 사상을 표현하기도 한다. 그러면서도 자기만의 사유 전개 방식이 엄밀하다. 기록비평가처럼 수비형 글쓰기가 아니다. 마치 수필가가 자기 경험 안에서 작은 권위자가 되듯 개별적이고 특이한 자기 사상 안에서 그들 역시 작은 권위자가 된다. 이들은 그들 방식대로 수비형 글쓰기부터 엄밀한 글쓰기 그리고 공격형 글쓰기까지 스스로 선택한다.

보통 시민지성이 수비형 글쓰기에서 수용자의 자세를 인식한다면, 지식게릴라들은 자기 세계 안에서 자기 문법으로 학술적이다. 그 때문에 어떤 면에서는 문제적 학자처럼 매우 과감하고 단정적이다. 대개 이들이 독창성을 인정받을 경우 학계에 편입되므로, 결국 지식'게릴라'에서 지식인으로 정체성이 변하는 경우가 제법 있다.

단, 시민논객으로 있다가 제도권의 과정을 밟고 그 문법으로 인정받는 경우와는 다르다. 최근의 많은 독립저술가들처럼 교수직을 얻지 못한 채 대중적 글쓰기나 학술적 글쓰기를 하는 경우도 이에 속하지 않는다. 그렇다고 반드시 기존 제도권 절차를 제대로 밟지 않은 것이 항상 중요한 것도 아니다. 만일 한 독립저술가가 저술 내용이나 사유 전개의 문법을 학계에서 수용하지 못할 정도로 매우 독창적으로 편다면 지식게릴라 유형으로 분류할 수 있다.

또 단순히 학계의 문제적 학자들과도 약간 다르다. 니체처럼 자신의 사상을 파격적으로 문학적인 비의로 담아내는 에세이저술가가 이에 속할 수 있다. 기존 학계에서는 인용조차 달지 않은 그의 저술 방식을 받아들이기 어려웠다. 또 스피노자, 들뢰즈, 최한기, 페르마 등등도 있다. 매우 드문 유형이다.

이처럼 시민지성으로 다양한 유형을 생각해볼 수 있다. 미처 생각지 못한 새로운 유형도 있을 수 있다. 또한 이 유형들은 기록비평가이면서 인생학도일 수 있고, 시민기자가 지식놀이꾼으로서 비판적 농담을 하여 독자의 비판을 유도하는 식으로 대개 뒤섞여 드러난다. 지식게릴라가 농담적 에세이로 사유의 독창성을 인정받을 수도 있다.

다만 이 모든 조합의 기본이 수용자의 태도다. 그것은 시민지성의 태생적 정체성이다.[87]

5-1.

기록하라

『산파일기』라는 미국미시사의 걸작이 있다. 저자는, 마서 밸러드라는 한 산파가 27년간 기록한 일기를 바탕에 두고 18세기 말 미국 뉴잉글랜드 지역의 할로웰을 중심으로 당시의 상황을 복원한다. 왕조 중심의 역사에 익숙한 수용자에게 평범한 개인사는 마치 소설처럼 다가온다. 한때 미시사 연구가 크게 유행했다. 이 방식은 민주를 중요한 가치로 여길수록 역사를 기술하는 유력한 방식으로 남을 것이다.

그런데 마서 밸러드가 27년 간 꾸준히 일기를 쓰지 않았다면, 저자가 이 연구를 지속하지는 못했을 것이다. 그녀의 개인적인 일기는 이제 역사적인 의미를 띤다. 보통 사람의 생각과 삶이 생생하게 담겨서 우리에게 전달될 수 있었다. 그녀로서는 그것까지 예상하진 못했을 것이다.

일반인의 일기나 편지가 『안네의 일기』나 카프카의 서간문처럼 문학성을 획득하지 못하더라도 언제라도 다양한 의미를 띨 수 있다. 이 글쓰기는 결코 어렵지 않다. 문장만 쓸 수 있다면 아무나 일기와 편지는 쓸 수 있다. 누구나 한번쯤은 그것을 썼을 것이다. 설령 숙제검사를 받기 위해서라도 그랬을 것이다. 그것은 단순히 신변잡기나 어설픈 사랑고백에만 머무르지 않는다. 만일 누군가 자신의 작업일지를 오랫동안 간략하게 기록했다면 그것은 언제든 새로운 의미로 태어날 수 있다.

그것은 전문가의 손을 탈 수도 있다. 수많은 사례, 특히 구체적으로 생생한 사례가 넘쳐흐를 때 그 기록은 곧 어떤 이론이나 연구에 탁월하게 기여할 수도 있다. 그것은 역사 연구의 미시적 사료일 수도 있고 인문학적 연구의 근거자료일 수도 있다. 사회과학의 사례가 될 수도 있다. 그렇게 사적 기록은 개인의 범위를 훌쩍 뛰어넘어 사회적이고 역사적인 의미까지 담는다. 사적인 기록이 곧 공적인 기록인 셈이다.

결국 기록하는 인간은 일상적이고 사회적이며 역사적이다. 한 사람의 삶은 늘 그렇다. 만일 기록하지 않는다면 일상적 인간은 개인의 작은 경험 범위 내에서만 사회적이며 역사적이다. 때때로 아무런 삶의 증좌를 남기지 못한 채 투명인간 꼴이 되고 만다. 물론 역사의 한 사례로 기능하는 것이 특별히 좋은 것이라 할 수는 없다. 어떤 사람은 조용히 살며 자신을 아무도 기억하지 않기를 바랄 수도 있다. 사회적·역사적 책임의식이 없다면 그것은 전혀 문제될 바 없다.

그런데 만일 사소한 개인 기록이 전문가의 손을 거쳐 많은 이들에게 영감을 준다면, 이미 그 개인 기록자는 대단한 일을 한 것이다. 우리도 마음만 먹으면 그런 일을 할 수 있다. 더구나 시민지성 스스로도 가치 있는 글을 생산할 수 있다. 과거 선택받지 못한 글은 묻히기 쉬웠다. 체제에 저항하는 인사의 작품은 불태워졌다. 글을 배우지 못한 가난한 자들도 애초에 기록할 기회를 잡지 못했다. 기록의 권리는 일종의 권력이었다.

그에 비해 요즘에는 기록의 민주화가 상당히 진척해있다. 우선 데이터베이스를 구축할 수 있는 능력이 과거와는 비교할 수 없다. 디지털 기술 덕분에 방대한 분량의 자료를 CD 한두 장에 너끈히 담는다. 이제 부피와 무게, 그리고 부식 등의 문제를 예전보다 크게 걱정하지 않는다.[88] 이 자료들을 보관하는 데 방대한 공간과 수많은 관리자들이 필요치도 않다. 자연히 아무도 읽지 않는 자료들도 체계적으로 오래 보관할 수 있다. 예전 같았으면 서서히 외곽으로 밀리다가 끝내 손실되었을 것이다.

또한 이 데이터베이스는 인터넷에서 여러 사람들과 공유할 수 있다. 정보 불평등의 문제가 남지만, 그래도 수용자들은 '꽤 많은' 정보에 쉽게 접근한다. 이로써 자료들은 역사적 유물로만 남지 않고, 현재적 가치를 띤다. 정보가 더 활발히 유통할수록 사람들은 그 기록으로 연대할 수 있다. 상호 교류 가능성은 그만큼 높아진다.

이처럼 기술이 발전하여 기록할 수 있는 환경이 좋아진다. 그런 사례는 또 있다. 예컨대 누구나 휴대폰 카메라로 '셀카'를 자주 찍는다. 노래방의 유행이 전 국민을 가수화했다면 이제 웬만한 젊은이라면 자신을 어떤 각도로 찍을 때 매력적인지 안다. 또한 주변의 일을 기록할 겸 간단히 사진 찍기 단추를 누른다. 그것을 휴대폰에 저장할 수 있다.

이는 사적인 사진 저장에만 그치지 않는다. 최근에는 인터넷과 연동하면서 자신이 찍은 사진을 글과 함께 마이크로 블로그로 전송할 수 있다. 자신이 어디서 뭘 하든 휴대폰만 사용 가능하면, 언제라도 개인 기록을 인터넷에 올릴 수 있다. 그 덕분에 '미디어에서는 포착하지 않는 사소한 일'이나 '미디어에서 알려야 하는데도 외면하는 사건'을 개인 블로그에서 신속하게 보도할 수 있다. 사적인 기록 수단이 사회적인 파급효과까지 지니는 순간이다.

물론 휴대폰의 사진 기능은 질적으로 낮다. 또한 마이크로 블로그의 글 내용이나 보도 태도도 수준이 낮다. 그럼에도 그 매체들 덕분에 우리는 사회의 침묵에서 벗어날 수 있는 유력한 수단을 하나 더 갖추었다.

모든 기록 행위는 중요하다.[89] 아무리 단순하고 엉성하더라도 마찬가지다. 이때 유언비어와 같은 저급한 말의 유통만은 자제해야겠다. 그 정도가 아니라면 사실과 의견을 철저히 구별하지는 못하는 초기 단계를 감수할 수 있다. 어느 정도 사실에 가깝거나 진실에 접근하고 있다면 기록은 많을수록 좋다. 그때 비로소 그것을 일차 자료로 활용할 여지가 생긴다.

요컨대 모든 시민은 사소한 기록조차 개인적 차원에 국한하지 않을 수 있다. 개인의 기록행위가 얼마나 많은 가치를 숨기고 있는지를 의식하고 기록하는 버릇을 들여야겠다. 인터넷에선 수많은 서비스를 제시하며 네티즌에게 글 쓸 수 있는 환경을 제공한다. 연대하는 글쓰기를 하기에 우리나라만큼 좋은 나라도 드물다.

글을 많이 쓰다보면 그 다음을 기약할 수 있다. 기록의 질이 높아질수록 파급효과의 잠재력이 기하급수적으로 커진다. 그 순간 다른 이에게 의지할 필요 없이 기록자 스스로 질 높은 기록 행위로 세상에 이바지할 수 있다.

시민기자와 시민예술가

시민의 기록 수준이 격상할 때 우리는 시민지성이라는 아직은 모호한 존재를 더 적극적으로 상상할 수 있다. 지금도 인터넷에는 수준 높은 프로앰들이 시시각각 등장한다. 그들은 예리한 안목으로 때때로 전문가의 간담을 서늘케 한다. 나는 그들이 자기를 자각하고 좀 더 성숙할 모습에 '시민지성'이라는 이름표를 붙여보았다.

시민지성이란 '이미 만들어진' 존재가 아니라 '언제나 만들어지는' 존재다. 설령 따로 분류할 수 있을 만큼 시민지성이 많이 출현하더라도 그들은 언제나 불완전하다. 시민지성은 완벽히 전문지식을 습득하여 철저한 방식으로 진리를 규명할 수 있는 존재도 아니고, 독보적인 예술 세계를 개척한 이도 아니다. 나는 이미 '시민'이라는 표현에 이미 아마추어의 어조가 풍긴다고 언급했다.

그럼에도, 아니, 그렇기 때문에 우리는 시민지성을 숙명적으로 검토해야 한다. 모두가 모든 분야의 전문가일 수 없다면 현실적으로 그들은 '항상 있다.' 그래서 나는 이 글에서 현실적으로 항상 있을 대다수의 일반시민이 '지성을 발현'할 수 있는 과정을 주요 고찰대상으로 삼았다. 전문성을 미덕으로 여기는 분위기, 정보 불평등의 상황, 일반시민의 현실적인 처지와 그들의 유력한 표현수단과 태도, 방법, 그 외의 가능성도 언급했다. 또한 시민지성의 정체성도 정리했다.

이제 나는 시민지성의 중요한 유형들을 검토해볼 수 있다. 우선 시민기자와 시민예술가가 있다. 다행히 이 유형에는 역할모델로 언론인과 예술가가 있다. '유력한 기록행위인' 글쓰기를 중심에 두고 보면, 글쓰기를 주업으로 삼는 '기자'와 '문학가'를 생각할 수 있다. 그런데 이들에겐 전문가나 지식인과 비슷하면서도 시민지성과 유사한 면모도 보인다. 사실 그들의 위상은 다소 모호하다.

(학계의) 전문성을 중심에 둘 때 기자와 문학가는 비전문적이다. 그들은 일반가로서 다양한 소재를 다룬다. 다만 그들의 장르 자체가 체계적으로 정립되어 '또 하나의' 전문성을 획득했다고 볼 수 있다. 넓은 의미의 전문성이다. 즉 전문성의 시대에 그들이 전문지식을 생산한다고 확답할 수는 없다. 지식 중심의 사회에서 그들은 탁월한 정보생산자는 아니다. 오히려 전문지식을 수용해야 하는 입장에 처해있다. 예컨대 장르소설가들이 SF소설이나 의학전문소설을 쓰려면 전문지식을 충분히 공부해야 할 것이다. 그런가하면 현장을 취재하여 생생하게 장면 묘사를 할 수도 있다. 능동적 수용자의 면모를 보인다.

그럼에도 그들은 분명 정보생산자다. 민주주의 사회에서는 문화의 다양성과 민주성을 중요하게 여긴다. 이 관점에서 볼 때, '또 하나의' 전문성은 중요하게 기능한다. 지식을 지혜로 전환하여 뜻 깊은 정보를 생산한다고도 볼 수 있다. 특히 문학가들은 정신문화를 선도하는 유력자들이다.

물론 그들의 표현방법은 오래 숙달하지 않으면 이해할 수 없거나, 아무리 모방하려해도 흉내 낼 수조차 없는 고난도 기술이 아니다. 오히려 기술적인 면에서 민주적이다. 그래서 일반 수용자가 이 유형을 닮는 것은 의사나 물리학자를 닮는 것보다 수월하다. 누구나 비밀공책에 시 한두 편이나 그럴 듯한 경구를 써본 적 있을 것이다. 그러다 보면 썩 괜찮아 보이는 글이 나올 때도 있다.

더구나 문학가들은 대상 자체를 관찰한다. 그리고 자기 언어로 어렵지 않게 그것을 묘사하거나 기술한다. 다양한 관점에서 대상을 치열하게 살핀다. 여러 가능성을 살피면서 문학적으로 상상하여 세계를 전혀 다른 국면에서 보여주기도 한다. 그들은 경직되고 뚜렷한 정답을 유보한다. 그저 그 과정 자체를 즐기고 답을 다루는 우리의 자세를 넌지시 소개하기도 한다. 문학가의 저술 태도는 수용자의 태도를 '제법' 닮아있다.

그들은 개인적 경험이나 인식대상에 대한 추론에서 글을 출발한다. 이것은 도발적인 상상으로 발전하기도 한다. 그들은 글의 권위자로서 모든 권위를 섬세하게 다룰 수 있지만 지식의 권위자로 절대적으로 군림하는 경우는 드물다. 정답도 없다. 연구논문의 엄밀함에 비해 문학가의 글쓰기는 유연하다.

그런 면에서 시민지성의 글쓰기에 가깝다. 만일 하나의 정답을 강요하는 문학이 있다면 그것은 질 낮은 글일 뿐이다. 문학에서는 그렇다. 역시 그들은 작은 권위자이면서도, 끝내 수용자의 수비형 저술 태도를 기본에 둔다.

그들은 정보생산자이면서 정보수용자로서 중요한 특징을 지니고 있다. 이는 예술가 전체의 특징과 통한다. 예술은 세계를 주관적으로 표현하고 이를 대면하는 인간의 지혜를 성찰한다. 과학이 진리를 객관적으로 규명하는 것과는 다르다. 굳이 표현하자면 '인생학'이다. 인생학도는 인문학을 가까이 취하고 지혜를 보편적인 언어로 표현하려한다. 과거, 현재 그리고 미래까지 적극적으로 상상한다. 그런 면에서 예술가는 모두 인생을 배우는 자로서 인생학도다. 인생학의 수용자인 셈이다.

다만 사회적·제도적 관점에서 그들은 단순한 정보수용자는 아니다. 그들의 예술을 누구나 흉내 낼 수 있다. 하지만 그들의 예술 수준에 이르기는 매우 어렵다. 현실적으로 그렇다. 게다가 예술 분야마다 사회적인 직업으로서 '예술가'라는 자격을 부여한다. 공모전에서 입상하거나 권위 있는 단체가 주는 상을 받는 모양새를 띤다. 원칙적으로 질 높은 예술이든 질 낮은 예술이든 예술 행위를 하면 예술가겠지만 현실적으로는 그렇지 않다.

또한 주관적 표현에 가치를 매기기는 불가능하지만, 그 역시 현실적으로는 그렇지 않다. 이러한 제도적인 장벽 때문에 시민예술가(아마추어 예술가)라는 표현이 생길 수 있다. 그들은 삼류 예술가로 산다. 제도가 부당한 경우도 있고, 실제 역량이 부족한 탓이기도 하다. 그들은 당당하게 자신의 행위를 예술이라고 말하지 못한다.

그들은 열패감에 휩싸인다. 간혹 그들의 작품 중에서도 제법 괜찮은 작품이 있다면, 좀 안타깝다. '전문' 예술가가 범작이나 기량 미달의 작품을 내놓아도 그 분야의 '협업정신(?)' 덕분에 과대 평가받는 경우가 있다.[90] 그런가하면 '비전문' 예술가의 간헐적인 수작은 그러한 기회조차 부여받지 못하고 묻힌다.

그들은 스스로 역량이 안 된다고 체념해 글을 버린다. 자신은 '쓸 수 없다'고 제멋대로 선언해버리기도 한다. 실패의 경험을 깨끗이 잊으면 좋지만 다른 일상에서도 그렇지 못하면 문제다. 사라진 시민 예술가들은 많다. 그들에게 특별한 지위를 부여하라는 것은 아니다. 다만 놀 수 있는 장이 있으면 좋겠다. 부끄럽지 않게 놀 수 있으면 좋겠다.

그들도 검증받지 못한 능력에 자괴감을 느낀다. 세간의 편견을 이겨내기는 쉽지 않다. 그것 역시 이겨내야 독립적인 예술가로 설 수 있지만, 말처럼 편견을 극복하는 것은 쉽지 않다. 그래서 '누구나 쓸 수 있고 그것은 당연하다'라는 인식이 확산되는 것은 중요하다. 더 많은 사람이 이에 참여할 때 그러한 인식이 보편적으로 정착할 수 있다.

그렇다면 기자는 어떤가. 그들은 글쓰기를 할 때 문학가와 달리 객관성을 지향한다. 전문가들의 덕목을 닮아있다. 그러나 그들은 전문지식을 본격적으로 다루지는 않는다. 전문성을 따지자면 낮은 수준이다. 어쨌든 그들은 객관성이라는 가치 안에 있어야 한다. 칼럼이나 사설로 주관적인 의견을 드러내더라도 가장 기본적인 객관적 사실을 그 중심에 둔다. 그들에게 오독과 오해, 오보는 치명적이다.

나는 이미 그들이 대개 일반성의 영역에 속한다고 언급했다. 그들은 다양한 분과를 돌면서 수많은 정보를 취재한다. 정보생산자로서 미발굴 사실을 직접 발로 뛰어 취재한다. 기자의 가장 주목할 만한 덕목이다. 이때 기자는 온전히 정보생산자의 역할을 한다.

다만 그 내용이란 일반 수용자에게 어렵지 않다. 사실 기사는 독자가 읽을 수 있는 수준으로 쓰인다. 전문지식과 현란한 논리에 압도당하여 흉내조차 낼 수 없다는 생각이 들게 하지는 않는다. 그만큼 기자는 정보생산자로서 권위적이기 어렵다.

또한 그들이 생산하는 정보는 전문이론이 아니라 현상이나 한 분야의 사례가 될 만하다. 일반시민의 기록 습관을 앞장에 언급했는데, 기자의 기록이야말로 사회적·역사적 사례로서 훌륭히 기능할 수 있다. 기자는 이론을 주장하지 않는다. 그들은 남의 경험을 발굴하고 그 현상과 사건과 인물을 소개한다.

물론 전문기자처럼 해당분야 출신으로 좀 더 수준 높은 기사를 쓰기도 한다. 이 경우엔 전문성을 강조한다. 그러나 이 역시 독자를 의식한 대중적 글쓰기를 해야 한다. 그러므로 전문지식에 접근하고 설명하는 데 일정한 한계를 지닌다. 어쨌든 기자는 거의 매일 기사를 쓴다. 정보생산자다.

그러면서 그들은 정보유통자다. 기자다운 위상이다. 기자는 어떤 지식이나 현상, 사건, 인물 등 다양한 정보를 독자에게 전달한다. 그들은 새로운 것에 매우 민감하다. 아무리 대단하더라도 시기를 놓치면 보도 가치가 떨어진다. 그래서 그들은 많은 경우 첫 번째 정보수용자가 된다. 늘 그러려고 노력한다. 그렇게 그들은 기사를 작성한다. 스스로 독창적인 내용을 쓰지 않지만 기사는 독자들에게 매우 긴요하다. 기자는 정보를 수용하여 기사를 작성하고, 독자는 전달된 기사를 읽는다. 중간자로서 정보유통자는 이색적인 특징이다. 기계로 치자면 아날로그를 디지털로 바꾸는 등의 변환기 역할을 한다. 세상을 읽고 그 내용을 독자에게 알린다.

이처럼 기자는 언제나 정보 수용자, 생산자 그리고 유통자의 역할을 모두 수행한다.✽ 기록 수단으로 보면, 비디오 저널리스트처럼 영상을 활용하는 이들도 포함할 수 있다. 보도의 심층적인 면을 볼 때는 다큐멘터리 PD, 프리랜서 기자 그리고 르포 작가도 여기에 해당한다. 그들 모두는 객관성과 사실을 중시한다.

✽물론 기자의 역할이 전문적이라 말할 수는 없다. 그럼에도 기자의 '전문직주의'라는 표현이 있다. 그런 식으로라도 직업 기자들에게 사회적·제도적으로 특별한 위상을 부여한다. 이 전문직주의라는 개념에는 고급정보에 일반수용자보다 손쉽게 접근할 수 있는 자부심이 스며 있다. 또한 정확한 정보를 신속하게 전달해야 하는 어려움을 인정해달라는 바람이 숨어있다. 기자정신이 살아있다면 전문직주의란 표현은 그들에 대한 합당한 에우로서 인정할 수 있다.

그런데 인터넷이 널리 보급되면서 특별히 훈련받지 않은 사람들도 보도 가치를 지니는 뉴스를 생산한다. 시민기자들이다. 종종 직업 기자들은 시민기자의 아마추어적인 수준을 비판한다. 아무나 기자 행세를 하는 현실을 개탄한다. 이 비판은 현실을 냉철히 인식한 면도 있고, 편견에 불과할 수도 있다.

분명 시민기자들은 직업적으로 훈련받지 못했다. 그래서 그들은 질 낮은 정보를 생산한다. 이는 어느 정도 사실이다. 앞장에 언급했듯, 일반수용자는 자주 사실과 의견을 혼동한다. 또 다분히 격앙된 어조로 현상을 왜곡한다. 그러나 나는 이것을 본질적인 것이라기보다는 초기 단계의 부작용이라 여긴다. 오히려 그들이 순수한 열정으로 활동하는 것은 바람직하다. 그들 덕분에 언론 최대의 직무유기에 속하는 '보도되지 않고 침묵하는' 가장 무서운 부작용을 줄일 수 있다.

이때 시민기자는 능력 가능한 범위를 인식해야겠다. 거기서부터 일상을 관찰하는 습관을 지니는 것이 중요하다. 예컨대 우연히 발견한 사건을 휴대폰으로 찍은 후 촌철살인의 문장과 힘께 마이크로 블로그에 올릴 수 있다. 그것은 그리 어렵지 않다. 그것이 적확하고 예리할수록 심지어 문학성을 띠기까지 할 것이다. 특히 시민기자의 세심한 관찰 태도는 의외로 대단한 가치를 지닐 수 있다. 그들은 보도하기 애매한 일이나 언론이 침묵하려는 사건을 더 적극적으로 말할 수 있다. '비보도'보다는 '편파보도'가 차라리 낫다.

한편 기존 기자들의 비판이 편견일 뿐이라면, 반드시 편견을 고쳐야 한다. 최근 블로거들의 글쓰기 역량이 예전과 비교할 수 없이 발전했다. 그들은 지속적으로 인터넷 공간에서 글로 소통했다. 때때로 아마추어 논객이 전문가들의 간담을 서늘케 한다. 인터넷은 독자의 수준도 높이고 있다. 독자가 읽기 수준이 높아지면 직업 기자들이 권위를 얻기가 지금만큼 쉽지는 않을 것이다.

요컨대 우리는 제도적이고 관습적인 면에서 기자와 문학가를 시민지성과 달리 본다. 그러면서도 기자와 문학가는 시민지성의 특성을 지닌다. 복합적이고 입체적이다. 시민지성이 성숙할수록 이들 역시 기자와 문학가의 복합적 입체성을 수용할 것이다. 또한 그 복합성 때문에 시민지성 역시 능동적 수용자면서도, 정보 생산자이자 유통자로서 애매한 위치에 설 것이다. 시민기자와 시민예술가는 시민지성이 지향해야 할 중요한 유형 중 하나다.

만일 많은 시민에게 '지성'이라는 표현을 붙이고도 자연스럽다면 우리 사회의 사유 수준이 상향평준화했음을 뜻할 것이다.

5-3.

지식게릴라와 지식놀이꾼

 이제 시민지성의 또 다른 유형으로 지식게릴라와 지식놀이꾼 유형을 검토할 수 있다. 이미 나는 2장에서 지성과 지식인의 차이를 검토했다. 거기서 나는 지성을 본질적이면서 총체적인 것으로 파악했다. 그것은 한 개인이라기보다는 그것을 넘어서는 하나의 성향이다. 혹은 지식인이 되기 전의 지성인이나 교양인 정도의 사람을 뜻하거나, 지식 친화적이고 교양적인 수준의 성향을 뜻할 수 있다. 이때 지성은 지식인에 비해 덜 다듬어진 느낌을 준다.

 또한 '전문가'의 이채로운 존재로서 지식인을 파악하였다. 우리가 흔히 지식인을 말할 때는 사르트르 식의 보편적·비판적·모순적 지식인을 의미한다. 그리고 지식인이라는 개념과 전문가라는 용어를 같이 쓸 때 전문가는 흔히 기능적으로 자신의 지식을 사용하는 지식기술자를 의미한다. 물론 전문분야에서 특수적 지식인으로서 지식권력의 영향 안에서 이를 인식하고 극복하려 하는 경우도 있다. 이렇듯 지식인과 전문가는 밀접하면서도 약간 다르다.

그럼에도 지식인이라는 개념을 사용할 때 대개 체제의 하수인을 의미하지 않는다. 그들은 사회문제를 인식하고 발언한다. 그러면서 사람들이 신뢰할 수 있을 만한 사회적·제도적·학문적 권위를 획득했다. 그래서 설령 그들이 전공하지 않은 분야에 대해 발언하더라도 사람들은 그들의 말을 어느 정도 신뢰한다. 적어도 일반 시민이 말하는 것보다는 그들의 말을 신뢰한다. 일반적으로 그들이 보통 사람보다 더 현명한 판단을 할 것이라는 믿음이 깔려 있다. 그들은 지식을 많이 가지고 있기 때문이다. 그래서 언어학자 노암 촘스키가 언어학적이지 않은 방법으로도 사회를 비판하여 존경받을 수 있다. 실제로 어떤 한 분야의 지식 권위자가 일반시민에 비해 사회의 보편적인 문제를 더 예리하게 파악하고 분석해낸다. 그래서 사건이 터질 때 유명 지식인의 의견에 유심히 귀 기울인다.

인터넷이 생기면서 그들의 말은 더 빨리 수용자에게 전달됐다. 더 많은 지식인의 다양한 의견을 쉽게 접할 수 있다. 심지어 그들의 블로그에서 소소한 일상이야기까지 자주 접한다. 간혹 한 젊은 지식인이 해당분야 전문가와는 다른 각도에서 문제를 바라보고 해석해주기라도 하면, 그들의 적극적인 언행에 환호한다. 이런 분위기 속에서 스타가 태어나기도 한다.

프로앰 중에서도 인터넷 스타가 탄생하기도 한다. 그들은 보통 파워블로거나 사이버 논객으로도 불린다. 이 아마추어 지성들은 민감한 시사문제를 짚어내기도 한다. 관련자의 우스운 작태를 통렬히 비판하고 사건을 정확히 분석하는 경우도 생긴다.

그러나 더 많은 논객들이 현상을 왜곡하기도 할 것이다. 몇몇이 우연히 주목할 만한 주장을 하고 그것이 맞아 들어갔을 때 뉴스거리가 될 수 있다. 그런 드문 경우가 뉴스거리가 된다. 만일 모두가 다 그렇다면 더는 신기한 일이 아닐 것이다. 그러면 뉴스거리가 되지 않는다. 결국 아직은 많은 네티즌이 현상을 왜곡하거나 미흡하게 인식하는 경우가 많다고 판단해야겠다.

그들은 제도권의 지식인처럼 적극적이고도 강렬하게 현실을 비판하곤 한다. 비판 자체는 바람직하다. 그러나 그들이 현상을 단정하고 대책을 내놓을 때 그 근거가 얼마나 풍부했는지 알 수 없다. 많은 정보를 확보하고 다양한 담론을 충분히 검토했다면 당연히 그들의 말은 신뢰해야 한다. 그런데 그것을 어떻게 판단할 수 있을까?

물론 인용표기를 통해서 간접적으로 짐작할 수는 있다. 다만 많은 경우 인터넷의 기능에서 인용을 적절하게 하기란 불편하다. 보통 그런 기능을 지원하지 않는다. 워드 프로그램으로 열심히 글을 작성하고 이를 블로그에 붙여넣기 할 때 정작 아마추어들의 의견에 신뢰도를 높여줄 인용문들은 모두 사라지고 만다. 더구나 대개는 인용의 중요성을 간과한다. 사실 온라인에서 그 정도로 엄밀한 책임을 느끼지 못한다. 출판한다고 여기지 않기 때문이다. 온라인 출판은 법적으로만 규정될 뿐, 사람들은 온라인에 올리는 데서 그만한 무게를 느끼지 않는다.

인용표기가 없다면 그들이 무슨 근거를 얼마만큼 충분히 활용했는가를 파악할 수 없다. 심지어 그들에게는 제도적 권위마저 없으니 소위 경력이나 학벌이라는 피상적인 신뢰마저 얻을 수 없다.

그들의 글을 읽고 그저 하나의 부차적인 의견으로 치부할 수도 있겠다. 이때 이 아마추어 지성들의 의견을 "글 자체로 하나의 완결된 미덕을 지니지 못한 채 '~카더라' 통신 수준의 미숙함을 벗어나지 못했다"라고 의심해볼 수도 있다. 실제로 많은 아마추어 지성들이 '~카더라'의 미숙함과 예리한 분석이 공존하는 글을 쓴다.

이를 4-4장에서 표현했던 대로 말하자면, 수비형 글쓰기의 기반이 불안한 상태에서 한두 번의 제법 그럴 듯한 공격형 글쓰기를 했다고 할 수 있다. 결국 수비가 불안하면 시간이 흐를수록 공격이 흐트러지고 끝내 역전패한다. 차라리 탁월한 편집가처럼 탄탄하게 인용문을 인식하면서 짜깁기 하는 경우가 정보를 엄밀하게 인식하는 데 유익하다.

시민지성은 지식인의 적극적 의견 개진보다는 역시 수비형 비판에 더 역점을 두는 게 좋다. 사실 지식인의 사회참여는 비판의 희소함을 극복하려는 절박함에서 나왔다. 그것은 꼭 해야 할 성질의 것이다. 물론 지식인들이 그러한 발언 권한을 부여받은 것은 아니다.

그럼에도 굳이 그것을 자연스럽게 여기는 것은 '지식을 많이 가진 자는 현명할 가능성이 높고, 현명한 자의 말은 옳을 가능성이 높다'는 불안한 믿음에 기초한다. 시민지성은 그 믿음보다는 지식인이 사회의 문제를 외면하지 않고 현실에 '참여하려는 의지', 이를 위해 오류의 위험을 무릅쓰고라도 '말하려는 용기', 스스로 기득권이면서 자신의 '모순적 처지를 냉철히 인식하고 기득권에 저항하려는 태도'를 배워야 할 것이다.

시민지성 역시 수용자에서 지식생산자로 변화하면서 모순적인 위상을 인식할 수밖에 없다. 생활인으로서 현실을 받아들이면서도 끈질기게 문제점에 이의를 제기하고 조금씩 고쳐나가고자 한다. 그 상황에서 그들은 지식인과 유사한 고민을 할 수밖에 없다. 그래도 그들이 오류의 위험을 무릅쓰고 말한다면, 살짝 이를 경계한다.

반면 지식인의 '오류를 무릅쓰는' 용기를 부득이 수용할 때가 있다. 예컨대 지식인들은 방송 토론에서 자신이 해당분야의 비전문가로서 왜 지금 같은 태도와 의견을 지닌 건지 충분히 설명해줄 시간을 얻지 못한다. 결국 설명의 과정을 생략한다. 이미 다 설명한 것으로 가정하고 토론을 시작한다. 토론은 일정한 규칙 안에서 게임처럼 진행된다. 그러지 않으면 토론의 서두만 보다가 모두 지쳐 잠들어버릴 것이다. 시청자들은 지식인의 권위를 어느 정도 합의하고 자연스럽게 수용한다.

그러나 편의점 아르바이트생이나 고시원 총무가 그 같은 말을 한다면 아무도 귀담아듣지 않거나 비아냥거렸을지도 모른다. 미네르바를 생각해보라. 일부 언론사에서는 영웅처럼 띄워주고 해당분야의 전문가 역시 그의 글을 인정했다. 하지만 그가 무직자에 전문대 출신이라는 사실이 알려지면서 상황은 거짓말처럼 역전됐다. 그의 글이 내용이 탁월했다는 견해는 슬그머니 사라졌다. 글의 수준과 저자의 역량을 의심하는가 하면 그를 사기꾼 취급했다. 또 '전문대 출신의 백수'라는 점이 강조되곤 했다. 미네르바가 뜨는 현실을 개탄했다. 그를 띄워주었던 전문가는 잠적했다.

결국 시민지성이 사회적 편견에 저항하려면 자기 처지를 냉철히 인식해야 한다. 수용자의 저술 태도는 그만큼 중요하다. 그렇다고 소극적이어야 한다는 뜻은 아니다.

애초에 우리는 피상성 혹은 모호함의 한계 안에 갇혀있다. 그리고 그 피상적이거나 모호한 특성을 나쁘게 평가한다. 우리는 문장을 간결하고 명확하게 표현하는 연습을 한다. '~한 것 같습니다'와 같은 문장을 책임을 회피하거나 두루뭉술하고 훈련 받지 못한 증거로 보기도 한다.

이는 반드시 옳은 것은 아니다. 오히려 그 표현에는 저자 자신이 대상을 어디까지 파악할 수 있는지를 끊임없이 고민하면서 '모르는 부분을 자르되 그럼에도 말하지 않을 수 없는' 어떤 절박함이 묻어 있다. 그 말투에는 책임을 의식하고 끈질기게 대상을 바라보는 인고의 과정이 드러나 있다.

여기서 시민지성은 지식인의 오류를 무릅쓰고라도 '명확하게 말하려는' 태도를 한시적으로 수용할 수 있다. 원칙적으로는 모든 문장에 마침표 찍기를 지연하면서 자기 말을 의심해봐야 마땅하다. 하지만 일일이 검토하다보면 정작 쓸 내용을 쓰지 못하거나 주제를 선명히 드러내지 못할 수 있다. 비효율적인 검토 탓에 독자는 이미 다 아는 내용을 읽어야할 수도 있다. 당연히 책은 과도하게 분량이 늘어난다. 이를 극복하려면 제한적 범위에서 판단·단정할 수 있는 부분에 확실한 태도를 보여야 할 것이다. 또한 판단을 유보하거나 추측·추론해야 하더라도, 문장의 효율성이나 가독성을 이유로 그 흔적을 생략할 수 있다. 그때 단정적인 문장에는 '나는 ~ 생각한다' 혹은 '~ 가능성이 높다'라는 표현이 지워져 있다.

다만 단정적인 문장이 많을수록 저자의 태도는 수용자적이라기보다 생산자적이다. 잘 판단하여 생략할 부분에 기존 권위자의 인용출처를 달아서 객관성을 높여주어야 할 것이다. 쉽지는 않다. 판단을 유보해야 할 곳에서 엉뚱하게도 단정하고, 단정해도 되는 곳에서 인용하지 않고 함부로 추측하는 경우가 있다.

하기야 모든 정보는 부정확하고 모호하다. 더구나 정보의 사실에 의견을 첨부하면 그 의미의 가치와 평가는 더욱 다양해진다. 애초에 인간이 대상을 인식하는 과정은 명징함과 구체성을 위한 노력일 뿐이다. 실제로 상황을 단정적으로 표현할 수는 없다. 대체 어떤 것이 명징하고 구체적일 수 있을까? 어디까지 표현해야지만 그런가? 만일 그 한계를 뼈저리게 인정하고 철저하게 받아들여야한다면 우리가 쓸 수 있는 것은 아무것도 없다.

어쩌면 극히 제한된 경험 안에서만 하나의 사례로 기능하는 글만을 쓸 수 있을지 모른다. 정보 불평등 상황에서 직감적으로 느끼는 것이 분명히 있다. 그런데도 그것을 말해줄 권위자의 발언을 기다려야 한다. 만일 전문가들이 해당분야의 자료를 활용하여 정교하게 현상을 설명해주지 않으면 우리는 그저 넋 놓고 있어야 할 것이다.

물론 우리는 그와 같은 분위기 때문에 위축될 수 없다. 결국 자기 기록을 완전히 책임지겠다는 자세로 노력해야겠다. 우리는 모호하고 피상적이더라도 쓸 수 있다. 그 가운데서도 사실과 의견, 참과 거짓의 가능성을 치열하게 인식하려 노력할 수 있다. 글을 스스로 책임지려 할 때 어떤 것이라도 '조심스럽게' 쓸 수 있다. 또한 자신의 경험 안에서는 구체적이고 생동감 있게 쓰면서 작은 권위자가 될 수도 있다.

사실 지식인들도 반드시 단정적으로 글을 쓰는 것은 아니다. 그들도 자신의 경험 안에서 소박하게 한 생활인의 모습을 보여주는 글을 쓰곤 한다. 실제로 그런 글에서 한 지식인의 고단한 삶과 평범한 모습을 엿본다. 그때 우리는 그들의 인간적인 모습에 감동한다.

또한 시민지성이나 마찬가지로 지식인에게도 단정적인 문장은 조심스럽다. 무모한 단정은 심각한 오류를 인식하지 못하는 만행일 수 있다. 혹은 독단을 자주성으로 착각하는 실수일 수도 있다. 우리는 많은 것을 함부로 단정할 수 없다. 진리를 규명한다는 게 결국 하나의 해석에 불과하다면 차라리 저술 놀이로서 누군가의 다른 의견과 논쟁하는 설정을 짤 수는 있다. 그러면 오히려 명징한 태도로 의견을 밀고나갈 수 있겠다.

그런가하면 진리의 불명확함을 엄밀하게 인식하고 함부로 말할 수 없는 부분에 수비형 태도를 취할 수 있다. 이때 지식인과 시민지성의 경계가 불분명해진다. 지식인 역시 전공하지 않은 분야에서 수용자의 태도를 고수할 때 시민지성의 미덕을 획득하는 셈이다. 지식인들도 타 분야에 대해서는 에세이저술을 한다.

반대의 경우를 생각해볼 수도 있다. 예컨대 시민지성이 독특한 사상을 적극적으로 말할 수도 있다. 지식게릴라 유형이다. 일부 학자들은 독립적 지식인처럼 기존 학계의 주변에서 작업하는 지식인들을 '지식게릴라'라고 부르기도 했다.[91] 이 용어는 이미 '출몰했다가 사라지고 중심이 아닌 주변에서 저항한다'는 의미를 띤다. 그 때문에 '지식게릴라'라는 표현이 부적절하다고 지적받기도 한다.[92]

그러나 나는 '자신의 독자적인 사상을 확립하려는 시민지성의 한 유형'을 지식게릴라라고 부르고 싶다. 이들은 학자처럼 엄밀하게 의견을 개진한다. 마치 자기경험 안에서 작은 권위자가 되듯, 자기사상 안에서 작은 권위자가 된다. 이들은 논란을 일으키는 도발적인 대지성들과 유사한 태도를 보인다. 레비 스트로스나 소쉬르, 니체 등 수많은 학자들이 학계 내외에서 새로운 독립분과를 만들어낼 때 그들의 사상을 재단할 수 있는 뚜렷한 기준이 존재할 수 없었다. 그들은 하나의 독립적 사상국이었다. 그들에게는 지성'인'이라는 개인에 한정된 말보다 '(총체적) 지성'이라는 표현이 어울린다. '(총체적) 지성'은 수많은 기존 성과들과 연결되면서도 그것에 뚜렷하게 대비하는 강렬한 특성을 띤다.

물론 박사 학위조차 갖지 못했던 극히 일부 시민지성 중 이런 이가 나오지 말라는 법은 없다. 실제로 들뢰즈, 함석헌, 최한기 등등 여러 사례가 존재한다. 그런가하면 제도권에 밀려있던 니체는 기존 연구 방식과는 전혀 다르게, 문학적 문법으로 자신의 독자적인 사상을 구축했다. 특이하다. 당연히 니체의 경우도 시민지성의 한 사례로 검토할 수 있다. 다만 예시로 든 인물 모두 그 독창성을 인정받는다.

이렇듯 지식게릴라는 '게릴라'라는 한계처럼 그 목적을 다하면 '시민지성에서 지식인으로' 편입될 것을 예상할 수 있다. 이들은 수용자의 수비형 글쓰기보다는 엄밀하거나 논란이 될 만큼 공격적으로 글쓰기를 한다. 그래서 종종 이들은 거론조차 안 되거나 과소평가 받는 경우가 많다. 정상적인 학위 과정을 밟지 않았거나 연구의 문법을 지키지 않았기 때문에 학계에서 당장 수용하기 어렵다. 제도권의 절차를 정식으로 밟으면서 정통적인 문법을 그대로 받아들이는 방식과는 사뭇 다르다.

이처럼 시민지성이 단정적인 어투로 적극적으로 말하는 경우도 있다. 말하자면 저자 자신의 정체성을 엄격하게 분석하여 명확하게 선을 그을 수 있는 것은 아니다. 더구나 시민지성은 생산자면서 수용자다. 수용자의 태도가 가장 중요하더라도 생산자적 태도를 깡그리 무시할 수도 없다.

결국 자신이 대상에 어떤 태도로 접근하는가 하는 문제가 가장 중요하다. 사실 전문가나 지식인, 지식인이나 시민지성은 일정 수준이 오르면 그 경계선을 명확히 가늠하기 어렵다. 다만 사회적·제도적 장벽이라는 현실적인 관점에서 분류된다.

지금은 엄연히 그와 같은 장벽이 있다. 또 외면할 수 없을 만큼 견고해 보인다. 우리는 전문가나 지식인이 단순히 수비형 저술 태도로 글을 쓴다고 해서 그들을 시민지성이라고 부르지 않는다. 엄밀하게는 글 자체로 그 정체성을 판단해야겠지만, 그러지 않는다. 우리는 대개 그 사람이 일관되고 지속적인 저술 태도를 참작하여 그 정체성을 판단할 수 있다. 이것은 재즈인이 단순히 한두 장의 재즈록 음반을 냈다고 해서 그를 록음악인이라고 부르지 않는 것과 비슷하다. 철학가가 소설 한두 편 썼다고 그를 소설가라고 부르기 애매한 것과도 같다.

다만 양쪽을 지속적으로 병행할 때 이 둘을 각각 다르게 보아줄 수도 있다. 예컨대 한 지식인이 시민지성적 글쓰기에서 영감을 얻어 자기의 기존작업과는 구별되는 저술 놀이를 지속적으로 한다면 이는 다른 범주로 나누어봐야 할 것이다.

사실 지식인이나 전문가의 작업은 지식놀이꾼의 저술 놀이와는 섞이지 않는다. 오히려 저술 놀이는 문학과 겹치는 특성이 있다. 그럼에도 저술 놀이는 문학과 온전히 일치하지는 않는다. 그 이유를 꼽자면 첫째, 지식놀이꾼은 문학가와 달리 '지성의 발현'을 위해 지식을 자주 다룬다. 지식놀이꾼에게는 제한된 정보의 한계를 극복하려는 의지가 있다. 지식을 유희적으로 다루며 전략적으로 그 행간을 뒤집어서 살필 수 있다. 그 노력이 치열할수록 수많은 정보를 선명히 아로새길 수 있다. 지식사회에서 시민지성은 지식놀이꾼으로서 부조리에 저항하고 스스로의 약점을 극복할 수 있다.

둘째, 이때 저술 놀이는 언제든 새로운 규칙을 적용하는 자유로운 저술 방식이다. 아이디어를 소설적으로 형상화하지 못한다고 해서 무력하게 있는 것에 반발하여 이야기 자체를 자기만의 방식으로 구성할 수 있다.[93]

다만 시민의 짧은 발상은 대개 즉흥적이다. 그들은 문학적인 문장을 쓰지 못하고 서사를 제대로 구성하지 못한다. 그들의 단상은 아무런 가치를 지니지 못할 때가 많다. 온전히 소설적 상상도 아니고 인문학적 상상도 아니라면 이 어정쩡한 상상은 무의미한 것일까? 그들은 자기의 상상을 정통적인 양식에 맞게끔 정밀하게 가공하지 못한다. 그렇다면 이것들을 그대로 버려야 하는 걸까? 누가 '그것이 새로운 가능성을 열어주지 못한다'고 판결한 것일까? 지식놀이꾼은 이러한 제약에서 자유로울 수 있다.

그때 실질적으로 짧은 이야기나 생각을 형상화할 수 있는 또 다른 방식이 있다. 이를 사회적·제도적으로 자연스럽게 인정받을 수 있다면 좋을 것이다. 다행히 지금은 인터넷이라는 민주적 출판의 장이 있다. 그렇다면 이제 지식놀이꾼은 저술 놀이와 같은 방법으로 기존 문단문학과는 다른 재미와 성찰 가능성을 적극 검토해볼 수 있다. 그들은 지식의 시대에 '지식'을 끊임없이 인식할 수 있다. 여전히 파편적이고 정제되지 않는 발상까지도 담아낼 수 있는 민주적인 그릇의 발견은 중요하다. 저술 놀이는 한 예다.

다만 단순히 지식을 나열하는 것이라면 그것은 기존의 메모와 다를 것이 없다. 굳이 저술 놀이라는 표현을 쓸 필요가 없다. 지식놀이꾼은 지식을 자기만의 방법으로 색다르게 다룰 수 있다. 그때 그들은 지식인이나 전문가와 다르고, 문학가나 기자와도 다른 독자적인 정체성을 지닐 수 있다.

하기야 이러한 구분이 무슨 소용이 있을까. 결국 더 나은 저술 문화를 위해 각자의 방식으로 노력할 뿐이다. 따라서 경계 짓기는 무의미할 수 있다. 우리는 그저 '얼마나 좋은 글을 쓸 것인가' 하는 문제만을 고민해야겠다. 글만 책임질 수 있다면 경계 없는 글쓰기는 바람직하다. 장르 간 문법이 충돌하면서 의외의 성과를 낳을 수도 있다. 저자가 각 문법을 그 자체로 받아들여 생각을 더 알맞게 표현할 수도 있다.

미디어수용자와 기록비평가

우리는 미디어의 정보에 둘러싸여 있다. 정보로 성립할 만한 것으로 전문지식부터 현상과 사건 등 다양하게 있다. 사실 수용자 대다수가 미디어에서 많은 정보를 입수한다. 매일 뉴스를 보고 신문을 읽는다. 광고는 또 어떤가. 유행하는 드라마와 개그 유행어를 모르면 대화할 때 소외받기 일쑤다. 인기 아이돌 그룹의 곡 하나쯤은 노래방에서 부를 줄 아는 게 좋다. 이 모든 것을 텔레비전이나 라디오, 최근에는 인터넷에서 안다. 우리는 아주 작은 범위에서만 사건과 인물 등을 경험하고 그것에 관한 정보를 받아들인다. 반면 우리가 경험할 수 없는 수많은 정보가 매순간 미디어에서 쏟아진다. 이러한 미디어 정보는 좋든 나쁘든 실생활에서 매우 중요하게 작용한다. 미디어 정보의 위력에 대한 사례는 너무 많아 일일이 열거하기 힘들다.

예컨대 어떤 이는 이름 없는 상표의 제품을 선뜻 사지 못한다. 특히 먹을거리는 더욱 그렇다. 의학적으로 고기보다는 야채로 구성한 식단이 좋다고 하면 채식 위주의 식사 열풍이 불고, 유전자 식품의 위험성과 유기농의 장점을 부각하는 정보가 각광을 받으면 웰빙 식단이 유행한다. 다른 제품도 마찬가지다. 차의 안전도 검사 결과가 공개되면, 우리는 그것에 신경을 쓸 수밖에 없다. 생명과 직결되는 문제이기 때문이다.

그뿐이 아니다. 미디어가 제공하는 시사정보도 우리의 경제생활이나 사회를 인식하는 데 크게 영향을 끼친다. 어떤 면에서는 전문지식보다 현상을 기술하거나 연구결과에 대한 단순 기사가 더 생생하다. 그러니 정보 내용이 틀릴 때 그것이 생활에서 파급력이 크다면 혼란이 빚어진다. 기자의 실수 하나가 미디어수용자에게 미칠 파장 때문에 그들은 늘 부담을 느낀다.

동시에 그들은 권력을 지닌다. 그들은 '거의 첫 번째' 수용자들이다. 하지만 그것을 오랫동안 파악하는 것이 현실적으로 힘들다. 그렇기 때문에 객관성을 획득하는 건 그만큼 힘들다. 심지어 의도적으로 객관성을 포기하는 무책임한 기자들도 있다. 소속 매체의 힘이 클수록 보도의 파급력도 커진다. 때때로 이런 권력을 의도적으로 이용한다. 종종 미디어는 현상을 과장 혹은 축소하거나 오보를 낸다. (부분적인) 탈락에서부터 심지어 전체를 보도하지 않기도 한다.

물론 취재 기간, 표현 형식 그리고 지면 등 매체의 한계는 언제나 있다. 이를 극복해나갈수록 좋은 미디어며 언론일 것이다. 우리에겐 언제나 대상을 적실하게 분석하여 내용이 충실한 기사를 읽을 권리가 있다.

인터넷 언론의 경우 지면상의 문제를 극복할 수 있다. 다만 현실적으로 기존 언론에 비해 자금이 적어 기자의 취재활동을 충분히 지원할 수 없거나 독자의 습관을 고려하고 기사를 파격적으로 늘리기는 어렵다. 게다가 사회 담론을 심층적으로 분석하는 전문학술지나 시사지는 고전을 면치 못한다.[94] 한국의 경우, 기자의 역량뿐 아니라 취재 관행 등 현실적인 문제 때문에 르포 문학이 제대로 정착하지 못하고 있다.

하지만 이런 한계 말고 정보 자체를 왜곡하거나 아예 탈락시키면 심각한 문제가 생길 수 있다. 왜곡은 기자의 역량 때문에 본의 아니게 생기거나 사주나 광고주들의 외압 탓에 발생한다. 탈락의 경우엔, 중요치 않은 기사를 편집자 권한으로 싣지 않는다. 그나마 정상적이다.

다만 중요한 기사인데도 보도하지 않는다면 문제가 심각하다. 취재 받는 사람과의 약속을 지키기 위해 보도하지 않는 경우도 있지만, 심각한 사건일수록 국민의 알 권리와 충돌한다. 더구나 언론사나 광고주, 혹은 정부 차원의 압력이 있다면 더더욱 문제가 심각해진다. 왜곡 보도는 끊임없이 관찰하고 미디어 전문가들의 비평을 참조하여 '어느 정도' 극복할 수 있다. 더구나 인터넷이 발달하면서 우리는 쉽게 실제 목격자들의 말을 접할 수 있다. 미디어에서 아무리 거짓말을 하더라도 금세 들통 난다. 기자들은 더욱 긴장할 수밖에 없다.

그런데 '보도하지 않은' 정보는 어떻게 판단해야 할까. 대상이 없으니 사실 자체를 인지하기 어렵다. 물론 5-1장에서도 말했듯이 요즘에는 정보 자체를 차단하는 것은 사실 불가능하다고까지 말해야겠다. 독재자가 모든 전파를 차단하는 강력한 조치를 취하지 않는다면, 누가 언제 어디서 휴대폰으로 역사적 현장을 찍어서 마이크로 블로그에 담아둘지 아무도 모른다.

예를 들어 2008년 12월 31일 보신각종에서 집회가 있었다. 그리고 다음날 누군가가 휴대폰 카메라로 집회현장을 찍은 동영상을 개인 블로그에 게재했다. 수분간의 행적이 생생하게 담겨 있었다. 기록 수단의 보편화는 놀라운 사례를 만들어낸다. 시민기자라는 의식도 필요치 않다. 그저 잠깐이면 된다. 간단하게 휴대폰만 조작해서 찍고 싶은 장면을 찍을 수 있다. 그것을 블로그로 전송하는 단추만 누르면 된다. '~카더라' 수준의 수군거림이 아니다. 그냥 다음날 인터넷에서 검색어를 치면 동영상을 감상할 수 있다.

보는 사람의 눈이 많아지고 그들이 손쉽게 기록할 수 있으면서 '보도하지 않는' 의무 방기를 어느 정도는 방지할 수 있다. 인터넷과 간편한 휴대용 기록 장치 덕분이다. 또한 그 덕분에 편집돼서 잘릴 만한 소소한 이야기들을 우리 곁으로 불러들일 수 있다. 우리는 더 많은 개인적 이야기를 인터넷에서 접할 수 있다. 그것은 때때로 무척 따분한 이야기 투성이다. 하지만 간혹 아주 흥미로운 일화를 발견하고 눈물 짓는다. 황당한 사건도 우리의 시선을 사로잡는다. 황당한 정도가 지나쳐 사실 관계를 확인하거나 기사의 주인공이 맹렬히 비난받는 상황이 벌어지기도 한다. 부작용도 있지만, 그 모두가 우리가 예전에는 알기 어려웠던 소소한 정보를 알면서 생긴다. 이것은 전체적으로 볼 때 나쁘지 않다.

그럼에도 우리는 정제되고 믿을 만한 정보가 넘치길 원한다. 전문적으로 미디어업에 종사하는 사람들의 좋은 정보를 기대한다. 나는 인터넷의 천박성을 논할 때 사실관계마저 확인하지 않은 무책임한 보도를 예로 든다. 자극적이고 시선을 끌고자 하는 얄팍함 역시 지적받는다.

그러나 이는 기존 언론이나 방송이라고 해서 특별히 나을 것이 없다. 물론 엄밀하게 그 정보와 일반수용자의 정보를 같은 선상에서 비교할 수는 없다. 그럼에도 훈련받은 사람들의 정보라면 우리는 더 높은 질을 기대한다. 당연히 그래야 한다. 그런데 종종 파워블로거의 글보다도 못한 정보로 언론의 지면이나 방송의 분량을 채운다. 그들 역시 천박하고 무책임한 정보를 양산한다는 지적을 오랫동안 받았다. 이런 일이 반복되면 우리는 일부 언론사나 방송사를 믿을 수 없다. 현직 기자들의 고급한 정보조차 마음 편히 받아들이지 못한다. 그렇다면 나는 누구의 말을 믿고 따라야 하는가?

스스로 미디어비판력을 기르는 편이 현명하다. 아무리 언론이 객관적으로 보도하더라도 결국 주관적 가치가 스며들 수밖에 없다. 어느 관점으로 보든 마찬가지다. 그래서 공명정대한 척 위선을 떠는 태도보다는 차라리 명확하게 자기 관점을 드러내고 기사를 작성하는 편이 좋다.

나는 불편부당함이 허상인지 아닌지 잘 알 수 없다. 다만 객관적이고 중립적인 태도를 지키기가 매우 어렵다는 것은 어렴풋이 안다. 불편부당함 역시 하나의 이루기 힘든 '신념'일지 모른다. 심하게 말하면 그것은 없다. 객관을 표방하더라도 결국 불편부당함을 신념으로 받드는 것에 불과하다. 간주관적이라 해야 할 것이다. 상황을 되도록 적확하고 정당하게 분석하려는 노력은 언론의 기본이 아니라 또 하나의 신념이라 여긴다.[95]

그럼에도 그것을 이루기 위해 그 근처를 맴돌아야 한다고 말할 수 있다. 그래서 어떤 이는 끈질기게 그것을 지향한다. 어떤 이는 솔직하게 자기 주관을 드러내고 그것을 의식하며 사실을 가려내려 애쓴다. 어떤 이는 자신의 의견과 현상의 사실을 뒤범벅해서 기사를 엉망으로 만들어버린다.

그런 상황에서 미디어라고 다를 바 없다. 심지어 그런 정치색이 빠져 있다고 믿었던 인터넷 매체에서 젊은이들은 중심으로 주목할 만한 정치적 활동이 있기도 했다. 안티 조선 운동이나 낙선 운동, 특정 후보를 지지하는 모임과 특정 기업 상품 불매 운동, 심지어 한 후보는 휴대폰과 인터넷 덕분에 기적처럼 대선에서 당선하기도 했다.

그 사실 관계를 떠나서 인터넷에서마저도 가치가 개입하기 마련이다. 오히려 네티즌은 적극적으로 자신의 의사를 표현하고 무수히 다양한 가치가 도드라져 있는 그대로 뒤섞여 있다.

여기서 정보원의 신뢰도만 믿고 있을 수만은 없다. 그것은 정보를 평가하는 마지막 참고사항일 뿐이다. 언제나 각자의 기준 하에 합리적으로 판단하고 유보하는 자세를 지닐 필요가 있다. 따라서 우리는 '기자가 과연 객관적이고 공명정대하게 정보를 다루는가'를 의심하고 이를 적극적으로 비판해야 한다.

그래서 미디어비판 교육은 중요하다. 나는 이미 시민지성이 기록비평가의 정체성을 지닐 수 있다고 언급했다. 그들은 특정 논의를 시작할 때 그 근거 자료를 명확하게 파악하고 비판하여 어디서부터 말해야 할지를 가늠해야 한다. 그 기록은 전문지식일 수도 있고 미디어의 기사일 수도 있다.

더구나 미디어 정보는 그 어떤 정보와 비교할 수 없을 정도로 우리 실생활에 직간접적으로 영향을 끼친다. 시민지성은 미디어 정보를 붙들고 늘어지다가 문득 자기의 정체성을 성찰할 수 있다. 기록비평가. 그 위상을 파헤치다보면 결국 정치적·경제적 관계 등 시사적인 의미를 들출 수밖에 없다. 또한 '지성'으로서, 한 사람의 '시민'으로서 사회에 정의를 요구할 수 있다. 이때 우리는 많은 경우 기사를 보고 생각을 개진한다.

그런데 왜곡된 사실이나 언론사의 가치에 영향을 받아 출발선을 잘못 정하면 애초에 논의는 엉뚱한 곳을 헤맬 가능성이 높다. 예컨대 사람이 사망 사건에 대해 죽음의 사실을 모르고 있을 때와 1명이 죽은 것과 11명이 죽은 것을 알 때는 분명 무게가 다르다. 당연히 우리는 미디어의 정보를 보고는 가장 기초적인 비판 작업을 해야 한다. 이때 시민지성은 기사 자체나 기사에 담긴 사건에 대한 수비형 저술 태도를 취하는 셈이다.

시민지성은 하나의 기사에 대해 참과 거짓, (객관적) 사실과 (주관적) 의견, 열림과 닫힘이라는 세 가지 관점을 대표적으로 검토할 수 있다. 여기서 우선 기사가 참인지 거짓인지부터 파악할 수 있다. 가장 치명적이며 명징한 왜곡으로 사실 관계를 완전히 거스르고 있는지 알아봐야 한다. 이는 집이나 회사에서 컴퓨터로 검색해서 기사를 읽는 정보수용자로서는 쉽지 않다.

다만 같은 사건을 다루는 여러 기사를 살펴서 '어느 정도' 사실 여부를 가늠해볼 수 있다. 기사가 실린 언론사가 어떤 곳인지, 외신은 어떻게 반응하는지도 중요하게 검토해볼 수 있다. 간혹 일부 기자들은 간단한 사실 확인 절차조차 밟지 않고 인터넷 기사를 바탕에 두고 기사를 작성하기도 한다. 씁쓸하게도 이는 네티즌의 정보 유포 방식과 별 다르지 않다. 그 짧은 기사 내용을 구성하는 데 몇 가지 기사를 적당히 짜깁기한다. 어찌 보면 시민지성의 탁월한 편집가보다 못 할 때가 있다. 미네르바는 전문가도 잘 수집하지 못하는 고급정보를 해외 사이트에서 퍼와 소개했다질 않는가.

그러나 종종 해외 언론에서 오보를 하면 우리나라의 언론사들에서도 오보가 난다.[96] 한국 내에서 일어난 사건이라고 크게 다르지 않다. 한 언론이 오보하면 몇 분 간격을 두고 인터넷에 올라온 모든 기사가 오보다.[97] 그저 우연의 일치라고 해두자.

사실 기록비평을 할 때 이것에 대한 사실 여부를 판단하는 것이 조심스럽다. 그래도 꾸준히 관찰하며 연달아 올라오는 기사를 한나절만 지켜보면 전혀 불가능한 일도 아니다. 물론 시민기자로서 직접 발로 뛸 수 있다면 그게 가장 좋다. 그러나 기록비평가일 때는 다르다. 현실적으로 그들은 기록만을 수용한다. 결국 스스로를 잘 인식하고 정보 생산과 유통을 관찰하는 버릇을 길들여야겠다. 우리는 어차피 정보수용자로서 기록비평가일 때가 가장 많다.

물론 이런 유의 성실하지 않은 보도라면 그것이 오보인지 아닌지는 금세 알 수 있다. 그런데 권력을 지닌 기관에서 의식적으로 진실을 은폐하려 할 때는 사실 관계를 정확히 파악할 수 없다. 이때는 의식 있는 기자나 전문가의 의견을 참고하여 결론짓기를 유보하고 지속적으로 사건을 주시하는 수밖에 없다. 때때로 확실하게 태도를 정립하고 어떻게 행동할지 선택할 수도 있다. 이는 기록비평의 한계를 인식하고 넘어서려는 적극적 행위라고 해두자.

둘째, 정보에서 (객관적) 사실과 (주관적) 의견을 가려내야 할 것이다. 우리는 제목 하나나 간단한 수식어, 혹은 사진과 편집된 기사 크기와 게재 순서 등 무수히 많은 점에서 언론사의 숨은 가치관을 발견해낸다. 미디어기호학에서는 이러한 것들을 집요하게 물고 늘어져서 숨겨진 태도를 들추어내려 한다.

앞서 언급했듯 불편부당하고 공명정대하지 못할 바에는 자기 태도를 확실히 드러내고 글을 쓰는 게 낫다.[98] 훈련 받지 않은 독자들은 부지불식간에 영향을 받는다. 상대가 의견을 주장한다고 느끼면 이를 반박하거나 가려듣지만, 그것을 미처 간파하지 못하면 자연스럽게 수용하고 만다. 드라마나 영화, 개그 프로그램에서 보이는 무수한 사회적 편견을 우리는 매일 학습한다. 때때로 한 시위의 참여자가 나중에 폭도로 규정되어 억울할 수도 있다. 또 머리를 얻어맞고 화가 나서 반격하는 과정만이 사진에 찍혀 마치 가해자처럼 되어버리는 사람도 있겠다. 이러한 가치는 교묘하게 기사에 주입되어 있다.

특히 훈련받지 않은 시민기자들은 격앙되고 설익은 주장을 사실과 혼동하여 쓰는 경우가 많다. 그런가하면 설문조사나 관계자의 말을 인용하여 제멋대로 해석하기도 한다. 독자를 노골적으로 설득하기도 한다.

사실과 의견을 완전히 구분하기란 쉽지 않다. 다만 사실과 의견 사이에 경계선을 긋고 '되도록' 명확히 그 흐름을 인식하는 편이 좋다. 이때 사실 자체를 비평하면서 기자나 언론사의 의견과 가치에 대해서도 어떤 태도를 취할 수 있다. 나는 전문지식이나 현상 자체를 감각하여 비판하기보다는 오히려 미디어 비판 작업을 훨씬 자주 한다. 이 단계는 단순히 기사의 오보 여부를 아는 것보다 까다롭다.

셋째, 기사를 열림과 닫힘의 관점에서 볼 수 있다. 하나의 기사에서 사실 여부를 파악하고 그것을 상당히 객관적으로 기술했다고 본다면 일단 그 기사는 좋다. 하지만 그 기사가 다른 사건을 파급할 만큼 열려 있다면 그것까지 검토해야 한다. 이것은 기록비평가의 몫이다. 예컨대 살인사건이 나서 1명이 죽었다고 하자. 이 사건은 대체로 그것으로 끝이다. 그런데 주변에 연달아 비슷한 사건이 간헐적으로 기사에 실렸다면 그 사건들의 연계 가능성을 검토해볼 수 있다. 이것은 형사의 몫이다. 형사의 입장에서 이 기사들의 모음은 의미가 생길 수도 있다. 암호 같은 기사의 행간이 형사의 눈에서 열린다. 기록비평가로서 시민지성은 이 가능성을 염두에 둘 수 있다. 시사적인 문제는 어떨까. 오히려 이 때문에 열림과 닫힘의 관점은 가장 중요하다. 예컨대 사이버모욕죄를 두고 말이 많이 오갔다. 한쪽은 단순히 인터넷의 폐해를 지적하며 개인의 사생활과 인격을 보호하기 위한 주장을 한다. 반대 측에서는 사이버모욕죄의 오남용 가능성을 제기하며 표현의 자유를 제한하는 나쁜 결과를 초래할 수 있다고 경고한다. 기자들은 이런 논쟁을 되도록 객관적으로 기술하여 소개할 수 있다. 또는 일정 부분 그것에 대해 자기 입장을 곁들일 수도 있다. 여기에서 기록비평가는 좀 더 적극적으로 추론하고 심지어 비판적 상상까지 할 수 있다. 소설가는 미래의 극한적 경우를 설정하고 사이버모욕죄가 어떤 악기능을 할지에 대해 서사를 구성할 수도 있다. 이때 이것을 비판하는 사람들에게 사이버모욕죄에 관한 기사는 열려 있다.

　흔히 사실 관계만을 보자는 측은 사회를 변화시킬 수 있는 힘을 지닌 자일 때가 많다. 사실을 정확히 기술하는 태도는 좋은 덕목이다. 그럼에도 만일의 경우 우려했던 일이 미래에 벌어지면 회복하는 데

오랜 시간이 걸릴 것이다. 그것을 예방하는 차원에서 많은 비판적 지식인과 기록비평가들은 기록을 열어놓고 무수한 가능성을 예상한다. 그것은 분명 의견이요 일어나지 않을 수도 있는 미래에 대한 상상이다. 사회를 변화시킬 힘이 개입하지 않는다는 확신이 있다면, 굳이 사이버모욕죄에 대한 기사를 열어두지 않아도 된다. 그러나 그것이 확실치 않다. 결국 변화에 끌려가는 입장에서는 적극적으로 주관적인 의견을 개진해야 한다. '실제로는 일어나지 않을 수도 있지만 여러 정황상 일어나지 말라는 법도 없는' 미래를 비판적으로 추론하고 상상하여 힘의 개입 가능성까지도 검토해야 할 것이다. 이것이 적극적 대응이다. 이러한 능력을 더 첨예하게 갈고 닦을 때 수비형 글쓰기가 수세적이지 않을 수 있다.

이러한 세 가지 관점에서 기사는 다양한 의미를 띤다. 사실 과거에는 모든 기사나 신문을 구독할 수 없었다. 그래서 기록비평이 쉽지 않았다. 다행히 지금은 여건이 좋아졌다. 인터넷이 생기면서 언제든 원하는 정보를 수용할 수 있다. 언론사 홈페이지에 손쉽게 접근할 수 있는가 하면, 포털 사이트에만 접속해도 동일한 사건을 다루는 기사를 차례대로 열어 볼 수 있다. 이때 기자와 언론사마다 어떤 태도로 사건에 접근하는지 용이하게 비교할 수 있다. 하이퍼링크 한 번 누를 때마다 다양한 태도와 가치가 담겨있는 정보가 우리에게 드러난다. 그러면 댓글을 달아서 변화를 촉구할 수도 있다. 우리는 자신도 모르게 정보를 나름의 잣대로 비평하여 수용한다. 수용자 자신만의 편집이나 정보 분류 방법을 터득하고 그에 맞게 가공한다.

인터넷의 하이퍼링크는 수용자의 참여를 용이하게 했다. 또 수많은 정보를 수월하게 비교할 수 있도록 해주었다. 간혹 어설픈 선전으로 우리를 속이려 할 때 오히려 정보제공자가 웃음거리가 된다.

정보에 자발적이고 용이하며 방대하게 수용할 수 없던 시대에는 상상하기 힘든 일이다.

수필가와 배우

이제 여기서 시민지성의 한 유형으로 에세이저술가를 생각해볼 수 있다. 시민지성의 저술을 하고, 가장 유력한 저술 형식이 에세이라면 시민지성 대다수가 에세이저술가이다. 이를 다시 기술한다면 동어반복일 것이다. 그래서 여기서는 그 범위를 좁혀 (경)수필가만을 대상으로 했다.

시민지성은 수용자로서 정보, 미디어 그리고 그것을 어떻게 대할지를 넘어서 다양한 성과물을 자기 삶에 어떻게 끌어들여 다룰지를 고민할 수 있다. 지혜의 영역이다. 이를 위해 지식놀이꾼도, 기록비평가도, 시민예술가도 모두 인생학도일 수 있다. 따라서 그들 역시 비판적 상상력이나 예술적 상상력을 발휘하여, 적극적으로 인생과 자기를 표현한다. 심지어 미디어수용자이면서 동시에 기록비평가이거나 시민기자인 이들은 은폐된 권력과 미래의 위험을 아주 사려 깊게 비판할 수 있다. 미래를 말하고 그 가능성 때문에 피해볼 이들에 대해 '학생의 자세로' 조심스럽게 예상해볼 수 있다. 그런 후 그들과 나를 이해하기 위해 상상할 수 있다. 말하자면 시민지성 대다수가 인생학도이기도 하다. 따라서 여기서는 인생학도의 범위를 좁혀 배우적 특성에 대해서만 살펴본다.

그런데 언뜻 보면 수필가와 배우는 어울리지 않는 조합이다. 수필가가 자기 경험의 작은 권위자라면 배우는 다른 삶을 배우는 학생이다. 배우는 하나의 가공된 세계를 건설하는 소설가와 다르다. 배우는 한 사람으로 가공된 세계에서 그 삶을 직접 대면한다. 수필가가 인생학의 작은 분과인 자기학의 전문가인데 비해, 배우는 인생학 전반을 공부하는 학생인 셈이다.

수필가는 일상적 에세이 저술가라고 달리 표현할 수 있다. 많은 이들이 이러한 유의 글을 지금도 많이 쓴다. 사실 수필가는 문단 문학 내 변두리에 위치해있다.[99] 그러면서 경수필은 연예인이나 일부 유명인도 심심치 않게 다루는 장르다. '나는 어떻게 성공했다'는 식의 체험담이나 여행을 하면서 적은 단상으로 책을 내 베스트셀러 작가가되는 경우가 종종 있다.[100]

물론 수필 자체의 경계가 모호하기 때문에 어디까지를 수필로 보고 그러지 말아야 할지 잘 모른다. 문단 문학에서 소외되면서 간헐적으로 돋보이는 무형식의 글을 수필 안에 뭉뚱그려 넣기도 한다. (경)수필에는 문학성을 갖춘 문예수필을 비롯하여 일기문·기행문·서간문(書簡文)·감상문·칼럼·전기·자서전·권두언 등 많은 글들이 있다. 그러나 우리는 '문학성을 획득하지 못한' 일반적인 일기를 수필문학이라고 부르지 않는다. 또한 독후감이 비평적 에세이에 가깝다면 일상적 에세이를 뜻하는 (경)수필에 해당하지는 않을 것이다. 사실 비전문성의 영역에 놓인 정제되지 않은 글들은 모두 수필로 포함될 가능성을 지녔다. 우리는 여러 저술가 유형 중 (경)수필가에 가장 근접해 있다.

그래서 오히려 문단 내에서 등단한 사람과 미등단 작가로 구분해서 문학적인 수필과 그렇지 못한 일반 수필로 나누는 편이 손쉽다. 그만큼 자기 경험을 다루는 글은 출판시장에 쏟아진다. 언뜻 봐서는 무엇이 우수한 글인지 판단하기 힘들 정도로 유사한 콘셉트의 수필집이 넘쳐난다. 일부 문학성을 인정받기도 하지만, 대개 시류를 타고 팔리다가 사라진다.

그런데 그 어떤 수필이든 하나 같이 '나'를 중심에 두고 세계를 바라본다. 보통 1인칭으로 자기 경험을 서술한다. 자전적 요소가 강하지만, 반드시 그것에만 국한하지는 않는다. 다양한 경험이나 대상에 대해 주관적인 심상을 자유롭게 표현할 수 있다. 자신의 이야기라는 면에서는 자서전문학이나 자전적 사소설과 유사하다. 그 글의 힘은 솔직한 고백에서 온다고들 한다. 개인의 작은 세계에서 피천득과 같은 훌륭한 수필가는 아름다운 일상을 그려냈다. 온화하고 절제된 듯 보이는 글에서 작가는 어쩐지 안정적인 정서를 지닌다. "글은 곧 인격"이라는 표현이 가장 잘 어울리는 장르인 셈이다.[101] 독자는 부담 없이 수필의 내용을 작가가 겪었다고 여긴다. 한 개인으로서 세계를 진솔하게 해석하고 겸허히 받아들이는 과정에서 독자는 잔잔한 감동을 느낀다. 글 내용에 묻어나는 작가의 지혜에 감탄하거나 그 아픔에 공감한다.

다만 장점은 곧 약점이 되기도 한다. 자신이 너무 잘 드러난다는 것은 그만큼 사생활과 생각을 직설적으로 노출하는 것을 의미한다. 부담스럽다. 지나치게 솔직한 것은 자멸의 덫을 놓는 것일 수도 있다. 그런데 그 수준을 어떻게 정할 것인가. 쉽지 않다.

모 연예인이 자신의 성생활을 파격적으로 드러냈다가 그 이후 많은 우여곡절을 겪었다. 모 교수도 과격할 정도로 솔직하게 성 가치관을 드러내어 도색적이라는 비난을 받았다. 소설가가 그러한 세계를 허구로 그려낼 경우 그 내용을 비판할 수는 있다. 다만 그것을 그가 겪었을지는 확신할 수 없다. 마지막 보호막이다.

반면 수필가들은 모험을 하기 힘들다. 독자의 수용 범위를 넘어서는 이야기에 대해서는 한 번 더 생각하기 마련이다. 수필 하면 교술적, 교훈적이라는 고정관념이 떠오르는 것도 이와 무관하지 않다. 인생을 달관하거나 도가 튼 듯한 어른이 인생이란 이러이러하며 나는 아주 행복하게 살고 있다고 말하는 내용이 너무 많아, 수필 읽기가 지겹다. 아픔을 말할 때도 그 인간적인 고통이 적나라하지 않다. 결국 이러한 안정성은 중산층의 정서를 대변하는 데만 그치곤 한다.[102] 기초화장 정도는 하고 사람들 앞에 서는 느낌이랄까. 혹자는 과도한 자기고백은 자멸이라며 좋은 덕목이 아니라고 한다. 모르겠다. 그것이 원칙이라면 결국 일정 부분은 침묵하는 것이 좋은 글쓰기 아닌가. 그렇다면 솔직함이라는 덕목을 거론할 필요는 없다. 그것은 지혜로운 처세라고까지는 인정하겠지만 수필의 원칙적인 덕목일 수는 없다. 즉 제한된 솔직함은 수필가의 한계를 말해줄 뿐이다. 수필가가 1인칭의 고백문학을 하는 사람이라면 당연히 완벽히 솔직한 것을 원칙으로 한다. 물론 그것은 솔직함이 진정한 의미로서 작용한다고 전제할 때 그렇다.

여기서 나는 두 가지 점을 고민할 수 있다. 그 두 가지란 '옳지 않아 보이는 것을 말할 자유'와 '솔직함의 허위의식'이다. 먼저 '옳지 않아 보이는 것을 말할 자유'를 살피면, 많은 경우 옳고 그름은 시대에 따라 변한다.[103] 절대적인 진리도 있겠지만 대개 가치가 개입된 문제에 대해 우리는 손쉽게 옳고 그름을 따진다. 그리고 변방의 가치를 배제하거나 억압한다. 문화의 다양성이라는 덕목을 중심에 놓을 때 이는 바람직하지 않을 때가 많다. 수필가가 이에 대해 질문을 던지지 못할 때 결국 수필은 근원적인 한계를 지닌 장르에서 벗어나지 못할 것이다. 수필가가 스스로 모험적인 시각, 도발적이고 때때로 사회적으로 옳지 않아 보이는 의견을 개진하는 데까지 이르지 못하면, '심심한' 수필만이 넘칠 것이다.

반면 소설가나 지식놀이꾼은 저자 스스로 내용에서 살짝 거리를 두면서 내용을 전개할 수 있다. 더 과격한 내용과 가치를 담더라도 부담감이 덜하다. 자신은 관찰자로만 머무를 수도 있다. 독자 역시 그것을 작가의 진짜 경험이나 생각이라 여기지 않는다.

다만 소설과 같은 허구를 다루는 장르에도 '독서착각'은 어느 정도 있다. 예컨대 한 소설가가 1인칭인 사소설을 쓸 때 독자는 저자의 경험과 작품 내용 간에 직접적인 관계가 있을 것이라 심증을 갖곤 한다. 내용과 실제 작가의 경험이 많은 부분에서 달라도 결정적인 몇 가지가 작가의 경험과 일치하면 그 전체를 작가가 경험한 것으로 착각해버리기도 한다. 독서착각이다. 이는 자연스러운 현상이다.

그렇다면 수필가라면 어떻겠는가. 수필이라는 장르의 특성상 독자는 부담 없이 저자와 내용에 개진된 경험을 일치시킨다. 그렇게 단정해도 독자 스스로 순진하다고 부끄러워할 필요가 없다. 애초에 수필은 그것을 약속한 장르다. 수필가는 자기경험을 내용으로 담는다. 독자는 흔히 자전적 요소가 많이 담긴 작품을 읽을 때 그 저자의 경험과 대응방식에서 그 사람의 됨됨이를 짐작해버리기도 한다.

이러한 독서착각 때문에 저술가는 부담스럽다. 더구나 수필의 경우 그것을 독서착각이라 치부할 수도 없다. 결국 수필가는 자기 글뿐 아니라 자기 삶을 책임지고 글을 써야 한다. 그 때문에 대개 안정적이고 보편적인 가치나 사고 수준에 머무르는 진술을 하고 만다. 이를 극복할 수 있는 방법은 없을까?

둘째, 이때 '솔직함의 허위의식'에 대해 검토해볼 수 있다. 사실 우리는 엄밀하게 솔직하기 힘들다. 우리의 감각은 늘 현상과 진실을 왜곡하려는 기질을 갖고 있다. 남의 시선도 무시할 수 없다. 이 점을 아무리 주의하더라도, 나는 과거 내게 있던 일조차 완벽히 객관적으로 재구성할 수 없다. 우리는 사실 우리가 기억하고 싶은 대로 적당히 편집하여 기억한다.

이에 대해 수필가의 자세를 지닐 때 세 가지 정도의 태도로 접근할 수 있다.

① 솔직한 태도를 고수할 수 있다. 아무리 객관적으로 엄밀하게 솔직하지 못하다고 해서 수필의 정체성인 진실성을 망각할 수 없다고 여길 수 있다. 솔직할 때 비로소 수필의 진정성이 생긴다고 말해볼 수도 있겠다. 이 태도를 고수할 때는 사실을 바탕에 두고 완벽하게 재구성하려는 시도가 가장 핵심적이다. 이 경우에는 기존 수필가처럼 되도록 사실대로 자기와 세계를 말하기 위해 노력하면 되겠다.

② 솔직함의 허위의식을 일정부분 받아들일 수도 있다. 이때 진실과 사실이 완벽히 일치하지 않을 수 있다. 우리가 믿는 진실이란 과장된 것이다. 거의 언제나 '조금씩' 왜곡될 수밖에 없다. 솔직하기 위해 치열했다면 사실이 약간 틀어진다고 해서 진실을 함부로 왜곡한 것이라 볼 수 없다. 오히려 진실로 나아가는 과정으로 받아들여야겠다. 어차피 기억은 언제나 불완전하다. 또한 사람 역시 자기 위주로 세계를 해석한다. 사실을 올곧게 구성하려는 시도 자체가 부질없을지 모

른다. 오히려 사실의 본질을 놓치지 않은 채 극적인 연출을 했을 때 진실에 가까워질 수도 있다. 여기서 진정성은 자기에 대해 끊임없이 인식하려는 과정에서 생긴다. 단, 글에 담긴 내용이 수필가의 진실한 모습인지 알기 힘들다. 그렇다면 수필 속의 나는 도대체 어디 있을까?

이를 알기 위해 수필가는 그저 노력할 뿐이다. 이때 그들은 전통적인 수필가의 자세를 취한다기보다는, 자기를 연기하는 배우가 된다. 사실 배우는 인터뷰를 할 때는 공적 자기가 드러난다. 다큐멘터리에서도 그렇다. 다른 캐릭터를 연기할 때도 자기는 일정 부분 드러나기 마련이다. 그러므로 그들이 반드시 남을 연기하는 것은 아니다.

수필가가 자신을 연기하는 배우가 되면 자기 속성이나 경험을 더 선명하고 적극적으로 드러낼 수 있다. 그것은 실제로 있을 수도 있지만 인간의 보편적인 속성을 자기를 통해 극화하는 것일 수도 있다. 예컨대 어떤 한 수필가가 인간의 악마성을 자기를 통해 보일 수 있다. 이때 수필가는 '수세적으로 자기를 보호하기 위한 연기'를 할 수도 있고, '솔직함의 허위의식을 적극적으로 인정하고 옳지 않아 보이는 것까지 말해 진실을 확장하려는 연기'를 할 수도 있다. 물론 이 경우에도 독자가 관례적으로 수필가와 수필 내용의 관계를 밀착시킬 수 있다. 그것이 부담스럽다면 문학적 농담의 영역으로 넘어가야 할 것이다.

③ 여기서 셋째, 적극적으로 농담하여 수필적 참과 거짓을 고민할

수 있다. 더 적극적으로 주관화하여 '있을 수는 있지만 희박한' 가능성에 대해 문학적 상상력을 발휘하는 것이다. 이때 픽션적 에세이를 활용할 수 있다. 단지 수필이라는 그릇을 빌려 허구를 쓰거나 문학적 농담을 이용하여 솔직함과 거짓에 대해 질문하면서 내용을 구성해볼 수 있다. 배우로 치자면 다른 이를 연기하는 행위가 여기에 해당한다. 배우는 소설가와 달리 세계를 구성하지는 않는다. 대신 다른 인물과 세계 등을 이해하고 자신이 모르는 인물을 통해 세계를 바라본다. 무대의 한 등장인물로서 세상과 대면하고 그것에 반응한다. 배우는 이런 면에서는 소설가가 인물을 이해하는 것을 닮았다. 배우는 그것을 성실하게 연기할 수 있다. 시간이 흐르면 기억은 부분적으로 부식한다. 우리가 매끈하게 기억하는 과거는 기실 부식된 틈을 다른 요소로 메운 것이다. 그 한계를 받아들일 때 수필가는 더 적극적으로 연기할 수 있다. 일종의 자기를 연기하는 배우다. 물론 배우처럼 다른 사람을 연기한다면 그것은 문학적 농담의 영역이다. 혹은 소설의 영역이다.

  이러면 진실과 사실을 중시하는 수필의 정체성이 모호해진다. 단, (경)수필이 지니는 기본적 틀을 유지하면 얘기가 달라진다. 수필의 가장 큰 특징으로 자기 경험과 1인칭의 진술을 들 수 있다. 사실적 경험과 고백이라는 진술 형식도 떠올릴 수 있다. 만일 이를 지키지 않으면 큰 범위의 에세이와 (경)수필을 구별할 수 없다. 소설과 (경)수필도 구별하기 힘들다.

  물론 어떤 방식으로 쓰든 간에 언제나 글을 책임지는 자세가 중요하다. 그때 진정성이 생긴다. 만일 사회적 소수자가 금기시되는 개인의 아픈 경험을 말할 때 그것을 직접적으로 고백하지 않을 수 있다. 살짝 그 솔직함을 비껴가거나 우회하여 진술할 수도 있다. 그렇게라도 할 때 굳게 다문 입들이 조금이나마 더 많이 열릴 것이다.

요컨대 수필가로서 시민지성은 우선 전통적인 수필가의 자세를 지닐 수 있다. 농담의 영역으로 수필을 확장하지 않을 수 있다. 또한 일정 부분 배우의 장점을 수용할 수도 있다. 수필에서 온전히 자기이기 위해 노력할 수도 있지만, 배우로서 인생학도일 수도 있다.

사실 수필가 스스로도 과거의 자신을 객관적으로 묘사하는 게 불가능하다. 그 때문에 수필가는 배우처럼 자기 연기에 몰입할 수 있다. 수필가가 배우처럼 스스로를 인식하고 글을 쓸 때 그 행위는 두 가지로 해석할 수 있다. 우선 그들의 글쓰기는 '잔혹한 진실에 대해서 조금은 비껴가면서도 끝내 말하려는 의지만큼은 포기하지 않는' 차선책이다. 또 '진실과 기억의 불완전성을 인식하고 자기에 대해 연기한다는 것을 솔직하게 인정하는' 최선책일 수 있다. 배우에게도 진정성이 있다. 인간을 이해하고 세계를 받아들이려는 예술가적 면모를 보일 수 있다.

이때 여러 가능성과 미래까지도 검토하여 다양한 일상적 글쓰기가 가능하다. 또한 '옳지 않아 보이는 말'까지도 적극적으로 할 수 있을 가능성이 높아진다. 좀 더 도전적인 자세로 즉물적이고 도발적으로 세계를 해석할 수 있다. 그들의 직관이 예리할수록 경수필의 지평은 확대될 것이다.

물론 수필이든 소설이든 농담이든 그 어떤 혼종적 장르든 저술할 때 지켜야 할 것이 있다고 믿는다. 즉 결코 무너뜨려서는 안 될 가치도 있다. 설령 무너뜨릴 수 있어도 나는 그것을 무너뜨리려 노력할 수 없다. 이때 "옳지 않아 보이는 말을 어디까지 할 수 있는가"를 자주 고민해야 할 것이다.

예컨대 일본의 한 살인용의자가 자신의 여자친구를 토막 살해한 것을 수필로 출간해서 베스트셀러작가가 됐다. 그것을 어떻게 봐야 할 것인가? 자기 내면에 분명히 도사리고 있던 악마성을 배우의 자세로 해석했다고 보고 그 표현의 자유를 인정해야 할까?

물론 어떤 수필가가 적극적으로 농담하여 자기가 경험했던 극한적 상황을 표현할 수 있다. 거기서 인간의 보편적인 악마성을 끌어내어 자신과 독자들에게 반성을 유도해낼 수도 있겠다.

그런데 그게 반성을 유도하려는 목적이 아니라면, 어떻게 해야 할까? 나는 그런 글쓰기까지 받아들이기 어렵다. 그것이 심각한 폭력과 관련된 것이어서 많은 이에게 지대한 영향을 끼친다면 역시 받아들이기 쉽지 않다.

그 어떤 시대에도 폭력성을 옹호하는 가치는 없어야 한다. 그 누구도 사람을 해치라고 종용하기 위해 펜을 들 수 없다.[104] '옳지 않아 보이는 말'을 할 수 있는 자유도 이것을 넘어서면 안 된다.

결국 우리는 수많은 현상이나 전문지식에 대한 정보를 수용하여 일상을 더 낮게 만들려 노력한다. 지혜의 영역이야말로 인간이 가장 성실히 다루어야 한다. 그때 제한된 정보로도 예리하게 현실을 인식하고 모순과 부조리에 저항할 가능성이 높아진다. 공생하려는 데 궁극의 목적을 둔다.

Chapter 6   연대와 실천

6. 연대와 실천

인터넷이 생기면서 우리는 새로운 유형의 시민에게 주목하고 있다. 웹지성·집단지성·다중지성 등 다양한 용어로 불리는 이들이 과연 실재하는지 알 수 없다. 설령 있더라도 그들의 미래를 낙관할 만큼 견고한지 아직은 확신할 수 없다. 어쩌면 우리를 비껴갈 허상에 불과할 수도 있다. 다른 이름으로 불리며 스스로를 의식하지 못할 만큼 미미한 존재로 남을 수도 있다. 결국 그들, 아니, 우리는 끝내 성숙하지 못한 채 '지성'이라 부르기 민망한 수준에 머물 수도 있다.

그럼에도 나는 아주 희박한 가능성이라도 희망적인 미래를 그리며 말했다.[105] 더 나은 상황을 위한 우리의 상상과 의지를 누가 제한할 수 있을까. 그래서 나는 이 모호한 존재들을 시민지성이라고 불렀다. 물론 단순히 용어를 다르게 불러서 색다르고자 한 것은 아니다. '시민'이 붙는 표현이 보편화되어 있다는 점과 다른 용어가 인터넷이나 무리를 강조하는 데 비해, 나는 시민지성이라는 표현에서 독립적이면서 연대의 가능성을 품은 이들을 발견하고자 했다.

우리는 인터넷에서 부지불식간에 무수한 정보를 수용하는 습관을 익힌다. 그 정보란 수용자에게 항상 제한적이다. 그것은 정보 수용자의 바람과 대치한다. 그 한계를 살피고 우리의 복합적이면서 모순적인 처지를 인식할 수 있다. 시민지성이 태어났거나, 태어나고 있거나, 태어날 자리다. 앞서도 언급했듯, 시민지성이란 '이미 만들어진' 존재가 아니라 '언제나 만들어지는' 존재다. 그리고 언제나 불완전한 그 자체로 성장한다.

그들은 자기를 끊임없이 인식하면서 변화하는 자신을 관찰하고 비판한다. 동시에 일상에 밀착할 수 있다. 시민은 세상의 많은 것을 읽을 권리가 있고 의무가 있다. 더 잘 읽기 위해 쓸 수 있다. 그때 그들에게 쓰기란 독창성의 확인이 아니라 연대 흔적을 발굴하는 작업이다. 그래서 그들의 생각이 아무리 독창적이더라도 그 생각의 기원을 찾아서 적어내는 작업이 중요하다. 독자는 수많은 갈래의 인용에서 생각의 흔적을 더듬어내게 할 수 있다.

사실 우리는 단 한 문장의 독창성을 증명하려고 수많은 문헌을 바탕에 둔다. 그 엄밀한 겸허함이 시민지성을 지탱하게 한다. 우리는 그것을 인터넷의 하이퍼링크에서 배울 수 있다. 하나의 짧은 글에도 얼마나 많은 하이퍼링크가 존재하는가를 알 때 나는 종종 역사적 인물들의 뚜렷한 흔적에 경외감을 느낀다. 간단한 문장 하나조차 얼마나 많은 이에게 빚지고 있는지 느낄 때 종종 전율한다. 나는 왜 이토록 독창적일 수 없는가에 절망하기보다는, 늘 누군가의 숭고한 희생 위에 서 있다는 데 감사하고 안도한다. 그래서 늘 완벽하게 원칙적으로 인용할 수 없는 내 능력의 한계를 절감하고 때때로 부끄럽다. 또 그렇기에 인용의 중요성을 더 깊이 인식한다. 만일 디지털 기술의 장점을 모든 출판에 적용할 수 있다면, 하이퍼링크를 활용하여 좀 더 '용이하고 신속하게' 인용할 수 있을 것이다. 수많은 생각의 흔적을 살펴보라고 독자에게 '촉구'할 수 있을 것이다.

물론 나는 모든 문장에 인용을 달 수 없는 현실적이고도 개인적인 한계를 의식한다. 나는 인용문을 가려내기 위해 더욱 치열하게 느낄 수 있었다. 예전에는 나만의 독창적인 세계를 일구려했다면 지금은 '내 생각'과 '내 생각이 아닌 것'을 가려내는 작업에 우선순위를 둔다. 내가 쓸 수 있는 세계는 극히 제한되어 있지만, 내가 읽을 수 있는 세계는 상상하기 힘들 정도로 방대하다.[106]

그러므로 탁월한 시민지성은 독창적인 저술가이기에 앞서 훌륭한 독자다. 말하자면 우리의 세계는 "기록이 기억을 지배한다."[107] 우리가 아무리 개인 경험의 구체성과 우월성을 말하더라도, 개인의 작은 경험이 많은 사람들의 경험과 발견과 관찰의 집적물인 기록보다 넓고 깊지는 않다.

게다가 기록은 현재 우리 실생활에서 아주 강력하게 영향을 준다. 예컨대 우리의 주민등록번호만 생각해봐도 그렇다. 거기에는 얼마나 많은 정보가 담겨 있는가. 또 어떤 이는 가족의 빚을 독촉하는 서류를 받고 돈의 숫자를 셌다고 한다. 천만 원 단위인 줄 알았는데 아무리 세도 '0' 하나가 더 붙어 있었다고 한다. 그때 갑자기 삶의 무게는 10배 이상, 아니 정확히 수치화할 수 없는 부담감이 생긴다. 단 하나의 '0'이라는 숫자 때문에 앞으로 펼쳐질 미래가 엿보였을 것이다. 어쩌면 우리는 어느 날 통장에 찍힌 디지털 기록이 갑자기 사라져버렸을 때 충격을 받아 자살할지도 모른다. 끔찍하다. 그때 기록의 힘은 경험을 지배한다. 기억도 지배한다. 기록이란 그렇다. 역사적 기록이나 여타의 기록 역시 말할 것 없을 정도로 강력한 힘을 지닌다. 미디어 정보는 또 어떤가.

그래서 나는 기록의 행간을 읽어낼 수 있는 안목을 강조했다. 그것은 우리가 일상에서 세계를 적극적으로 상상할 수 있는 유력한 방법이다. 다만 그것은 공허한 말과 생각만이 쓸데없이 많아지는 것일 수 있다. 아무 책임 없고 피해 없이 어떤 사건을 비판하는 행태를 부정적으로 볼 수도 있다. 비판자는 말만 깔끔하게 할 뿐 실질적으로 그 사건과 전혀 관계없다. 그래서 피해 입을 걱정도 할 필요 없다. 과연 그러한 말을 어떻게 받아야 들여야 할까? 아무 관련 없는 사람의 비평은 무책임한 것일까? 그러한 비평이 아무것도 변화시키지 않을 것이라 보고 그 무력함을 질책해야 할까? 반대로 그렇게라도 말해야 하는 것은 아닐까? 그러다보면 뭔가 긍정적인 결론을 도출해내지는 않을까?[108] 명쾌한 답은 없을 것이다.

다만 우리가 집안에 앉아서 아무리 글을 써댄다고 해서 현실에서는 아무런 변화가 일어나지는 않는다. 가난한 자가 처한 현실, 그 밖의 많은 부조리는 해결된 것이 없다.[109] 그런데 우리는 간편하게 도덕적 부채감을 해소한다. 나름 인간적이라 위안하면서 기실 위험에 처한 자를 돕지 않는다. 그가 보기에, 이는 연대를 가장하여 우리도 바람직한 시민이라고 위선적으로 말 '만' 하고 있을 뿐이다. 이 얼마나 값싼 윤리 의식인가! 그렇다. 이것은 진정한 연대가 아닐 것이다.

인터넷의 환경은 희미한 연대에 기초한다. 이것을 연대라 부르기도 어렵다. 우리는 서로를 "알면서도 모르기도 하고, 모르면서도 안다." 어떤 블로그에 자주 방문하여 그의 행적을 안다고 할 수도 있으면서, 정작 그를 직접적으로 알게 되면 책임이 생기므로 모른 척하는 게 편할 때가 있다.

더 좋은 정보를 원하지만 누군가와 알고 지내지 않는다. 하기야 현대사회에서 관계해야 할 사람이 너무 많다. 그것만으로도 차고 넘친다. 그래서 오히려 관계 성립의 욕구는 떨어지고, 관계 자체도 표피적이기 쉽다.

그러나 여러 사람과 교류하다보면 간혹 누군가와 실제로 소통하는 경우도 생긴다. 무수한 사람들이 그 과정을 거쳐 인간관계를 조금 더 확장한다. 그런가하면 인터넷 동호회에 가입하여 삶의 반경을 적극적으로 넓힌다. 실제로 인터넷을 잘 활용하는 사람들이 인간관계와 사회참여가 넓다는 연구결과도 있다.[110] 인터넷에 매몰되면 주위와 단절이 될 것이란 예상과는 다른 결과다.

물론 예전이나 지금이나 인간관계는 제한적이다. 다만 절대적인 숫자만을 따지자면 과거보다 지금의 인간관계 빈도가 훨씬 많을 것이다. 억지로 관계를 맺다보면 이웃과 알고 싶다는 욕구가 발생하지 않을 수도 있겠다. 달리 보면 이제 이웃의 개념이 예전과 다르다. 폐쇄적인 공간 내에서 어쩔 수 없이 섞여 살아야 하는 상황에서 얽히는 인간관계와 달리, 자신을 이해해줄 수 있는 사람들을 찾아 나서서 오히려 교류의 범위가 넓어졌다고 볼 수도 있다. 예전에 동성애자들은 주변의 시선이 두려워 자신을 숨겼다. 하지만 이제 인터넷 동호회 모임에서 자기 생각을 털어놓는다.

이때 희미한 연대는 오히려 폐쇄성을 극복하는 새로운 만남을 예비한다. 무수한 부작용에도 더 많은 긍정적인 면이 있다고, 나는 믿는다. 하이퍼링크는 방대한 정보 사이에 우리가 원하는 것이 있으니 마우스를 클릭하여 신속하고 용이하게 '바라는 것을 읽으라고' 촉구한다.

다만 그것만 가지고는 어떤 연대의 책임 같은 것을 느끼기 어렵다. 책임이 없을 때 우리는 간편하게 권리만을 행사하는 버릇에 길들여진다. 그래서 인터넷에는 쓸쓸한 독백과 방백이 널려있고 이것을 훔쳐보는 시선이 있다. 간편하게 사회문제를 개탄하되 독고노인이나 아프리카의 어린이를 위해 마우스 클릭을 하지 않는다.

그러나 그보다 더 많은 사람들이 클릭 한 번에 도움을 필요로 하는 이를 도울 수 있다. 예전에는 단순하게 생각만 하다가 결국 방도를 몰라서 돕지 못했다. 그런데 이제는 비교적 쉽게 도와줄 수 있다. 희미한 연대가 희망적인 의미를 품는 순간이다.

작은 공동체는 평화롭지만 의외로 타인을 배척한다. 한국이 단일민족을 강조하면서 최근 이방인에게 편견을 갖는 것도 이와 같다. 인터넷에서 우리는 그것을 극복하는 법을 간접적으로 배운다. 기록의 행간을 무한대로 읽어낼 수 있다면 그 가능성은 더욱 열릴 것이다. 우리의 작은 경험을 폭발적으로 확장할 수도 있다. 누군가의 불순한 의도를 가려낼 수도 있다. 그래서 잘 읽는 것은 중요하다. 읽고 나면 묻어두지 말고 말해야 한다.

말을 많이 하면 그만큼 실수도 많지만 우리가 무엇을 몰랐고 무엇에 절실하지 않았는지를 알 수 있다. 다른 이와 대화하면서 부족한 점을 채울 수 있다. 나는 시민 저술이 단순히 개인의 독창성을 뽐내는 것이 아니라, 연대의 흔적을 더듬고 자신을 보완하기 위한 것이라 했다. 이는 공론의 체계화·세련화·보편화 과정일 수 있다. 그리고 궁극적으로 변화를 위해서는 쓴다는 행위를 넘어서 구체적으로 행동해야 할 것이다. 이것을 이끌어내기 위해 더 절실하게 '읽는' 법으로 '썼다'. 말을 많이 하여 끊임없이 문제를 인식할수록 그 작은 문제를 변화시키려는 의지가 강해질 수 있다. 읽고 나서 쓰다 보니 더 잘 읽게되고, 그럴수록 읽은 내용이 자신에게 흡착한다. 그때 우리는 그 다음을 고민할 수 있다.

이제까지 우리는 매번 마우스로 인터넷의 하이퍼링크를 클릭했다. 그 순간 사이버 길을 따라 어딘가로 통한다. 그 링크는 '신속하고 용이하게' 뭔가를 확인하고 읽으라고 우리에게 '촉구'했다. 그런데 행동을 고민할 때 하이퍼링크는 우리에게 이렇게 '촉구'할 것이다.

"너 자신을 클릭해서 조금은 느리고 조금은 번거롭더라도 몸으로 참여하라."

우리는 매일 인터넷 속에서 소극적 촉구부터 적극적 촉구, 연대의 촉구와 실천의 촉구 등 수많은 관점에서 분류할 수 있는 '링크의 촉구'를 받는다.

요컨대 하이퍼링크는 다음 세 차원에 따라 의미가 달라진다. 첫째, 쓰기의 차원에서는 좀 더 용이하게 주석의 출처를 파악하고 인용구문을 원문에서 확인하기 위한 유력한 수단이다. 둘째, 읽기의 차원에서는 수없이 갈래져 연결된 세상의 망을 더듬는 고리다. 그 연결의 모양새를 파악하게 해주는 수단이며, 개인의 범속한 경험을 확장하여 입체적으로 세상을 읽게끔 도와주는 도구다. 셋째, 행동의 차원에서는 상대가 실질적이고 구체적인 조치를 취하게끔 하는 촉매제다. 좀 더 신속하고 효과적으로 세상의 변화를 이끌어내려는 작은 표지판일 수 있다.

우리는 매일 인터넷에서 하이퍼링크의 속성을 배운다. 그것을 더 절실하게 읽어낼수록 링크의 속삭임은 더 크게 들릴 것이다.

물론 이것은 나의 비판적 상상에 불과할 수도 있다. 또한 나는 뭔가를 구체적으로 행동하는 실천가가 될 만큼 적극적이지도 않다. 나는 그저 평범한 시민이다. 한 명의 저술가로 살아가고자 하는 돈 없는 무명의 젊은이다. 특별한 지위를 부여받은 적도 없다. 사랑에 울고 웃으며 때때로 소소한 일로 친구들과 싸우기도 한다. 말해놓고 늘 후회하고, 후회를 하면서도 그 다음날에도 말하는 사람이다. 기억력이 형편없다고 해두자.

게다가 나는 좌파도 우파도 잘 모른다. 전혀 정치와는 무관하게 말을 즐긴다. 어떤 날에는 누군가에게서 좌파라고 비난받고 어떤 날에는 우파라고 판결 받는다. 회색이라며 박쥐라고 공격했던 이도 있었다. 그런가하면 정치 문제로 논쟁하다가 연락이 끊긴 이도 있다. 지금도 내 생각이 변칙이라고 비난하는 이들도 있다. 나는 잘 모르겠다. 다만 이 날카로운 말다툼에는 과거의 상처와 현재의 불신이 스며있다고 느꼈다. 그래서 그들은 자꾸 내가 어느 뚜렷한 한 범주 안에 서 있길 원했다.

하지만 나는 그 범주보다는 모든 영역에 존재하는 수용자 자체가 매력적으로 보였다. 어느 쪽에 있든 그들은 정보를 투박하게 받아들인다. 그것을 근거로 대며 함부로 남을 재단하기도 한다. 그러면 누군가가 다친다. 그것은 긍정적인 연대를 예비할 수 있는 자세는 아니다.

물론 나는 긍정적인 연대를 위한 정답을 모른다. 어떤 신념과 체계와 사회가 이상적인지도 잘 모른다. 이상에 이를 수 있을지도 역시 잘 모른다. 그저 나는 그들, 아니 우리 스스로 서는 일에 집중한다. 우리 스스로 서는 일 역시 급박한 사회문제를 해결하는 것과 병행해야 한다. 그래서 나는 정보생산자와 정보수용자의 관점에서만 이 글을 구성했다.

대신 내가 다른 지점에서 노력한다. 일단 대다수의 사람들이 쉽게 속지 않고 스스로를 믿고 판단할 수 있을지가 궁금하다. 그저 '시민이 스스로 서는 법'에 대한 구체적인 사례를 만들기 위해 노력하고 싶다. 나 역시 이 사회의 시민으로서 무언가를 말할 수 있다고 믿는다. 적어도 한국 사회가 민주주의 국가라면 그럴 것이다.

물론 지금 한국이 긍정적인 방향으로 나아가고 있다고 믿는다. 설령 그렇지 않더라도 결국엔 그렇게 나아갈 것이라 믿고 싶다. 때때로 수많은 진통을 겪을 것이다. 그리고 마침내 더 좋아질 것이다.

그때 독립적인 시민지성은 긍정적인 의미의 집단지성이 될 수 있는 힘을 지닐 것이다. 그들이 자기 경험의 협소함을 넘어서 세계적으로 연대할 때 세상은 조금씩 변화할 수 있을 것이다. 기록을 상상하던 데서 나아가 '기록을 경험으로 바꾸는' 탁월한 지혜가 증명될 것이다.

그전에 새로운 지성에 대한 관심이 좀 더 정교하게 다듬어져야 할 것이다. 실제로 시민지성이 활발하게 활동하여 자기를 증명할 수 있길 바라며, 미처 생각지도 못한 일들이 흥미롭게 벌어지길 바란다. 인터넷은 그것을 가능하게 한다.

덧글

하이퍼링크를 눌러라

하이퍼링크는 정보를 쉽게 찾아볼 수 있도록 해준다. 나는 정보를 수집하여 블로그에 저장해둔다. 이때 필요한 정보가 있는 곳을 기억하기 위해 그 주소를 메모해둔다. 그리고 필요할 때 그 주소를 복사해서 웹 주소창에 넣는다. 그러면 다시 그곳으로 갈 수 있다. 다만 이마저도 번거로울 때가 있다.

이때 하이퍼링크는 유용하다. 사실 월드 와이드 웹이 개발될 당시 하이퍼텍스트 개념은 중요했다.[111] 각 자료들이 용이하게 연결되지 않으면 자료가 아무리 많다한들 그것을 제대로 이용할 수 없다. 다행히 인터넷은 연결되어 있다. 블로거들은 검색하여 자신이 찾고자 하는 적합한 자료를 얻을 수 있다.

나는 이미 마련된 링크를 따라다니는 것만으로도 불편한 줄 몰랐다. 정보마다 마련된 하이퍼링크만 눌러도 참조할 만한 관련내용이 내 앞에 상세하게 드러나곤 했다. 나는 한곳을 택하면서 거기서 기하급수적으로 늘어난 길을 본다. 마치 '수십 갈래로 갈라지는 끝없는 길' 위에 놓여있는 듯하다. 그 길은 내가 바라는 정보에 점점 적확해지는 방식으로 놓여있는 것은 아니다. 그것은 자료 생산자의 의도에 따라 만들어졌다. 그래서 그 자료를 수용하는 이들에게 링크된 길은 무작위적이고 뚜렷한 목적 없이 놓인 듯하다. 어떤 경우에는 그 길에서 놀랍도록 중요한 자료를 찾을 수 있지만 많은 경우 별 관심 없는 자료가 나타난다. 그러면 나는 쉽게 길을 잃는다.

물론 목적을 지니지 않은 웹서핑에서도 의외의 성과를 얻을 수 있다. 흥미로운 사실을 접하면서 새로운 관심사가 생길 수도 있다. 인터넷에서는 늘 의외성이 있다. 그래서 의도하지 않았던 정보를 집중적으로 수집할 수도 있다. 이처럼 정보를 찾으려는 여행은 즉흥적인 면이 있다. 모든 정보 사이에는 수많은 길이 다양한 방향으로 뻗어 있다. 그러다보니 길을 잘 못 들어 즉흥적으로, 흥미로운 정보를 탐닉할 때도 있다. 엉뚱한 곳을 맴도는 셈이다. 나는 이와 같은 즉흥성을 좋아한다. 결국 원하던 정보를 수집하지 못하고 다른 정보꾸러미를 가득 들고 만다. 마트에 가서 정작 사려는 물품이 아닌 것을 충동 구매한 꼴이다. 그래도 들고 오는 정보가 많을 때 뿌듯했다.

나는 이 자료들을 즉흥적으로 웹서핑하여 얻을 수도 있지만, 계획적으로 검색하여 얻을 수도 있다. 검색을 할 경우, 처음 관심을 두었던 정보를 담아놓은 사이트가 매우 많을 때 그만큼 다음 관심사로 옮겨갈 가능성 역시 급속도로 높아진다. 나는 원하는 자료와 관련된 검색어를 네이버·다음·야후·구글 등 몇 가지 사이트에서 '검색'해보면 된다. 그러면 그것과 유사한 정보들이 쏟아진다. 자신에게 좀 더 맞을 것이라 예상되는 정보부터 그렇지 않은 정보까지 몇 겹의 웹페이지가 제시된다.[112]

물론 검색엔진은 질적인 면을 판단하여 정보를 분류할 수는 없다. 자료에 담긴 단어를 중심으로 분류된 정보들은 때때로 유용하지 않을 수도 있다. 단어 몇 개 들어갔을 뿐 내용이 완전히 다르거나 질이 떨어지는 경우가 제법 있다. 또한 엉뚱하게도 그 가운데도 전혀 다른 내용의 정보로서 유용할 수도 있다.

나는 그 정보들을 스크랩하거나, 복사하여 내 블로그에 갖다 붙인다. 물론 상대는 정보를 함부로 복사하지 못하게끔 방지 설정을 할 수도 있다. 스크랩을 못하게끔 설정할 수도 있다. 링크스크랩 설정을 하여 자기 블로그에 방문해야만 정보를 접할 수 있도록 할 때도 있다.

정보를 정리하는 방식에도 각자 방식이 있다. 그래서 아무리 좋은 자료라도 자기가 원하는 대로 편집할 수 없다면 수집을 포기하기도 한다. 나는 정보를 모두 온전히 복사해서 디지털 파일로 만드는 것을 선호했다. 그렇게 해야 자료를 안정적으로 보관할 수 있었다. 링크로 모아놓은 자료의 경우 그것을 다시 보기 위해 본 출처를 방문했을 때 자료가 이미 사라졌거나 사이트가 폐쇄되었으면 난감하다. 그때 더는 자료를 확인할 수 없게 된다. 언제나 내게는 자료 존폐의 결정권이 없으니 자료가 앞으로도 계속 게재해 있을지 예상할 수 없다. 없어지면 아쉬울 뿐이다. 또는 출처를 잘 못 기록했거나, 잘 기록했더라도 링크 자체에 오류가 났을 수도 있다. 이를테면 '링크가 깨진' 것이다.

만일 중요한 자료라고 판단할 경우, 나는 다시 그 자료를 검색할 것이다. 그러면 유사한 자료가 수없이 쏟아진다. 다행히 같은 자료가 다른 이의 '창고'에 담겨있을 수 있다. 본 출처의 주인이 미처 스크랩이나 복사 방지 설정을 하기 전에 재빠르게 자료를 옮겨놓은 덕분이다. 혹여 그 자료가 검색되지 않더라도 비슷한 자료가 넘친다. 시의성 있는 정보였다면 빠르게 번진 자료들이 똑같은 사진과 문장으로 반복되어 조금은 식상한 느낌을 줄 수도 있다. 내가 원하는 자료는 웹페이지의 뒷부분으로 밀려 인내심을 지닌 검색자들을 기다리고 있을지도 모른다.

이처럼 외로운 독백으로 남았을지도 모를 정보들은 '어쨌든' 연결된다. 그리고 누군가의 반응을 기다린다. 나는 하이퍼링크라는 실마리를 붙잡고 끝말잇기 하듯 웹서핑할 것이다. 그렇게 먼지 쌓인 정보들 중 마음에 드는 자료를 내 블로그에 복제한다. 나는 그것을 내 취향에 맞게 재가공할 것이다. 스크랩할 때 자료를 가공할 수 없도록 설정되어있다면, 어쩔 수 없지만 대개는 가능하다. 내게 불필요한 것을 잘라내고 가장 알맞은 내용만을 남길 수도 있다. 자료 출처를 명기할 수도 있고 그렇지 않을 수도 있다. 링크된 정보를 재가공하는 것이 저작권 윤리 상 바람직하지 않다지만, 많은 네티즌이 정보를 재가공한다. 나는 자료를 비공개 처리를 하는 한이 있더라도 필요하고 적확한 정보만을 남기길 원한다. 그렇게 하더라도 정보가 너무 많다. 내 블로그에 쌓인 하이퍼링크도 마찬가지다. 그런데 내가 다시 링크하여 자료를 참고하는 경우는 그리 많지 않다. 수많은 링크들이 내 블로그에서 기약 없이 잠들어 있는 셈이다.

그 비효율이 싫어 하이퍼링크를 지우더라도 별반 달라질 것은 없다. 만일 사람들이 나의 정보를 흥미롭게 여겼다면 그것을 스크랩하거나 다시 링크할 것이다. 혹은 검색하여 정보의 본 출처를 찾아낼 수도 있다. 그들에게 내 정보는 "(어디로) 가라!"라는 의미를 담고 있다. 정보들은 그 말을 속삭인다.

정보 자체가 완전하다면 그것 하나로 족할 것이다. 그러나 정보는 그 하나로만 모든 것을 해결 가능할 만큼 완전하지 않다. 게다가 다른 정보를 찾을 수 있는 장벽이 낮다. 그 때문에 사람들은 그 정보와 유사한 다른 자료를 참조한다. 그래서 인터넷 시대에는 'Know what'보다는 'Know where'가 중요하다는 말도 한다.[113] 어디에 무엇이 있는지 빠르게 알고 찾아가서 참조할 수 있는 능력이 중요하다는 뜻이다. 그리고 비슷한 정보가 조금씩 다르게 가공된 채 빼곡히 나열된 웹을 볼 때마다 사람들의 소통 욕구를 느낀다. 이 욕구는 결과물 자체만으로는 잘 느낄 수 없다. 다만 매순간 쌓이는 정보, 소요 시간 그리고 조금씩 다르게 만들어진 비슷한 내용의 무수한 자료를 상상할 때 그것에 숨겨진 욕구를 느낀다. 이처럼 욕구는 과정을 끈질기게 탐색할 때라야만 천천히 드러난다.

이 정보들은 하이퍼링크로 연결되어 서로에게 주석처럼 기능한다. 내가 스크랩해온 정보를 가공했을 때, 원 정보는 내 자료의 중요한 주석일 것이다. 관점에 따라 내 정보가 원 정보의 주석일 수도 있고, 또 다른 자료의 주석일 수도 있다. 인터넷의 상호성은 정보들의 주객 관계를 균형감 있게 한다. 수많은 링크에서 어느 것을 먼저 선택하느냐에 따라 관계가 달라질 수 있다. 그 때문에 링크의 중요도를 확정할 수 없다.

클릭 한번이면 정보의 영역을 빠르게 넘나드는 용이성과 신속성 때문에 주객의 의미를 나누는 것 자체가 무의미해진다. 나는 내 블로그보다 다른 블로그에서 더 오랜 시간을 지낼 수 있다. 내 정보보다 더 유용한 정보의 바다에서 지내면서 나는 문득 내 블로그의 손님이 되기도 한다.

따라서 단순히 연결성이라는 의미로만 '링크성'을 표현하자니 부족한 면이 있다. '하이퍼링크적'이라는 의미에는 연결성·신속성·용이성·상호성·메타성·지시성 등등 인터넷을 떠올릴 때 연관될 수 있는 수많은 특성이 함축되어있다. 그래서 인터넷의 장점을 가장 잘 드러내는 특징을 한마디로 말하면 '(하이퍼)링크성'이다. 그만큼 하이퍼링크는 중요한 의미를 띤다. 그리고 인터넷을 사용하는 네티즌의 습관에도 지대한 영향을 끼친다.

정보란 무엇인가

우리는 링크된 출처에서 자료를 본다. 그 자료는 지식으로 구성된
다. 여기서 지식(knowledge)이란 사전적인 의미로 "정신이 어떤 대
상을 아는 작용 및 이 작용에 의하여 알려진 내용"이다. 다시 지식은
세 종류로 나눌 수 있다. 첫째는 데이터(Data)요, 둘째는 상식(common
sense)이며, 셋째가 전문지식(expert[technical] knowledge)이다. 다시 데
이터는 전문성의 관점에서 전문 데이터와 일반 데이터로 나눌 수 있
고, 기록 여부에 따라 기록 데이터와 경험 데이터로 분류할 수 있다.
이런 세분화된 요소가 지식을 구성한다.

물론 지식을 데이터와 다른 요소로 보는 관점이 대세다. 이러한 관
점에 따르면, 지식은 가장 체계적으로 고도화된 정신적 축적물이다.
이때 데이터보다는 체계적이지만 지식보다는 덜 체계적이며 가치가
떨어지는 것이 정보다. 즉,

"데이터 → 정보 → 지식"[114]

의 순서로 표현할 수 있다. 이를 영역의 크기까지 고려해서 그려보
면 다음과 같다.

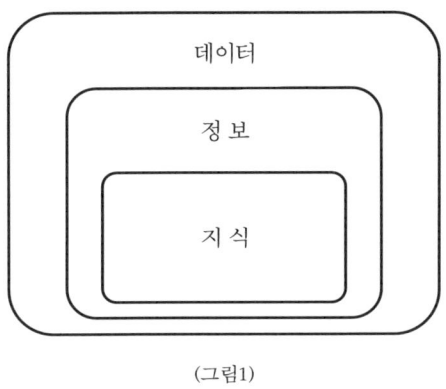

(그림1)

　다만 홍성욱은 이러한 분류에는 "무엇이 데이터를 정보로 만들고, 무엇이 정보를 지식으로 만드는지" 설명하기 힘들다고 언급한다. 그에 따르면 정보를 지식으로 바꾸는 데 지식이 필요하다고 하는 것은 범주의 오류에 가깝다. 지식이라는 상위개념이 생기지도 않았는데 그 전 단계인 정보를 위해 지식을 사용한다는 말 자체가 성립되지 않는다고 본 것이다.[115]

　『그렇다면 정보(Information)란 무엇인가? " '정보'라는 낱말은 주로 컴퓨터와 통신의 관점에서 사용되었지만, 점차 그 사용의 폭과 의미가 넓어져 오늘날에는 경제학적 측면에서 효용가치를 가진 '재화'란 의미로 사용되는 등 매우 다양한 분야에서 널리 사용되기에 이르렀다." 정보는 정보사회라는 말에서도 짐작할 수 있듯이 중요한 화두다. 그러다보니 여러 관점에 따라 매우 다양한 종류로 분류된다.

그럼에도 정보는 '알림'이 본질적인 기능이다. 그렇기에 누군가에게 알릴 내용이 뭔가를 담고 있어야 한다. 정보는 지식보다는 덜 체계적이다.』[116]

한편 피터 드러커는 (그림1)과는 다른 분류 방식을 제시한다.

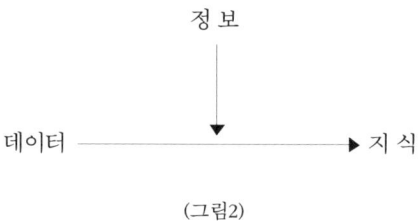

(그림2)

그는 (그림2)와 같이 분류하여, 정보가 데이터를 지식으로 만드는 데 필요한 요소로 본다. 지식의 전 단계로 정보를 보는 것이 아니라, 데이터-지식과는 다른 영역에 놓는다. 그것은 지식과 상호영향을 주고받는다.[117]

또한 드러커는 아마도 정보는 지식의 전 단계의 덜 체계적인 요소이면서, 누군가에게 알리고자 하는 목적을 지닌 집적물이라고 보는 듯하다.[118] 데이터를 보완하여 지식을 만든다는 점에서 정보의 '이동성'을 부각하고 있다.

홍성욱 역시 '정보는 쉽게 이동할 수 있는 성질이 있는 데 반해, 지식은 지식의 소유자와 따로 떼어서는 생각할 수 없다'고 설명한다. 그는 "정보는 혼자서도 시디를 읽으면서 쉽게 습득할 수 있지만, 지식은 사람들 간의 상호작용이 필요하다. 이것이 정보와 지식의 큰 차이"라고 지적한다. 그만큼 지식이 고난도의 지적 수용 과정을 거쳐야 함을 의미한다.[119]

그렇다면 지식은 정보만큼 쉽게 이동할 수 없는 걸까? 하지만 인터넷에서는 고급지식도 쉽게 이동할 수 있다. 수용력을 따지더라도 그 기준은 이제 적확하지 않다. 도대체 어떻게 정보가 지식보다 더 쉽게 이동한다고 할 수 있을까? 솔직히 무엇이 더 쉽게 이동하는 성질을 띠는지 불명확하다. 쓸모없는 정보는 거의 이동이 없는 데 반해, 사회적으로 관심이 쏠리는 분야의 지식은 쉽게 이동한다.

그래서 나는 피터 드러커가 지식과 정보를 다른 층위에 놓은 점에만 주목했다. 그러면 처음에 언급했듯이 지식은 데이터, 상식, 전문지식으로 나눌 수 있다. 다만 앞서 언급했던 '데이터-정보-지식'을 분류하는 기준에서 지식과 정보, 정보와 데이터의 경계를 명확히 짓기 어려웠다. 이는 '데이터-상식-전문지식'으로 나눌 때도 마찬가지다.

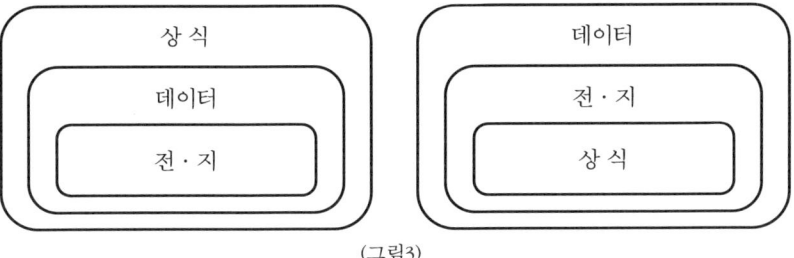

(그림3)

우선 (그림3)에서 상식과 전문지식의 선후관계는 명확히 알기 힘들다. 애초에 상식조차 없던 분야에서 전문지식이 탄생 후 일반적으로 널리 공유하는 상식이 생기기도 하고, 기존의 상식에서 출발하여 전문지식이 탄생하기도 한다. 그런가하면 전문지식이 상식과 별개일 때도 있다. 고도로 전문적인 분야일수록 그렇다.

어쨌든 이 분류에서 정보는 빠진다. 대신 정보는 이 영역의 모든 곳에 존재한다. 즉 데이터도 상식도 전문지식도 정보일 수 있다. 정보는 지식의 유통 과정 자체까지 포함할 때 비로소 발생하기 때문이다. 즉 정보는 '관계'라는 개념을 이미 상정하고 있는 표현이다.[120] 물론 정보가 성립하기 위해서는 그 구성요소로 최소 세 가지가 필요하다.

첫째, 정보를 구성하는 '내용'이다. 데이터든 상식이든 전문지식이든 정보를 채울 내용이 없다면 정보는 무용하다. 형식이 아무리 허술하더라도 수용자가 원하는 내용이 있다면 정보의 첫 번째 요건을 갖춘다.✱

둘째, 정보를 담아서 수용자와 연결할 수 있는 '매체'가 필요하다. 매체의 파급능력이 뛰어날수록 정보는 널리 퍼진다. 그런 면에서 인터넷은 뛰어난 매체며, 현대사회에서 정보를 유통하는 강력한 도구다. 고전적인 매체인 책 등도 두 번째 요건을 충족시킨다. 직접 설교하는 사람 역시 매체일 수 있다. 어쩌면 사람이야말로 가장 원초적인

✱이때 하이퍼링크와 같이 정보를 검색할 수 있는 극히 기능적인 주소조차도 정보로 포함할 수 있다. 나는 그것을 지시정보로 분류한다.

매체다. 그런데 만일 매체 자체가 없다면 정보의 내용을 구성하는 지식을 담을 수 없다. 당연히 수용자에게 아무것도 전달될 수 없다.

셋째, 정보를 수용하는 '주체'가 있어야 한다. 사실 정보라는 개념에서 이를 수용하는 주체는 이미 상정되어 있다. 즉 정보는 뭔가를 '누군가'에게 알리는 것이 본질적인 기능이다. 따라서 수용자가 정보의 내용을 받아들일 때 정보의 유통은 하나의 주기를 완성한다.

여기서 지식을 생산하는 주체가 '정보생산자로서 정보를 성립하는 요건에 들어가야 하는 것 아닌가' 하는 의문이 생길 수 있다. 그만큼 그들은 중요하다. 그럼에도 정보 자체가 성립하는 과정에서 그들이 절대적이지는 아니다. 예컨대 순수한 현상 자체에는 이미 경험 데이터가 있다. 그것 자체가 내용이며 사람은 이를 감각기관으로 인지한다. 그리고 그것에 적절하게 반응한다. 이런 경우 지식을 생산하는 주체는 없다.

대개 지식생산자가 정보생산자로서 기능하지만 지식생산자 없이도 정보가 성립할 수 있다. 그런 점에서 그들은 정보 성립에 있어 최소한의 요소는 아니다. 물론 인위적인 사회 환경이나 인터넷에서는 정보생산자가 정보 유통 과정의 시작점에 있다. 누군가 그들이 올린 자료를 인터넷에서 검색하여 사용한다. 이때 우리는 '정보'를 검색한다고 표현한다.

말하자면 정보는 정보 성립을 위한 요소를 갖춘 유통 과정에서 발생한다. 그리고 그 유통 관계가 끝날 때 정보는 그 기능을 다한다. 이

때 우리가 흔히 정보라고 부르는 구체적인 대상은 정보를 구성하는
내용이다.

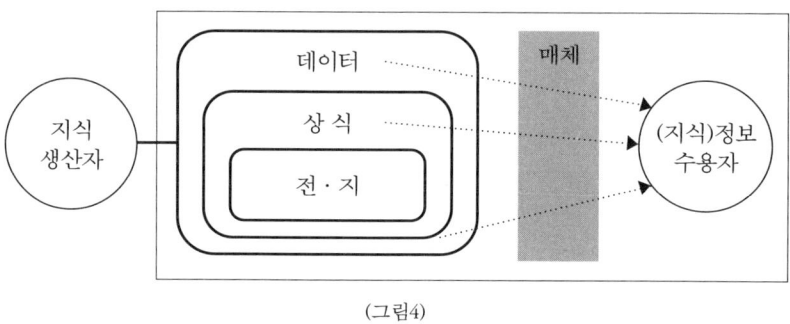

(그림4)

즉 지식은 정보 성립의 요건을 갖출 때 정보로도 불린다. 그리고 정
보로서 기능을 다하고 나면 다시 지식이다. 다만 이를 엄밀하게 나눌
실익이 없다. 대개 이때 지식은 곧 정보요, 정보가 곧 지식이라 해도
무방하다. 그런 면에서 지식수용자라는 표현은 정보수용자라는 개념
과 거의 같다. 사실 수용자는 정보요건이 성립하는 지식만을 수용한
다. 우리에게 '알려지는' 자료는 이미 정보다.

이처럼 정보와 지식에 엄연히 차이가 있지만, 이를 나눌 실익이 없
다. 또 정보는 지식과 전혀 다른 영역에 있지도 않다. 정보는 지식을
포장하는 옷이다. 그런데 한 계절만 입는 옷이다. 계절이 지나면 입지
않을 옷이다. 매순간 정보의 유통이 끝나면, 데이터는 다시 데이터로,
지식은 다시 지식으로 불린다. 이 때문에 정보라는 개념은 불안정하

다.◆

그럼에도 정보라는 낱말은 마치 그것이 반드시 존재해야 할 것처럼 보편화되어있다. 우리는 지금도 정보화 시대, 인터넷 정보, 정보 가치 등 정보라는 표현을 스스럼없이 쓴다. 또한 아직 아무도 읽지 않아 정보 구실을 하지 못하는 인터넷 '자료'에도 스스럼없이 '정보'라는 표현을 붙인다. 엄밀하게는 아직 정보라 할 수 없다. 실제로 누군가 수용할 때야 비로소 자료는 정보로 기능한다. 정보성이 발생한다.

여기서 '정보'라는 표현에는 그 '지식'이 인터넷 '망'을 통해 '네티즌'에게 전달될 것이라는 믿음이 스며있다. 인터넷의 모든 자료에는 "정보로 성립할 가능성이 매우 높다"는 우리의 미래적 희망까지도 섞여든다. 인터넷의 '정보'다.

◆ 정보는 개념상 나타났다가 사라질 수밖에 없다. 불안정하다. 그래서 전문가들은 불안정한 정보라는 용어를 안정적으로 바꾸고자 여러 방면으로 정의한다. 다만 지식 체계 안에 정보를 넣거나, 단순히 데이터와 지식의 매개로서 정보를 이해하려 할 때 정보를 명확하게 정의하기가 쉽지 않다.

정보에는 어떤 유형이 있을까?

인터넷은 수많은 정보를 엮어놓은 그물망이다. 그곳에는 정보가 넘친다. 망에 정보가 상시로 있을 것이라는 믿음 때문에 사람들은 마음 놓고 인터넷에 접속하여 정보를 찾는다. 나는 이 정보들은 두 가지 유형으로 나눈다. 첫째는 지식정보요, 둘째는 지시정보다. 담겨 있는 내용의 특성이나 자료로서 직접적으로 연관내용을 담고 있는지에 따라 나눈 것이다.

이 기준을 따를 때, 우선 지식정보는 지식으로 이루어졌다. 우리 주변에는 수많은 지식이 있다. 그 지식들은 독립적이다. 그것을 내용을 삼아서 정보 요건이 성립할 때 그것은 지식정보다. 그 정보에는 다양한 이론이나 역사적 사실 등이 담겨있을 수 있다. 우리는 그것을 읽고 원래 알고자 했던 바를 충족할 수 있다.

말하자면 지식정보는 지식성을 띤다. 사실 원칙적으로 지식성이 없는 지식이란 없다. 지식이 되는 순간부터 그렇다. 다만 지식성이 낮거나 높은 지식이 존재할 뿐이다. 고도의 전문분야의 지식은 훨씬 체계적이고 수준이 매우 높다. 지식성이 높다. 반대로 일반적인 수준의 지식은 누구나 이해할 수 있다. 어떤 경우에는 지식이라 하기에도 민망하다. 지식성이 낮다. 그런 의미에서 너무도 간단하여 지식성이 매우 낮은 데이터도 지식이다. 예컨대 누군가 비밀일기를 쓸 때 그의 사소한 일상이 담긴 일기도 지식이다.

또한 지식은 누군가가 그것을 수용하는 과정이 없더라도 지식이다. 그래서 누군가 수용한 지식이 정보일 수는 있어도, 정보 그 자체가 지식일 수는 없다. 정보에는 누군가에게 알린다는 요건이 반드시 첨가된다. 반대로 정보로서 기능을 다해도 거기에 담긴 내용은 지식일 수 있다. 아무도 보지 않아도 지식은 지식이다. 혹은 죽은 정보라고 부를 수도 있겠다.

물론 순수하게 지식으로만 남아있는 경우는 매우 드물다. 예컨대 아무리 비밀일기라 하더라도, 일기를 쓴다는 행위는 이미 누군가가 읽을 가능성을 어느 정도 허락한다는 역설적인 의미를 띤다.[121] 다만 비밀일기의 지식은 누군가 읽지 않았을 때 아직은 '정보성'이 발생하지 않았다. 지식은 정보가 되길 갈망한다.

다행히 그것을 가족이 읽는다면 제한적으로 그것은 정보가 된다. 그 순간만큼은 일기도 지식정보가 된다. 더 나아가 누군가 자신의 일기를 책으로 출판한다면 그 일기는 '독자가 볼 것'이라는 미래적 희망까지 적극적으로 상정한다. 불완전하면서 미래를 기다리는 정보다. 그리고 독자가 그것을 사서 읽을 때 비로소 진정한 정보로 기능한다.

반면 온라인에서는 오프라인보다는 엄밀하지 않다. 꼭 출판하지 않더라도 불특정 다수가 내 일기를 읽을 수 있다. 우리는 개인 블로그를 만들고 자연발생적인 단상들을 적어 내려갈 수 있다. 퇴고에 대한 부담을 느끼지 않을 수 있다. 사람들도 그것을 크게 개의치 않고 자료를 읽는다. 해당 블로그에만 접속하면 무료로 얼마든지 개인기록을 감상할 수 있다. 때로는 그것을 스크랩할 수도 있다. 지식정보다. 우리는 이 지식정보를 수용하여 정보에 담긴 내용을 안다.

둘째, 지식정보와 달리 지시정보 자체에는 내용이 없다. 지시정보는 수용자가 원하는 지식의 출처를 알려준다. 예컨대 신문기사 중에 부고기사나 벼룩시장의 구인광고란의 연락처가 지시정보 기능을 한다. 여기서 부고의 내용이나 연락처 자체는 부차적이다. 우리가 단지 누가 죽었고 연락처가 무엇인지 알리기 위해서 그것을 싣는 게 아니다. 진정한 목적은 수용자가 빈소에 올 수 있도록 하기 위한 것이며, 직접 구직자가 전화하기를 바라는 것이다. 그리고 이 목적을 위해 지시정보는 다리 역할만 한다.

물론 지시정보는 완전히 엄밀하게 홀로 기능하기보다는 지식정보와 혼재되어 있는 경우가 많다. 예컨대 장애인 돕기 행사에 대한 기사가 있다고 치자. 기사에서는 행사의 내용을 전할 것이다. 그동안 어떤 일이 있었고, 누가 언제부터 시작했으며, 이것은 사회적으로 어떤 의미가 있는지 분석하는 내용이 담길 수 있다. 그리고 이 행사에 참여하고픈 이들에게 연락처를 남긴다. 설령 연락처를 남기지 않더라도 이 지식정보는 많은 독자를 자극한다. 즉 기사에는 "당신이 선행을 하고 싶다면 여기 방법이 있다. 할 수 있다면 하라!"는 의미마저 띨 수 있다. 지시성이 생긴다. 수많은 광고성 기사들이 여기에 해당한다.

사실 광고성 기사나 광고가 아닌 바에야 실제로 지시성이 없다. 그런데도 그 기사를 독자가 수용할 때 정보의 가능성은 미래로 연장된다. 여백이 없던 지식의 끝에 독자가 적을 만한 빈 공간이 생긴다. 말하자면 지시정보에는 '구체적인 이행을 예비하는' 어조가 숨어있다.

그렇다면 온라인에서는 어떨까? 이곳에서는 오프라인에서보다 더 많은 지시정보가 존재한다. 인터넷 망 덕분에 수용자는 여러 지식들을 웹서핑하여 쉽게 찾을 수 있다. 그들은 사이버 세계에서 수많은 지식정보를 얻는다. 그 정보들은 단순히 어떤 지식을 풀어놓은 것이라면 특별히 지시성을 띠지 않는다.

그런데 만일 어떤 사람이 클래식 음악을 더 알고 싶어서 검색했다고 치자. 그러면 수많은 정보가 검색된다. 그것들은 지시정보인 하이퍼링크로 이루어져있을 것이다. 사람들은 클릭 한 번에 자신이 원하는 정보들을 살펴볼 수 있다. 수용자들은 링크된 지식정보들을 얻는다. 이때 단순히 음악가들에 관한 지식정보에는 지시성이 담겨있지 않다. 단, 정보 게재자가 본문 속 음악가들 이름에 일일이 링크를 걸어두면, 하나의 지식정보에 하이퍼링크로 구성된 수많은 지시정보가 생긴다.

그런가하면 링크를 걸어두지 않은 단순한 지식정보임에도 수용자가 받아들이기에 따라서 지시정보가 되는 경우도 있다. 예컨대 한 수용자가 베토벤에 관한 평론을 보고 감명을 받아서 그 글을 쓴 ㅇㅇㅇ 칼럼니스트의 이름을 강렬하게 인지한다면, 지시성이 발생한다. 만일 그 평론을 보지 못했다면 해당 칼럼니스트의 이름은 단순한 데이터에 불과하겠지만, 베토벤 평론이라는 지식과 연결되면서 이름 자체가 지시정보가 된다. 이때 수용자는 "그 칼럼니스트를 만나보고 싶다"는 바람을 갖게 될 수도 있다.

여기서 우리는 지식정보와 지시정보의 객관적인 성향과 주관적인 가치에 대해서 생각해볼 수 있다. 먼저 객관적인 성향으로 살필 때 지식성, 지시성 그리고 정보성으로 분류할 수 있다. 이 특성들이 존재할 때 지식정보와 지시정보는 성립한다. 여기서 지식은 독립적으로 존재하며, 지시는 관계만을 의미하고, 정보는 관계를 맺는 지식이다. 또한 지식의 경우 보편적인 시각에서 체계적으로 잘 정비될수록 높은 지식성을 띤다. 지시의 경우 깨지지 않은 연결고리를 통해서 적확하고 용이하며 신속하게 해당정보와 연결해주고 수용자가 실제로 연결하게끔 수용자를 설득하는 기능이 강할수록 높은 지시성을 띤다. 그런 면에서 하이퍼링크는 대단히 높은 지시성을 띤다. 정보의 경우엔 정보성립요건을 충족할수록 높은 정보성을 띤다.

하지만 이것만 가지고는 실제 수용자가 체감적으로 그 특성을 느낄 수 없다. 사실 수용자는 자신이 수용하는 범위와 필요로 하는 내용에 따라서 해당 정보를 천차만별로 평가할 수 있다. 주관적인 가치가 개입되기 때문에 그렇다. 즉 객관적인 성향에서 '높다'와 '낮다'의 문제는 생산자나 자료 자체와 관련 있지만, 주관적인 가치로 볼 때 '높다'와 '낮다'의 문제는 수용자의 관점에 따라 결정된다. 또한 가치는 수용자에게 자료가 도달할 때 의미가 있다. 그런 면에서 거의 모든 자료는 정보로서 존재하기 마련이다. 수용자가 자료를 보아야만 가치에 대해 논할 수 있고, 그런 과정을 거쳤다면 이미 정보만이 있을 뿐이다. 말하자면 가치를 논할 때는 지식정보와 지시정보 등 '정보'에 대해서만 고찰해야 한다.

이를 전제에 두고, 만일 베토벤에 대해 일반적인 수준에서 지식을 검색했던 사람이 고도로 전문적인 비평문을 입수한다고 치자. 이때 그에게 그 정보는 적절하지 않다. 말하자면, 그 지식정보 가치는 그에게 국한할 때 낮다. 반면 전문가에게 이 지식정보는 가치 있다.

지시정보의 가치도 마찬가지다. 만일 컴퓨터를 제대로 활용하지 못하는 사람이라면 하이퍼링크가 아무리 지시성이 높다고 하더라도 무용지물이다. 그런가하면 설령 하이퍼링크를 적절히 이용하더라도 일반 독자에게는 지나치게 어려우면서도 상세한 정보를 일차적으로 검색해놓았다면 이 역시 그 수용자에게는 지시정보의 가치가 높다고 말하기 어렵다.

물론 이러한 주관적인 가치만이 있는 것은 아니다. 많은 사람이 합의하여 간주관적이거나 보편적으로 정보의 가치가 성립한다면, 얘기는 달라진다. 사회적인 (혹은 보편적인) 가치는 공적인 의미를 띠므로 자료 자체의 객관적인 성향과 거의 일치한다.[*] 지식생산자가 지닌 보

---

[*] 그래서 인문학에서 객관적인 성향이란 대개 보편적 가치의 다른 표현이다.

편적 가치의 관점이 자료에 스며들기 때문이다.

그때 흔히 말하듯 체계적이고 깊이 있는 지식정보야말로 그 가치가 높고, 고급정보를 적확하고 신속하며 용이하게 연결하여 사람들이 정보를 수용하고 싶을수록 지시정보의 가치가 높다. 수많은 전문가들은 정보라는 개념을 고찰할 때 보편적인 입장에서 정보의 가치를 평가한다.

하지만 일반 네티즌에게는 주관적으로 정보의 가치를 매기는 것이 더 현실적이다. 때로는 고급정보보다는 일반정보가 더 절실하며, 그것을 활용하는 방법이 더 중요할 때도 있다. 사실 우리는 공개된 정보조차 제대로 활용하지 못한다. 일례로 평생을 읽어도 다 읽지도 못할 책들이 동네 도서관마다 쌓여있다. 나는 잘 정리된 검색프로그램으로 이 책들을 검색할 때마다 섬뜩한 위압을 느낀다. 이것만 어느 정도 습득하더라도 상당한 수준에 오를 것이지만, 나는 책 한 권을 읽는 데 빨라야 이틀 걸린다. 그렇다면 일 년에 180권 정도의 책을 읽을 수 있고, 100년 동안 18,000권의 책을 읽을 수 있다.

물론 시민들은 정부가 비공개하는 자료를 폭넓게 열람할 수 있어야 한다. 그와 동시에 현재 개방된 정보를 어떻게 제대로 수용하여 활용할 것인지 더 진지하게 고민해야 한다. 일반인들은 지금 개방되어 있는 지식을 제대로 수용하는 것조차 벅차다. 그들은 그저 산발적으로 정보를 입수하여 소비한다. 때때로 전문가인 양 흉내 낼 수도 있다. 또는 수많은 지식의 존재조차 모른 채 죽음을 맞이할 수도 있다.

그런 사람들에게 'Know-what'이란 본질적인 해결책이 다소 공허하게 들린다. 수용자가 모든 정보에 민주적으로 접근하고 이를 항상 전문가 수준으로 활용하기는 힘들다. 고급지식을 아무리 전달한들 이를 활용할 수가 없다면 무의미하다. 게다가 어느 시대라도 기실 정보 불평등 사회였다. 이것을 완전히 해소하려는 움직임은 분명 의미 있다. 동시에 현실적인 차선책과 구체적인 실천 방식도 고민할 수 있다.

이때 그들에게는 지식을 자신이 처한 상황에서 어떻게 언제쯤 제한된 자료를 적절하게 활용할 수 있는지가 더 중요하다. 제한된 정보를 최대한 지혜롭게 활용하려는 편이 훨씬 현실적이다. 이를 위해 우선 알맞은 지식을 적절한 시기에 찾아낼 수 있어야 한다. 다행히 인터넷의 정보망에는 수많은 지식들이 각자의 위치에서 우리를 기다리고 있다. 'Know-where'다.✎

✎ 'Know-where' 시대는 지시성의 시대다. 그것을 가장 잘 드러내는 것이 하이퍼링크다. (하이퍼)링크는 지식을 수용하도록 방향을 알려주고, 신속하고 용이하게 연결해준다. 또한 독립적인 지식들을 다양하게 결합해주고, 그것을 실질적으로 수용하도록 촉구하는 의미를 담고 있다.

우리사회의 또 다른 이름, 정보사회

요즘 정보사회나 지식사회라는 표현은 매우 흔하다. 두 용어는 조금씩은 다르면서도 상당 부분에서 비슷한 의미를 띤다. 어떤 전문가들은 정보사회로 부르고, 다른 이들은 지식사회라 한다. 보통 정보사회라 부를 때는 정보와 지식의 개념을 뒤섞어 쓰곤 한다.[122]

정보사회에서 정보(Information)는 흔히 '알림을 목적에 둔 지식' 전반을 일컫는다. 그래서 지식 유통에 초점이 있다. 지식이 정보로서 유통하고 수용자는 이를 받아본다. 이때 수용자의 '수용' 과정 역시 중요하다.

반면 지식사회라 부를 때는 보통 지식을 정보보다 깊은 차원의 요소로 파악하는 경우가 많다. 또한 사회가 근원적으로 풍성해지고 튼튼해지기 위해 지식을 중점적으로 고민해야 한다고 여긴다. 그렇게 지식 자체의 질을 끌어올려 정보의 질을 근본적으로 끌어올릴 수 있다고 판단한다. 이때 정보란 주로 지식보다 덜 체계적이다. 또 지식 이전의 요소다. 당연히 지식(Knowledge)에 초점을 맞춘다.

즉 '지식사회'라는 용어를 선호하는 입장에서 '지식'은 근원적이다. 이것은 지식엘리트의 영역이다. 아무리 노력해도 수용자는 그저 지식을 무력하게 수용해야만 한다. 그들이 고도의 지식을 생산해내기에는 현실적으로 힘들다. 이 방식대로라면 결국 지식의 정보화를 해 봤자 기껏 '수동적인' 정보 민주화를 이룰 뿐이다. 지식엘리트의 주도로 이뤄진 성과를 수용자는 그저 받아들인다.[123]

요컨대 정보에 초점을 맞추는가, 지식에 초점을 맞추는가에 따라 우리가 바라는 미래를 다르게 그릴 수 있다.

그렇다면 현대사회에서 어느 표현이 더 적확할까? 유감스럽게도 이에 대해서는 확답할 수 없다. 그럼에도 굳이 선택해야 한다면, 나는 '정보사회'라는 표현을 선호한다. 사실 인터넷의 등장은 정보나 지식의 본질적인 혁명이라기보다는 정보를 유통하는 방식의 혁명을 뜻했다. 정보를 수용자가 놀랍도록 개선된 방식으로 받아들이면서 자본주의적 유통도 확장되었다. 그리고 새로운 변화를 모색할 수 있는 여건도 마련되었다. 이때 혁명적 유통의 핵심이 '정보'다. 유통하는 지식이 정보다. 그러므로 '정보사회'라 부르는 편이 타당하다. 이 개념은 단순히 정보 유통 뿐 아니라 '수용자가 그것을 어떻게 활용하는가' 하는 문제로 사유를 확장할 수 있다는 점에서 적절하다.[124]

여기서 우리는 수용자가 정보 혹은 지식에 접근할 수 있는 여부와 접근 가능한 정보의 종류와 수준 등을 고민할 수 있다. 또 그것을 '어떻게' 받아들여 활용해야 하는가 하는 능동적인 고민도 필요하다. 사실 우리는 지식이 부족해서 세계의 모순을 해결하지 못하는 것은 아니다. 예컨대 아프리카의 빈곤을 해결하기 위해서 충분히 많은 지식이 생산되어 있다. 즉 정보 유통의 민주화를 사유하여, 민주적이고 현실적이며 구체적으로 지식을 공유하기 위해 여러 방안을 고민할 수 있다.

이처럼 이 사회를 어떻게 부를 것인가 하는 부분에도 태도와 관점이 함축되어있다. 물론 나는 사람들이 더 나은 생활을 할 수 있다면 어떤 관점이든 별 상관하지 않는다. 학자들 역시 정보 혹은 지식으로 수용자의 처지를 더 나아지게 할 수 있는지 성찰한다. 그리고 이에 대해 희망 섞인 견해도 있고, 비관적인 전망도 있다. 그 방법이나 태도에 따라 미세하게라도 한계를 지니면 좀 더 나은 선택을 위해 고민할 수밖에 없다.

그러나 이것으로 논의를 끝맺을 수는 없다. 결국 정보를 구성하는 내용은 지식이다. 지식 자체가 발전하지 않으면 정보의 질은 떨어질 수밖에 없다. 만일 얄팍한 지식으로 구성된 정보만을 다루게 되면 수용자가 정보를 아무리 잘 활용하더라도 한계에 부딪힐 것이다.

언뜻 수용자가 감당하기 어려운 고급한 전문지식은 단기적으로 무용해보일 수도 있다. 상아탑 안에서 논의되거나 지식엘리트들끼리 수용하는 지식이 학문의 발전에 유용할지 몰라도 수용자에게는 그것을 수동적으로 받아들여 혜택을 누리는 것 외에는 달리 할 것이 없다. 그것은 위에서부터 개선되는 하향식 변화라는 큰 틀을 벗어나지 않는다.

그럼에도 장기적으로 볼 때 고급지식은 수용자에게 이롭다. 그렇기 때문에 정보사회가 더 나아지려면 우선 정보를 구성하는 내용이 충실해져야 한다. 수많은 지식이 더 자유롭게 유통되어야 한다. 그래야 수용자가 전문지식을 자발적이고 독창적이며 과감하게 받아들여 지혜로 활용할 단계에 이를 수 있다. 유통의 안정성이 보장된 다음에야 수용자가 지식으로 구성된 정보를 어떻게 받아들일 것인지 고민할 수 있다.

여기서 나는 수없이 논의되고 있는 학문의 발전에 대해 달리 할 말이 없다. 이미 석학들이 다양한 의견을 제시했기 때문이다. 지식은 당연히 깊어져야 한다. 또한 '통섭'이라는 표현처럼 깊은 전문지식이 교차하여 더 풍요로운 지식이 생산되어야 한다.

깊이 있는 지식을 정교하고 체계적으로 엮으면 성과는 클 것이다. 되도록 많은 사람들이 그것을 이용할 수 있어야겠다. 데이터베이스의 위력은 지식의 수준이 올라가고 사용자에게 연결하는 망을 방대하게 구축할수록 높아진다. 데이터베이스는 정보의 유통을 자본주의적으로 해석하는 기업이나 새로운 세상을 꿈꾸는 이상가 모두에게 긍정적인 의미를 띤다. 그래서 기업이나 네티즌들은 성능이 뛰어난 검색엔진을 활용하여 정보를 구축한다. 좋은 정보를 인식하고 분별하고 가공하여 저장하고 공개하는 작업은 훌륭한 망이 있을 때 더욱 촉진될 수 있다.

오프라인에서는 도서관과 같은 훌륭한 망 역할을 하는 기관이 있다. 온라인에서는 웹 브라우저 체제가 있다. 그곳에서는 하이퍼링크를 효과적으로 적용하여 정보 유통의 능력을 극대화했다. 자료를 밀

도 높게 축적해서 저장할수록 정보의 잠재력은 커진다. 정보 수용은
다양한 방향에서 상호반응하며 이루어진다. 그 때문에 그 생산의 잠
재력을 짐작하기 어렵다.

『사실 인터넷과 자유에 관한 온갖 논의에도 불구하고, 미국 의회와 클린턴 행정부는 인터넷을 통제할 수 있는 법적 도구로 무장하려고 시도했다. 결국 정보에 대한 통제는 역사적으로 언제나 국가 권력의 본질이었으며 미국이라고 해서 예외가 아니다. 그렇기 때문에 미국 헌법의 전형적인 가치 중 하나는 미국헌법 수정 제1조(종교, 언론 및 출판의 집회 및 청원의 권리 : 연방의회는 국교를 정하거나 또는 자유로운 선교행위를 금지하는 법률을 제정할 수 없다. 또한 언론, 출판의 자유나 국민이 평화로운 집회를 할 수 있는 권리 및 불만사항의 구제를 위하여 정부에게 청원할 수 있는 권리를 제한하는 법률을 제정할 수 없다—옮긴이)로서 정확하게 언론자유에 대한 권리를 자리매김하고 있는 것이다. 인터넷에 대한 통제를 행사하기 위한 시도로서 미국 의회와 미국 법무부는 우리들 모두의 공감을 불러일으킬 만한 인터넷에 횡행하는 음란물로부터 어린이를 보호해야 된다는 논거를 들었다. 소용없는 일이었다. 펜실베이니아 연방지방법원은 1996년 6월 12일 1995년 통신품위법(Communications Decency Act)이 헌법에 위배된다고 판결했다. 판결 이유는 "인터넷의 힘이 혼란에 있는 것처럼, 마찬가지로 우리 자유의 힘도 헌법 수정 제1조가 보호한 속박 받지 않는 언론의 혼란과 불협화음에 의존한다"(Lewis).

이와 같은 '혼란에 대한 헌법에 의한 권리'는 1997년 6월 26일 미대법원에 의해 확인되었다.』[125]

『사회의 안녕을 위해 필수불가결한 신념이 있었고 이러한 신념을 지지하는 것이 정부의 임무였다. 그 신념이 진실이기 때문이 아니라 그것이 유용했기 때문이었다. 이것은 종종 토론의 대상이었으며 여전히 그러하다. 즉 나쁜 사람들만이 이러한 유익한 신념을 망치려 든다는 것이다. 그리고 그 나쁜 사람을 제지하는 것은 결코 나쁘지 않다는 믿음이 저변에 깔려 있었다. (존 스튜어트) 밀은 이러한 생각은 사람들이 후대를 겁에 질리도록 만드는 끔찍한 실수를 저지르게 한다고 여겼다. 역사에는 법이라는 무기로 후대에 최고로 인정받게 될 고귀한 원리의 동인들을 뿌리 채 뽑아버린 예가 너무나도 많다.

종교의 자유에 대해 반대한 사람들은 존슨 박사와 논쟁을 벌이며, 기독교도를 박해한 사람들이 옳고, 박해는 진리가 거쳐야 할 시련이었으며, 항상 성공적으로 그 시련을 이겨냈고, 순교만이 종교적 진리를 확신할 수 있는 방법이라고 주장했다. 밀은 이러한 주장이 사실과 다르다고 반박했다. 박해를 통해서만 진리가 승리할 수 있는 주장이 역사적으로 볼 때 옳지 않다. 기독교가 살아남아 널리 퍼질 수 있었던 이유는 기독교에 대한 박해가 간헐적이었으며, 박해 기간도 짧고 긴 간격을 두고 이뤄져 전도하고자 하는 의지가 희석되지 않았기 때문이다. 진리가 지하 감옥과 화형을 상대하면서도 세상에 스스로 퍼져 나갈 수 있는 내적인 힘을 갖고 있다고 생각하는 것은 나태한 감상에 불과하다. 인간은 오류에 열성적이지 않은 만큼 진리에도 열성적이지 못하다. 그래서 둘 중 어떠한 것이든 그것의 선전을 막기 위한 벌칙을 마련한다. 현재도 이단을 사형으로 다스리진 않지만 아직도 그들에게 벌을 내리고 있다. 모든 무신론자는 거짓말쟁이가 틀림없다는 구실 아래, 영국 법정은 혐오스러운 신념을 고백한 용감한 자들을 향해 거짓을 인정하는 대신 정의를 부인했다. 그러나 밀은 '찢어지고 조각나버린' 박해의 논란보다 그가 살고 있던 시대에 깊숙이 뿌리 박혀 있는 '편협함'에 대해 크게 우려했다. 여론의 편협함 혹은 알렉시스 드 토크빌의 말을 빌리면, '다수의 독재'라고 정의내린 바로 그것이다. 다수의 법칙은 세상 구석구석까지 퍼져 있으며 그것으로부터 벗어나는 일이 불가능하다. 때로는 사람의 영혼 자체를 노예화시킬 수 있기 때문에 고대의 절대군주보다도 더 교활한 폭정이라 할 수 있다. 다수의 법칙은 그 스스로 옳고 그름, 적절함과 부적절함을 중재한다. 그것은 사람들이 무엇을 생각하며 읽고, 어떻게 옷을 입으며 행동하고, 무엇을 말하며 쓸 수 있을지에 관해 추정해준다. 그리고 사람들에게 이 모든 것들을 강요한다. 그것은 독창성을 무시하며 관습적이지 않은 생각들에 대해 반기를 든다. 이는 밀이 강조하는 개성에 치명적인 존재다.

밀은 물론 밀실 공포 시대에 대해 많은 것을 썼다. 교만한 자신감으로 가득 차 있던 빅토리아 시대 중반, 영국은 훌륭하게 자본주의적이고 고루한 사회로 성장해 있었다. 가장 깨어 있던 지식층조차도 자신들이 사회적·지적인 관습에 속박돼 있다고 여겼다. 밀은 그에 앞서 존재했던 문명화된 사람들이 사회적 편견, 평범하고 어리석은 관습적 도덕성 때문에 숨 막혀 하며 침묵을 지켰던 경우를 알고 있었다. 모든 인류의 진보가 독창성을 간직했기 때문에 이뤄질 수 있었다고 믿었던 밀은 혼자서도 무언가를 주장할 수 있는 자유를 주장했다. 관습에 반하는 악마, 관습적으로 판단했을 때 생기기 쉬운 오류, 잘못 생각할 수 있는 권리, 반대할 수 있는 권리, 자신이 선택한 미덕에 대한 열정적인 믿음, 이러한 것이 그의 글에서 여러 가지 모습으로 발견되는 공통된 주제다.

밀은 유럽의 문명이 '여러 갈래의 길'을 따랐기 때문에 주도권을 선취하게 된 것이라고 강조했다. 이것은 관용, 다양성, 인간다움, 전진 등으로 이끌었지만 이러한 특색들은 누구든 사회를 따르게 하는 것이 다른 사람들의 의무라고 생각하는 체제 순응적인 영국 중산 계급에 의해 사라지기 일보직전이다. 반대로 밀은 '인류는 자신들이 좋아하는 방식대로 사는 것이 다른 사람들에게 유익하게 살도록 서로에게 강요하는 것보다 얻는 게 많을 것'이라고 주장했다.』[126]

문학·예술적 저작물의 보호를 위한 베른협약 제 10조[*]

> (1) 이미 적법하게 공중에 제공된 저작물을 인용하는 것은 허용된다. 다만, 그 인용이 공정한 관행과 양립하고, 그 범위가 목적에 의하여 정당화되는 범위를 넘지 않아야 하며 이 경우 언론요약의 형태로, 신문기사와 정기간행물을 인용하는 것을 포함한다.

(2) 정당화되는 범위내에서, 교육을 위하여 문학 또는 예술적 저작물을 도해로서 발행/방송 또는 녹음이나 사용하도록 허락하는 것은 동맹국의 입법, 그리고 동맹국들 사이에 존재하고 있는, 또는 체결될 특별 협정에 맡긴다. 다만, 그러한 사용은 공정한 관행과 양립하여야 한다.

(3) 이 조의 전항들에 따라 저작물이 사용되는 경우에, 출처와 저작물 위에 저작자의 성명이 나타나게 되면 그 성명을 명시한다.

---

[*] 문화·예술적 저작물의 보호를 위한 베른협약은 저작권 보호를 위한 기본 조약이다. 2006년 기준 162개국이 가입해 있다.

나는 오늘 저작권법을 몇 개나 어겼을까?[127] 덧글 08+

저작권은 이미 생활 깊숙이 침투하여 우리에게 영향을 끼친다. 이에 대해서 오마이뉴스의 다음 기사를 싣는다.[128] 저작권이 무엇이고 그 종류에는 어떤 것이 있을까. 위 기사의 부분을 인용해보겠다.

『저작권이 무엇인지, 저작권자에게 어떤 권리가 있는지 아는 것은 중요하다. 이해를 돕기 위해 정확한 용어의 뜻을 풀어보았다.

저작권이란 저작물을 창작한 저작자의 권리를 말한다. 그렇다면 저작물은 무엇일까. 저작권법은 저작물을 '인간의 사상 또는 감정을 표현한 창작물'이라고 정의하고 있다. 구체적으로 보면 소설, 시, 논문 등 어문 저작물을 비롯하여 음악, 미술, 건축, 사진, 도형, 컴퓨터 프로그램 등 창작물을 모두 포함한다.

저작물이 법적으로 보호받기 위해서는 창작성(남의 것을 모방하지 않는 정도의 낮은 의미)이 있어야 하고 밖으로 표현되어야 한다. 이러한 요건을 갖추었다면 전문가의 창작물이 아니더라도 블로그에 올린 개인일기, 어린 아이의 그림 등도 저작물로 볼 수 있다. 단, 저작물이라 하더라도 헌법, 법령, 법원의 판결과 사실보도에 불과한 시사보도는 누구나 자유로이 이용할 수 있다.

저작자가 갖는 권리는 크게 저작인격권과 저작재산권 2가지이다. 저작인격권은 저작자의 명예와 인격을 보호하는 권리이다. 여기에는 저작물을 공표할 권리(공표권), 이름을 표시할 권리(성명표시권), 저작물의 내용과 형식에서 동일성을 유지할 권리(동일성 유지권)가 들어 있다. 최근 '고등학교 한국 근현대사' 교과서 수정 논란으로 저자들이 출판사를 상대로 소송에서 법원은 "저자들의 동의없이 임의로 수정한 교과서를 발행, 판매 및 배포해서는 안 된다"고 판결했다. 이때 법원이 저자들에게 인정한 권리도 저작인격권 중의 동일성유지권이다.

저작재산권이란 복제권, 공연권, 공중송신권, 전시권, 배포권, 대여권 등 경제적인 권리이다. 저작재산권은 저작자가 사망 후 50년간 존속되는 것이 원칙이다. 저작재산권은 공익 등을 위해 일정한 제한을 받는다. 예를 들어 재판에 사용하거나 학교 교육목적, 보도를 위한 이용은 사회의 이익을 위해서 사용된다면, 저작자도 저작권을 행사할 수 없다.

한편, 저작권과 유사한 용어로 저작인접권이 있다. 저작인접권이란 저작물의 복제·전파기술이 발달하면서 등장한 개념으로 저작물을 널리 퍼뜨리고 대중에게 전달하는 사람들을 위한 권리이다. 저작인접권자는 실연자(연주, 연출, 연기자 등), 음반제작자, 방송사업자 등으로 이들도 복제권, 배포권, 방송권 등의 권리를 갖는다.

저작권을 침해하면 최대 징역 5년, 벌금 5천만 원까지 받을 수 있다. 저작권 침해죄 외에도 저작자를 속이거나 명예를 훼손하여 사용한 경우 부정발행 등의 죄, 출처를 밝히지 않은 경우 출처명시위반 등의 죄로 처벌받을 수 있다. 이와는 별도로 민사상 손해배상 청구를 당할 수 있다.』

이와 같은 저작권 관련법을 그대로 지키기란 쉽지 않다. 남의 노래를 자신이 부른 음원도 함부로 블로그에 올려서는 안 된다. 동의를 받지 않고 남의 자료를 자기 블로그에 올리는 것 역시 엄밀하게는 법에 저촉된다. 출처를 밝히더라도 동의를 얻지 않았다면 역시 저작권 침해 소지가 있다. 예컨대 대다수 언론사에서 기사 끝머리에 '무단전재 및 배포 금지'라 표기했을 것이다. 사진에도 마찬가지다. 네티즌들은 음반이나 영화 CD, 온라인 음원 등을 블로그에 함부로 올릴 수 없다. 다른 사람에게 판매하거나 불특정 다수에게 노출될 수 있기 때문이다. 공중송신권에도 저촉이 될 수 있다. 특히 인터넷이 발달하면서 복제권과 함께 공중송신권은 첨예한 쟁점이 된다.

더구나 최근 저작권 관련법이 규제를 강화하는 쪽으로 바뀌고 있다. 물론 인터넷의 위력과 부정적인 효과를 모르는 바 아니다. 그러나 저작권 역시 긍정적인 문화 향유를 위한 것이다. 따라서 수용자 역시 규제를 받는 존재로만 상정될 수 없다.

그럼에도 법의 적용 방식을 보면 아직은 정보생산자 중심의 저작권을 보호하는 데 무게중심을 둔다. 그러므로 기자는 저작권법을 어기지 않기 위해 다음과 같은 방법을 소개하고 있다.

『1. 자신이 부른 노래 영상은 개인적으로 보거나 주변사람들과 돌려
보는 정도로만 감상해야 한다. 인터넷에 올려서는 안 된다.

2. 노래 CD, 영화 CD의 복제는 인터넷상에 올릴 수 없고 개인 용도
로만 가능하다. 블로그의 배경음악도 별도로 구입해야만 한다.

3. 기사를 퍼 나르는 것도 해당 사이트로 링크되는 형태만 허용된다.

4. 예술 작품뿐 아니라 일반인의 글, 사진, 영상이라도 저작권이 인정
된다. 퍼가려면 동의를 얻고 출처를 밝혀야 한다.

5. 파일공유 사이트에 저작권 있는 자료를 올리는 건 불법이다. 내려
받기도 저작권자에게 비용을 지불한 자료만 가능하다. 따라서 저
작권 보호 대상 자료인지 확인한 후 내려 받아야 한다.』

아래 글은 2007년 7월 22일에 쓴 글이다. 당시 인터넷 환경에서
Copyright(복제권)으로 표현하는 저작권 윤리 관행이 정착되지 못
한 상태였다. 음원과 영화 불법 다운로드가 횡행했고, 이에 대해 사법
처리 움직임이 일던 시기였다. 많은 네티즌이 문화의 다양성을 외치
며 저작권자들이 문화 창작물을 사적 재산으로 지나치게 권리를 행
사하려 한다고 대응했다. 저작권자들은 수용자의 정서를 감안해서
적극적인 대응을 자제했다.

나는 당시 저작권을 지키려는 이들과 이에 반감을 품은 이들 사이
에서 문화의 다양성에 대해 고민했다. 다음은 그에 관련한 글이다.

⌒

『Copyright라는 단어를 볼 때마다 나는 엉뚱하게도 커피를 떠올리
곤 한다. 전혀 관련 없는 단어들이지만 어쩐지 커피를 마시고 불면의
밤을 지새우다가 끝내는 코피를 쏟는 기분이 든다고나 할까. 그만큼
까다로운 용어다. 자신의 창작물을 지킬 수 있는 권한에 대한 의미를
담고 있는 표현이기에 너무나 당연해 보이고, 당연해 보이기에 여전

히 어렵게 다가온다. 공기의 소중함을 모르는 것과 마찬가지 아닐까.

그렇다면 Copyleft라는 단어는 어떤가. Right를 그것의 또 다른 의미인 '오른쪽'으로 해석했듯이 '왼쪽'의 개념에서 만들어낸 용어다. 카피라이트에 대조되는 개념으로 "저작권을 방치한다"는 의미로 통한다. '레프트(left)'는 "내버려둔다, 방치한다, 왼쪽"이라는 사전적 의미를 지니고 있어 "권리, 오른쪽"을 뜻하는 '라이트(right)'와 정반대의 뜻을 갖는다.

> 「MIT의 인공지능연구소 연구원으로 일했던 리처드 스톨만이라는 컴퓨터 학자가 주창한 개념으로, 소프트웨어에 대한 창작자의 절대적인 권한에 근본적인 질문을 던지고 있다. "내 친구에게 내가 쓰는 프로그램을 복사해 주는 것이 절도죄가 될까?"라는 간단한 의문에서 출발하여 현재는 저작권에 대치되는 개념으로써 유용하게 쓰인다. Copyleft 개념을 옹호하는 사람들은 소프트웨어에 대한 금전적 대가를 지불했든 하지 않았든 첫째, 프로그램을 복제(copying)하고 친구나 동료와 함께 이를 공유할 수 있는 자유, 둘째, 소스 코드를 원용해서 이를 개작(modification)할 수 있는 자유 그리고 셋째, 개작된 프로그램을 배포(distribution)할 수 있는 자유를 누려야 한다고 믿는 부류들이다.」[129]

이 두 개념은 대치했다. 예컨대 '소리바다' 사건에서 첨예하게 드러났다. MP3파일을 무료로 공유할 수 있게 해준 배포 프로그램 때문에 저작권자들이 막대한 피해를 입은 것이다. 음원협회는 음악가들의 저작권을 보호하기 위해 이 프로그램을 불법으로 규정하기 위해 노력했다. 법원은 그들의 손을 들어주었다. 일부 네티즌들은 이에 반발한다. 정보를 공유할 수 있는 권리를 침해당했으며, 유사사이트의 유료화나 폐쇄 등의 조치가 인터넷 문화를 활성화하는 데 심각한 장애가 될 것이라 주장했다. 어쨌든 당시 음원의 가치로 얼마가 적정한가 하는 논쟁이 있었다. 그 논의를 거쳐 유료 사이트들이 정착하기 시작했다.

그렇게 당시의 문제가 봉합되는 듯했다. 그러나 여전히 저작권법에 저촉될 만한 일들이 많다. 불법 다운로드나 무단 게재를 막기 위해 무단복사 방지 설정이나 불법복제 방지 기술이 개발되고 있다. 그러나 정보의 무단공유 행위를 막기에는 역부족인 듯 보인다. 이런 문제는 비단 온라인에서만 생기는 것은 아니다.

출판물이나 음반, 컴퓨터 게임을 무단 복제하여 공유하는 일들은 여전하다. 이를 막기 위한 다각적인 노력 또한 사라지지 않았다. 도서관이 출판시장에 어떤 영향을 미치는지 논의하는 것도 그렇다. 한미 자유무역협정의 사안 중 저작권 기한은 50년에서 70년으로 늘리는 항이 있는 것이나, 마이크로소프트사가 윈도우 호환 프로그램 사용의 불법 사용에 엄정하게 대처하는 것을 보더라도 저작권 문제는 21세기 자본주의 사회의 중요한 화두임을 알 수 있다.

그도 그럴 것이 저작권은 부의 창출과 직결된다. 창작자의 입장에서는 자신이 창작을 이어갈 수 있는 돈을 마련할 수 있는 근거이며, 창작의 주체를 법적으로 명확히 할 수 있는 수단이다. 하지만 역으로 보면 그것은 창작자에게 절대적 권한을 부여하고 2차, 3차의 문화생산의 가능성을 막는 행위일 수 있다. 그뿐 아니다. 저작권은 정보생산자의 21세기 정보화 시대의 패권을 공고히 하려는 부조리한 권리로 변질할 수 있다. 실제로 문화 패권을 쥔 미국이나 유럽이 저작권윤리를 내세우며 세계의 질서를 잡으려 할 경우, 그것은 산업적·문화적 우위를 바탕으로 후발주자들을 통제하려는 도구 구실을 할 가능성이 높다. 이런 부정적인 영향력에 관한 논의는 흔히 말하는 '창작자의 창작의욕을 고취시켜 양질의 문화를 생산하려는' 목적과 부합하고 있지 않다. 오히려 과거의 유산을 기반으로 이룩된 인류문화유산의 창작과정을 제도적으로 통제하려는 의도에 다름없다. 이것은 혹여 자본주의적이고 제국주의적인 관점에 지나지 않는 것은 아닐까.

한편 이러한 논리는 국가의 문화패권 장악 의도로 보는 관점을 버리더라도 유효하다. 인용과 패러디와 같은 관행을 살피더라도, '인용'은 근본적으로 출처를 밝히고 그들의 지식을 활용하는 기법이다. 패러디의 경우는 변용을 통해 1차 창작자의 의도를 변질시켜 새로운 의미를 창출하는 기술이다. 물론 이런 부분에 대해서는 문화적인 합의가 이루어져 있어 비교적 자유롭게 정보생산에 긍정적으로 작용한다.

단, 인터넷에서 정보공유 받아들이는 상황에 대해 문화적 합의가 이루어져 있지 않다. 한국에서 인터넷이 활성화된 지 겨우 10년 정도다. 그 짧은 시간만큼이나 관련 윤리에 대한 법적·관습적 합의가 덜 이루어져 있다. 그러다보니 다중의 문화를 바라보는 시선도 과거의 시선에 의존할 수밖에 없다. 즉 '인용'과 '패러디'라는 기술은 전문가를 통해 발휘되는 것이기에 비교적 우호적으로 볼 수 있다. 반면 인터넷에서 주로 아마추어들이 정보를 재가공하여 공유하기 때문에 금기시되는 방향으로 흐른다. 법률적으로야 동등하겠지만 통념상 예술가의 변용행위와 일반시민의 그것은 무게가 다르다.

여기에는 일반 수용자들의 잠재력을 인정하지 않는 관점이 숨어있다. 그들을 문화 소비자 역할에 국한했다. 기실 그들은 문화생산에 있어서 아마추어다. 그래서 완전하게 창작하여 의미 있는 문화생산을 하기 어렵다. 그들이 그나마 정보를 공유하고 변용할 때 생산적으로 문화 활동에 참여할 수 있다. 그런데 저작권은 그것을 차단한다. 적어도 그것을 단순히 저작권을 위반해서 옳지 않다고 법적 문장으로 적어놓은 셈이다. 그 문장은 '억울하면 1차 창작자가 되든지 힘들면 감상이나 하든지'라고 속삭이는 것만 같다. 말하자면 정보생산자의 이익을 대변하는 것에 불과하다. 결국 네티즌은 문화의 주체가 아닌 객체로서만 존재해야 할 의무를 지니게 된다.

하지만 네티즌들이 정보를 공유한다고 항상 창작자의 이익을 침해하고 그 성과에 기생하는 것은 아니다. 그들은 마니아 문화를 성숙하게 한다. 1차 정보를 수집 가공하여 또 다른 의미를 만들고 제한적으로 정보를 공개한다. 고급스러운 1차 정보를 바탕에 두고 쓸 만한 2, 3차 정보가 생산되기도 한다. 그러면 원 창작자는 의도하지 않은 홍보 효과를 얻기도 한다.

예컨대 아무도 독립영화를 보려 하지 않을 때 한 영화작가의 작품 하나를 인터넷으로 감상할 수 있으면 새로운 팬이 생길 수도 있다. 도서관에서 책을 빌려보다가 책을 구매하는 독자가 될 수도 있다. 진입 장벽이 높으면 넘을 생각조차 하지 않을 수 있는데, 장벽을 낮으면 반대편에 무엇이 있는지 엿볼 수 있다. 그러면 그 장벽을 넘어볼 호기심이 생긴다. 이런 이유로 일부 네티즌은 정보공유의 유용함을 역설한다. 저작권의 부정적인 효과에 주목하며 Copyleft를 지지한다.

그럼에도 선뜻 Copyleft를 지지하기는 석연치 않다. 분명 네티즌이 자유롭게 정보를 공유하고 변용하여 문화를 향유하는 것은 긍정적이다. 다만 그만큼이나 부정적인 면도 많다. 도용과 허위정보, 불법복제 등 긍정적인 문화 생산에 역행하는 사례는 많다. 과거 소리바다 사건에 대한 네티즌들의 주장을 살피더라도 원래 무료로 공유하던 것을 유료로 감상해야 하는 상황에 감정적인 반발도 많았다. 그러한 이기적인 입장이 '양질의 문화를 생산하기 위해 정보공유가 반드시 필요하다'는 Copyleft 운동의 선의로 포장되는 것을 자주 보았다.

진정한 Copyleft는 무조건 정보를 무료로 공유해야 하는 것이 아니다. Copyleft를 지지한 사람들은 창작자의 창작노동에 대한 보상을 반드시 창작품의 판매량에 근거해야 하는지 의문을 제기했다. Copyleft 정신에는 '창작품을 공유하자. 창작자들에게 창작품의 소비에 근거한 방식이 아닌 다른 방식(세금 등)으로 대가를 지불하자'는 내용이 담겨있다.

물론 특정 기관을 통해 명확한 기준을 가지고 창작노동에 대한 대가를 지불하는 건 실현가능할지 의심스럽다. 한국의 현 시점에서 과연 실현 가능할지 심히 의심스럽다. 여전히 복지국가의 길은 멀기만 하다. 그런데 복지선진국조차도 시도하지 못하는 일을 해내자는 건 차라리 불가능에 가깝다.

그렇다면 Copyleft를 포기해야 할까?

그렇지 않다. 우선은 그것을 포기할 경우, Copyright의 단점인 폐쇄적이고 통제적인 반문화적 요소를 견제할 수단이 사라진다. 생산자와 소비자, 창작자와 감상자, 주체와 객체, 정보지배자와 정보피지배자의 등식이 성립될 수 있는 시대에, Copyleft는 진정 양질의 문화를 향유할 수 있는 길이 무엇인지 고민하게 하는 견제수단이다. 그것은 권위주의적이고 자본주의적이며 제국주의적인 요소들의 부작용을 환기하는 데 유용하다.

Copyright의 궁극적인 목적은 '양질의 문화 생산'이다. 단순히 저작권자를 보호하려는 것이 아니라 이를 통해서 다양하고 좋은 문화를 만들려 한다. 마땅히 네티즌이 자유롭게 정보를 공유하고 변용하여, 문화향유의 긍정적인 면을 적극적으로 생각해야 할 것이다. Copyright

도 Copyleft도 결국 '양질의 문화를 생산하기 위해 어떤 선택을 하는 것이 긍정적인가'라는 화두를 핵심으로 하고 있다.

이것을 기준으로 보면, 때로는 Copyright가 옳고 때로는 Copyleft가 옳다.』**130**

~

물론 이 글을 쓸 당시와 비교해 요즘엔 저작권 침해 사례에 법적으로 더 엄정하게 제재하고 있다. 이러한 과정에서 과다한 경우가 생기기도 한다. 예컨대 청소년들에게 만화를 불법다운로드 받은 것에 일일이 엄격하게 대응하는 바람에, 법원에서 이를 중재하는 방안을 내놓기도 했다. 『워낭소리』와 같은 저예산 다큐멘터리에서 흐름상 꼭 쓰고 싶던 음악을 저작권료 때문에 포기하는 경우도 있다. 영세 출판사에서는 암암리에 사진을 싣는다. 그러다가 저작권을 주장할 수 있는 사람을 찾지 못해 추후 문제가 되기도 한다. 이런 경우 작품의 완성도를 위해서 판매부수가 손익분기점을 넘지 못하면 법적으로 문화적 다양성을 보존해주는 방안을 검토할 수 있다.

저작권자를 찾지 못해 꼭 싣고 싶은 자료를 싣지 못하는 경우보다는 안내 문구를 달아서 추후 지불 의사를 밝힐 때 그 저작권료에 대해 구체적인 가격 협상 수준을 제시한 가이드라인이 있어도 좋다. 그렇지 않을 경우 아티스트 사진의 경우 자칫 잘못 실었다가는 한 장에 예상을 훨씬 뛰어넘는 대가를 치러야 하는 경우가 있다. 저작권 윤리를 근거로 할 때 원칙적으로 이런 경우 사진을 싣지 않아야 한다.

그러나 책을 좀 더 잘 만들고 싶은 욕구는 문화의 다양성과 연결된다. 또한 대중음악의 표절 문제와 같이 막대한 자금이 걸린 문제도 아니다. 균형감각을 지니고, 국내 기관에서 감당할 만한 '합리적인 저작권 적용 및 가격 협상 가이드라인'을 구체적으로 제시해주어도 괜찮겠다.

물론 자본주의 논리 내에서 생산자와 소비자 모두에게 좋은 방안도 생기고 있다. 예컨대 음악을 다운로드 받을 때 일정 기한 동안 광고를 보면 음악을 무료로 감상할 수 있다. 또한 네이버에서는 100만 건에 해당하는 전문자료를 기업 이미지 향상 차원에서 무료개방하고 있다. 기업 차원에서 저작권자와 협상했을 것이다.

반대로 구글에서는 하루에 몇 건 이상 기사를 검색하면 그 이후로는 유료로 기사를 봐야하는 경우도 생겼다. 유감스럽게도 기사는 다른 문화상품과는 엄연히 다르다. 그것은 사회의 중요한 소식을 수용자에게 전하는 역할을 한다. 따라서 문화의 다양성과 민주화를 위해서 수용자가 더 자유롭게 접근할 수 있도록 하는 방안을 마련해야 할 것이다. 정부가 주도하든 민간단체에서 주도하든 기사를 좀 더 부담 없이 활용할 수 있어야 한다. 시민지성의 중요한 정체성 중 하나가 기록비평가다. 그들은 기사를 소재로 비평하고 때로는 적극적으로 인용할 수도 있다. 하지만 저작권 문제 때문에 영세 출판사에서는 기사에 대한 공격적인 활용을 자제할 수 있다. 마땅히 기사에 접근할 수 있는 장벽이 낮아야 한다.

그렇다고 무작정 기사의 저작권을 적극적으로 제한하는 방안도 현실성이 떨어진다. 언론사 역시 비용을 써가며 기사를 쓴다. 기자들은 무료봉사하는 사람들이 아니다. 다행히 한국에서는 이 문제에 관대하다. 원칙적으로 무단게재 등이 금지되지만 기사에 접근할 수 있는 여지는 매우 넓다. 다만 더 적극적인 기사 활용에는 분명 한계가 있어 보인다. 언제나 이 부분을 민감하게 살펴야겠다.

～

그런가하면 인터넷이 분산화되는 만큼 집중화되는 경향을 들 때 신권력의 중심으로 구글·야후·네이버·다음 등의 포털사이트를 들기도 한다. 이들은 높은 접속률을 기록하며 이를 토대로 더 많은 권력을 지닌다. 이를 부정적으로 행사할 가능성도 얼마든지 있다.

수용자 입장에서는 분명 악재다. 일상생활에서 늘 정보 불평등을 거론하기 때문이다. 특정한 주체가 정보를 통제·유통하는 것은 언제나 미래를 불안하게 할 수도 있다. 실제로 모 기업들은 예전 하이텔과 나우누리 등의 PC 통신처럼 인터넷을 분할하려는 움직임도 보였다고 한다. 그럴수록 정보는 분산 관리될 것이다. 이를 이용하려면 수용자는 더 많은 비용을 지불해야 할 수도 있다. 대표적으로 인터넷 음원을 들 수 있다. 멜론·네이버 뮤직·벅스 뮤직 등에서 판매하는 MP3, 벨소리 사이트에서 판매하는 벨소리·컬러링 등, 블로그나 카페에서 사용하는 온라인 음원 등 하나의 창작품은 다양한 매체로 복제된다. 정보생산자는 적은 비용으로 지속적으로 상품을 만들어낼 수 있다. 이에 대해 소비자는 자신의 권한을 보호받고 더 다양한 문화를 합리적으로 누리기 위해 노력할 수 있다.

예컨대 첫째, 하나의 공인된 사이트에서 받은 인터넷음원을 그에 가입한 여러 포털사이트의 블로그나 카페에서 호환할 수 있으면 더 좋겠다. 둘째, 만일 그러지 못할 경우 인터넷 음원의 가격이 합리적인지 객관적 자료를 바탕에 두고 고민해야 할 것이다. 그 음원들은 구매하더라도 오프라인에서 활용할 수 없다. 이에 대해서도 더 생각해볼 수 있겠다.

자본주의 논리 내에서 상업적인 목적 때문이든 문화 다양성의 실현 때문이든 생산자와 소비자 모두에게 합리적일 수 있도록 환경을 지속적으로 개선해야 할 것이다.

사실 저작권 윤리는 생산자 위주의 가치다. 그리고 현행 저작권법 역시 그렇다. 소비자를 잠재적 범죄자로 규정하는 시선이 숨어있다. 저작권 위반 시 모든 법적 조치를 강구하겠다는 식의 경고 문구만 봐도 수용자를 어떻게 바라보는지 어렴풋이 느낄 수 있다. 정보수용자는 수동적 객체로 밀려있는 처지다. 그들은 저작권자의 관대한 묵인 아래 그 자료를 감사히 무료 이용할 뿐이다. 또 저작권자의 필요에 따라 잠재적 문화소비자로서 자료에 노출당할 뿐이다. 이를테면 늘 저작권의 감시 아래 놓인 존재인 셈이다.

⌒

　그렇기 때문에 나는 처음에 'copymid'라는 표현을 썼다. 저작권이 아니라 문화의 다양성을 실현하는 것이 중요하다 여겼다. 문화 향유권은 언제나 대전제여야 한다.

　우리는 시민으로서 언제나 더 좋은 문화를 향유할 권리가 있다. 그리고 이를 위해 문화를 훼손하지 않고 다양성에 기여해야 한다. 이 범위 내에서 저작권 윤리가 확립되어야 한다. 분명 쉽지 않다.

　그럼에도 자본주의 내에서 저작권을 대체할 만큼 합리적인 방법을 찾아내기는 어려워 보인다. 궁극적으로는 저작권 윤리를 대체하여 문화향유권을 받쳐줄 수 있는 방안이 있어야 한다. Copyleft를 옹호하는 이들처럼 저작물에 값을 지불하는 것이 아니라 다른 방식으로 창작의 노동비용을 지불하려면 국가 주도의 합리적 방안이 필요하다. 그 세금을 적확하고 신속하게 집행할 수 있는가 하는 문제도 남는다. 무엇보다도 창작자들이 국가권력에 종속될 위험이 있다. 이렇게 될 경우 독립 저예산 자본으로 대안문화를 꾸려가는 예술가들은 생활비를 타내기 위해 스스로를 옭아맬 수 있다. 공공기관에서는 객관 타당한 심사를 위해 권위자를 내세우고 안정적인 선택을 할 것이다. 아무리 효과적이고 합리적인 대안이더라도 국가 주도일 경우 쉽사리 동의할 수 없는 이유다.

결국 저작권은 당장에 대체하기 힘들다. 더 합리적인 대안을 마련하기 전엔 저작권은 어쩔 수 없이 유효하다. 더구나 비인기 장르의 창작자들이 그나마 저작권 때문에 생활을 근근이 이어간다. 그러면서도 창작품의 질이나 문화적 기여 측면과는 크게 상관없이 저작권이 기능하기도 한다. 예컨대 문화의 다양성에 기여하는 수많은 비주류 장르의 예술가들이 있으나 마나 한 수입을 얻는다. 그들의 권익을 대변해준다고 믿는 저작권이 실질적으로 그들에게 그다지 유익하지 않다. 그야말로 버리자니 아깝고 가지자니 별 소용없는 계륵인 셈이다. 아이러니하다.

만일 미국의 팝 스타나 마이크로소프트사처럼 엄청난 부를 축적했다면 우리는 그때 문화 향유권을 더 적극적으로 주장하며 저작권의 본 의도를 환기할 수 있다. 별장 구입을 위해 수백억 원을 쓰고 위자료를 마련하는 데 한 번의 북미 투어로 가능할 정도라면 저작권의 부조리함에 대해 의문을 던져볼 만하다. 과연 그들의 창작에 대한 가치가 일반 사람들의 노동 가치보다 그 정도로 압도적으로 가치 있는지를 물을 수 있다. 그때 우리는 문화 향유권을 Copyright나 Copyleft보다 상위개념으로 검토할 수 있다.

더 큰 권리, 문화향유권[*]

저작권에 대한 올바른 풍토가 정립된 후에야 '문화향유권(?)'에 대해서 적극적으로 말할 수 있을 것이다. 인간이 행복을 누릴 수 있다는 항목이 헌법에 과연 명기되어 있긴 한 건지, 그보다는 우리가 누군가가 정당하게 누릴 행복을 빼앗았는지 고민해본다. 한때 인터넷과 MP3 등 신매체의 등장으로 음반업계는 큰 타격을 입었었다.

향유자들은 이를 알면서도 무임승차할 수 있는 기회를 버릴 수 없었다. 그것은 상품을 사는 것보다 간편했다. 무엇보다 경제적으로 유리한 선택이었다. 단기적으로 볼 때 개인들에게 문화적으로 윤택해 보였다.

이는 창작자들에게는 전혀 반대의 결과를 낳았을 것이다. 열심히 만들어도 수입이 없다면 누가 제대로 음악을 만들 수 있을까. 그래서일까. 한동안 내가 좋아했던 가수들의 음반이 나오지 않았다. 여러 이유가 있겠지만, 음반시장의 불황과 저작권을 지켜주는 풍토의 미정립이 중요한 이유 중 하나였다.

다만 이렇게 생각해볼 수도 있다. 음반시장이 불황인 이유 중 하나

---

[*] 2008년 12월 26일에 쓴 글이다.

로 '저작권 침해 풍토의 만연화'를 들 수 있겠지만, 불황이든 호황이든 주류 음반시장은 문화의 다양성에 그다지 기여한 듯 보이지는 않는다. 오히려 비주류음악가들이 그들만의 개성 있는 음악을 선보였다. 비주류음악계는 착실히 성장했다. 다양성의 측면에서는 불황에 상관없이 대중음악의 미래는 긍정적이라 생각한다.

물론 이런 생각을 수용하더라도, 문화생산자의 안정적으로 창작활동을 위한 여러 지원책을 생각할 때 저작권을 보호해주는 것만큼 현실적으로 효과적인 방법을 찾기 힘들다. 게다가 누가 문화에 긍정적인 기능을 하는 진정한 문화생산자인지 판단하는 것 자체가 대단히 주관적일 수밖에 없다.

설령 명확하게 긍정적인 문화생산자를 가려내더라도 부정적인 문화생산자의 권리를 침해하는 것을 허용할 수도 없다.❧ 자본주의 체제를 수용할 수밖에 없는 상황에서라면 이들도 한 명의 사회인으로 노동의 대가를 요구하는 것이 정당하다.

그런데 인터넷의 등장으로 법적인 보호망에 구멍이 뚫린 상태였다. 한동안 그들은 정당한 권리를 제대로 행사하지 못했다. 이제 부당하게 자신의 권리를 침해당했다고 생각하는 이들이 날개를 달 수 있기를 기다리는 수밖에 없다. 그것은 어쩌면 현 제도 하에서 마땅히 정착되어야 할 일이었다. 정보생산자가 한동안 피해자로서 그들의 권리

❧단, 포르노와 같이 현저히 유해한 창작품에 대해서는 논란이 있을 수 있다.

를 제대로 행사하지 못하면서 문화적으로 많은 폐해가 있었다.

하지만 그것으로 끝은 아니다. 저작권이 단순히 문화생산자의 이익을 보장해주는 것으로 그친다면, 결국 정보화시대에 정보생산자의 이익을 대변해주는 꼴로만 기능할 것이다.

자본주의는 언제나 생산수단을 쥐고 있는 계층을 선호했다. 생각해보면, 후기 자본주의 시대에 이르러야 소비자 운동이 정상적인 궤도에 오를 수 있었다. 정보화 시대에도 비슷한 수순을 밟을 듯하다. 정보수용자는 현 상황에서 언제나 (암묵의) 불법적 객체나 피동적인 소비자로만 존재하고 있는 꼴이다. 그들은 정보생산자의 자혜로운 적선에 의지해야 하거나, 자신의 경제적 능력 범위 내에서만 '합법적으로' 문화를 향유할 수 있다.

문화의 주체와 객체를 가르는 '저작권'에는 객체의 권리보다는 주체의 권리만을 기술하고 있는 경우가 많다. 학술과 관련된 인용할 수 있는 권리 정도를 제외한다면, (거의) 대부분 저작권은 문화생산자만을 위한다.

사실 향유자의 불법한 문화상품을 사용하는 행위를 견제하려면 그것은 불가피했다. 그러다보니 자연히 '방어적으로' 구축되었다. 그동안 침해되었던 부분을 회복하려고 더 적극적으로(혹은 공세적으로) 그들의 권리를 행사하고 있다.

여기서 문화향유자는 의무를 이행해야 하는 존재일 뿐이다. 문화도 '창작'하고 '향유'하거나 '생산'하고 '소비'해야 하거늘, 기실 법은

'창작'과 '생산'만을 위해 서 있다. 그 안에서는 합법적 주체-생산자와 (암묵의) 불법적 객체-소비자의 구도만이 성립될 수 있다. 법에서는 창작과 생산이라는 문화의 한 부분만 존재한다. 그 아래에는 능동적이고 가치 있는 한 부분을 보호하고 지원해줄 때 문화가 제대로 작용할 것이라는 관점이 깔려있다. 여기서 객체인 대부분의 사람들은 피동적인 역할을 부여받는다.

Copyleft는 이에 저항하는 움직임이었다. 다만 그들이 말하듯 창작자의 수입이 창작물에 근거하지 않을 때 그 대안을 찾기가 어려운 것은 인정할 수밖에 없다. 만일 국가가 주도적으로 문화생산자들에게 지원금을 부여한다면 국가에 통제된다는 문제가 생길 수밖에 없다. '큰 권력'에 적극적으로 통제받느니 차라리 '작은 권력'과 싸우는 편이 더 나을 것이다. 그런 면에서 국가의 지원은 언제나 '주'보다는 '부'로 기능해야 한다. 결국 앞서도 말했듯이 '저작권'을 통해 실질적인 생계비용을 마련하는 것이 현실적이다.

그때 비로소 '저작권'과 균형을 맞출 '문화향유권(?)'에 대해 생각해볼 수 있다. 이는 Copyleft적인 요소를 합법적으로 인정하되, '저작권의 위성'으로서 창작자와 향유자의 권리에 균형을 맞출 수 있는 방안이 될 수 있다. 문화향유권으로 구성될 내용으로 염두에 둘 수 있다.

첫째, 향유자는 모두가 진정한 문화의 혜택을 누리기 위해 문화생산자에게 문화의 다양성에 기여하도록 요구할 수 있다.

둘째, 향유자는 소비자로서 다양한 상품을 선택하여 살 수 있다.

셋째, 향유자는 정보수용자로서 정신문화를 적극적으로 누릴 수 있다.

우선 향유자는 첫 번째 권리를 행사하여, 문화생산자가 더 나은 문화를 만들 수 있도록 제도적으로 요구할 수 있어야 한다. 음악을 예로 들자. 이때 우리는 법적으로든 시민단체를 통해서든 메이저 음반사에 기업의 사회적 기여를 요구할 수 있다. 그들은 아이돌 그룹과 같은 기획 엔터테이너를 성공시키고 확보한 자금으로 문화적 다양성을 위해 비주류 문화생산자에게 일정 비율로 투자할 의무를 지녀야 한다. 이때 지원할 비주류 문화생산자를 가리는 기준으로 몇몇 페스티벌에서 입상한 자 혹은 관련기관에서 선정한 '올해의 음반 10'에 오른 그룹을 선정하는 등 객관적인 근거가 필요할 수도 있겠다.

두 번째 권리는 이미 우리가 행사하는 권리다. 또 첫 번째 권리가 결부될 때 더 큰 효과를 발휘할 수 있을 것이다.

마지막으로 세 번째 권리는 사회복지의 차원에서 생각할 수 있다. 실질적으로 저작권이 자본주의적이며 문화 패권국인 서구의 시각에 머물지 않으려면, 또한 진정한 정보화 사회의 긍정적인 면을 부각하여 오히려 저작권윤리를 주도하려면, 인터넷 등의 규제를 완화하고 네티즌의 자유로운 활동을 지원해야 한다. 물론 이는 저작권 윤리가 제대로 살아있다는 것을 전제로 두어야 할 것이다. 그럴 때 생산자와 수용자가 불화하지 않은 채 문화를 향유할 수 있다. 과연 어디까지 문화 향유를 위해서 이를 제대로 활용하기 힘든 이들을 지원할 수 있을까? 이에 대해서는 아직 잘 모른다.

　다만 저작권자가 불법을 묵인하는 형식이 아니라 향유권자가 자신의 정당한 권리를 행사할 수 있는 방식을 마련해야 한다. 이는 생산자와 수용자가 심각하게 불화하지 않는 범위 안에 놓일 것이다. 되도록 문화의 다양화에 기여해야 한다는 대전제를 유지할 수 있어야겠다. 이때 저작권의 새로운 예외규정에 적용받든, 문화향유권을 생각하든 다양한 방안을 검토할 수 있다. 나는 암묵의 불법적 객체가 되고 싶지는 않다. 예컨대,

　1. '일정한 조건 하에' 실질적으로 기사를 사용하여 편집·개작 하는 등의 권리를 폭넓게 인정받을 수는 없을까? 해당사이트에 등록을 하든, 신고를 하든, 단순히 스크랩을 하든 간단한 절차로 편안하게 자료를 이용할 수 있는 여건이 마련되었으면 좋겠다.

　2. 이미지 등의 다른 저작권 해당 사례에 대해서도 마찬가지다. 단순히 적선 받고 묵인 할 때만 그것을 사용할 수 있는 것이 아니라 자유롭게 활용할 권리를 인정받는 부분이 있으면 한다.

　3. 음원의 경우 음악가들에게 직접적이고 결정적인 수입원이다. 따라서 함부로 '사회복지 차원의' 향유권을 주장할 수는 없을 것이다. 다만 '한번 산 음원'으로 여러 곳에서 들을 수 있거나 '(스크랩 방지 기

능이 설정되었으므로) 자신의 음원을 공개 업로드 하는 행위'에 대해서
는 향유권으로 인정해줄 수 있으면 한다.

연극을 보면 대사의 유형을 독백, 대화, 방백으로 나눈다. 독백은 무대에 자신만이 있고 그가 홀로 하는 말이다. 이는 관객만 들을 수 있다. 대화는 출연진끼리 하는 말이다. 역시 관객은 들을 수 있다. 방백은 출연진은 듣지 못한 채 방백자와 관객만 듣는 대사다. 연극의 특이한 소통 유형이다. 연극의 방백은 사실 제한된 관객에게 던지는 방백일 경우가 대부분이고, 그걸 듣지 못하는 출연진을 상정한다.

나는 이 세 가지 유형의 소통이 눈에 띄었다. 사실 어떤 소통도 세 가지 정도로 크게 나누어 볼 수 있다. 나는 연극의 소통 유형인 독백, 대화 그리고 방백을 살짝 변형하여 적용하곤 한다.

그렇게 볼 때 일상생활에도 독백, 대화, 방백이 있다. 물론 그 말의 소통과정은 연극과 조금 다르다. 우선 독백은 말 그대로 혼자서 하는 말이다. 대화 역시 연극에서처럼 명확한 대상과 함께 하는 말로 기능한다.

그런데 방백은 좀 다르다. 사실 일상생활에서 개인이 방백을 잘 쓰지 않는다. 그렇다고 아예 없는 것도 아니다. 예를 들어, 고물상이 밖에서 "물건 삽니다"라고 외치는 장면을 떠올려보자. 이때 이것은 불특정 다수를 향한 방백이다. 그리고 아무도 듣지 않을 가능성이 높기 때문에 때때로 그것은 '독백이나 다름없는' 방백이다. 다만 누군가 그 말을 듣고 있다면, 그 방백은 '그럭저럭 완전한' 방백의 기능을 하는 셈이다.

선거유세의 경우엔 어떨까? 후보자들은 시민들에게 악수를 하며 한마디라도 더 하려한다. 대화를 시도한다. 그런가하면 마이크를 들고 공약을 설명한다. 방백이다. 지나가는 군중들 일부가 간혹 이 선거유세전을 흥미롭게 지켜볼 수도 있다. 후보자의 마음 같아서는 일일이 대화하고 싶겠지만 어쩔 수 없이 방백하고 만다.

마을회관의 이장이 공지사항을 안내 방송하는 경우도 그렇다. "내일 물 안 나와유"라고 방송하는 내용을 어떤 사람은 들을 것이다. 또 어떤 이는 외출중이라 듣지 못할 것이며, 다른 이는 자느라 듣지 못할 수도 있다. 어쨌든 '제한되어 예상할 수 있는 주민들에게 던지는' 방백이다.

사실 진정으로 완전한 방백을 할 때는 '불특정 다수'를 염두에 둔다. 그런 면에서 일상생활의 방백은 제한적인 면을 띤다. 평면적이면서도 솔직담백한 면도 있다. 온라인의 언어보다는 직접적이고 구체적이라 소외받는 느낌이 적다.

물론 오프라인에도 '완전한' 방백은 있다. 일상생활에 미디어가 개입할 때 새로운 소통 유형이 드러난다. 광고를 보자. 불특정 다수, 때로는 특정 집단의 소비 군을 상정한다. 그들은 일상의 집단보다는 훨씬 광범위하고 드러나지 않는다. 광고는 불특정 다수에게 방백 하는 소통 형식이다. 각 광고는 저마다 자기의 제품을 사라고 쉴 새 없이 속삭인다.

그렇다면 연예인의 공연을 어떨까? 그들은 TV에서 불특정 다수의 시청자에게 방백한다. 물론 방백의 유형은 이걸로 끝나지 않는다. 예컨대 어떤 연예인이 있고 그 연예인에게 사랑하는 사람이 있다고 가정해보자. 그런데 그 연예인이 애인에게 사랑한다는 표시로 "방송에서 하트 모양을 그리겠다"고 약속한다고 상상해보자. 그는 실제로 토크 프로에서 자연스럽게 하트 모양을 그린다. 애인은 이것을 시청하고 기뻐할 것이다. 이때 연예인은 시청자에게 방백을 했다. 동시에 애인과 약속된 대화를 한 셈이다. 이것은 '대화 기능을 일정 부분 수행하는' 방백이다.

그렇다면 이런 경우는 어떨까? 애인과 헤어진 후 한 연예인이 애인 앞에서 A라는 노래를 불렀던 것을 떠올린다고 해보자. 그 노래에는 아름다운 추억이 담겨있다. 그리고 그 연예인은 애인을 그리워한다. 언젠가 그 노래를 방송에서 불러주겠다고 약속했는데 미처 지키지 못한 사실을 떠올린다. 그래서 방송에서 A라는 노래를 부른다. 그는 뒤늦게나마 약속을 지키기 위해 노래를 부른 것이다.

우연히 이 방송을 본 애인은 예전의 기억을 떠올리고는 눈물 흘린다. 그들은 대화를 한 셈이다. 물론 그것이 단순히 그 노래를 불러야 할 상황이라 부른 건지, 아니면 그녀와 다시 잘 해보고 싶다는 의미로 부른 건지 그 애인으로서는 알 수 없다. 그런 면에서 이 대화에서 완전한 소통을 기대할 수는 없다. 그럼에도 그 묘한 대화가 지니는 따뜻한 가능성을 배제할 수도 없다.

만일 애인이 추측한 게 옳다면, 그 연예인은 단순히 A라는 노래를 부른 게 아니다. 그는 3분여의 시간동안 이 말을 되풀이한 것이다. "나는 너와 했던 약속을 지키고 있다" 혹은 "나는 지금 너를 생각하고 있다"라고 소리 없이 외친 셈이다. 이것은 '암시적으로 대화의 기능을 수행하는' 방백이면서 A라는 노래를 통해 옛 추억을 지시하는 방백이다. 이때 노래 전체가 대화이면서 방백으로 기능한다.

또한 이러한 암호와 같은 소통을 우의적으로 활용할 수도 있다. 예컨대 그 연예인은 애인에게 토끼라고 자주 불렀다. 그렇다고 그것을 별명으로 확정한 것은 아니다. 하지만 그는 토끼를 주인공으로 하여 애인과 함께 했던 둘만의 추억을 연상시킬 만한 내용으로 퍼포먼스를 구성한다. 혹은 사랑 고백을 할 때 했던 결정적인 행동을 그 퍼포먼스에 삽입한다. 이를 시청한 옛 애인은 여러 요소가 겹치는 걸 보고 자기의 일과 닮았다고 눈치 챌 수도 있다. 둘만이 아는 은유가 많을수록 그렇다. 이 역시 방백이면서 퍼포먼스 전체가 대화 그 자체다.

이때 대화의 기능이 강해지기 위해서는 조건이 있다. 만일 그 연예인이 그 퍼포먼스를 하기 전에 몇 가지의 초식동물 퍼포먼스를 했다면 그것은 연예기획의 논리적 과정에서 단순히 토끼 퍼포먼스를 했다고 파악하는 게 합리적일 것이다. 그런데 퍼포먼스를 잘 하지 않던 연예인이 느닷없이 퍼포먼스를 했다면, 그 소재가 토끼라는 것이 도드라진다.

물론 이때 객관적인 입장에서는 퍼포먼스를 갑자기 했기 때문에 이렇게 기사를 쓸 수 있다. "어제 연예인 R이 이색 퍼포먼스를 선보였다"라고 말이죠. 그리고 방점은 '토끼'보다는 '퍼포먼스'에 찍힌다.

반면 애인은 토끼 퍼포먼스에서 '토끼'에 방점을 찍을 수도 있다. 그리고 여러 소재들 중 자기와 관련된 것들이 도드라져 보일 수도 있다. 어쩌면 그녀가 그 연예인에게서 "나는 지금 너를 생각하고 있다"라는 소리를 들었다고 여기고 잠시 그 추억에 잠길 수도 있겠다.

다만 이는 언제나 불완전한 대화일 뿐이다. 그러면서도 그들을 단단하게 이어줄 촉매제 역할을 할 수 있다. 그 긍정적인 가능성까지 외면할 수는 없다. 방백은 독백이나 대화와는 또 다른 매력이 있다.

그렇다면 온라인에서도 그럴까?

아마도 방백의 잠재적인 기능을 폭넓게 선보이는 데가 인터넷일 것이다. 그곳에서는 위의 기능 모두를 포함하고도 또 다른 모습이 엿보인다. 예컨대 아직 보내지 못한 편지가 있다고 가정하자. 만일 그 편지글을 오프라인으로만 가지고 있으면 글의 내용은 독백일 뿐이다.

그런데 그것을 블로그에 공개 저장한다면 의미가 달라진다. 이때 공개로 해놓은 편지글은 '불특정 다수가 읽을 수도 있는' 방백으로 기능한다. 또한 그 글에는 다른 바람이 담길 수도 있다. 이제 올린 이는 '내가 쓴 글을 원하는 그 사람이 읽을 수도 있다'는 희망을 지닐 수 있다.[131] 인터넷의 망은 그것을 가능하게 해주었다. 영원히 독백으로 묻히거나 애초에 희박한 가능성 때문에 쓰지 않았을 글을 쓰게 하는 동력을 인터넷에서 얻은 셈이다.

물론 방문객수가 적은 블로거라면 그 편지글을 몇몇만이 읽을 것이다. 어쩌면 대충 훑다가 원하는 자료가 아니라 여기고 다른 곳으로 떠나버릴 수도 있다. 이때 이 편지글은 독백에 가깝다. '대화에 실패하여 독백이나 다름없어진' 방백이라고 표현해볼 수도 있다.

그럼에도 역시 이것으로 끝이 아니다. 그는 그 편지글을 실제로 동봉해서 짝사랑하는 이에게 보낼 수도 있다. 또한 거꾸로 우연히 인터넷을 검색하다가 자기와 관련된 이 편지글을 당사자가 볼 수도 있다. 그때 독백이었든 방백이었든 대화로 전환된다. 자료를 삭제하거나 비공개처리하지 않는 한 여전히 그 가능성이 열려있다. 아주 오래도록 그 자료는 낡지 않고 인터넷에 남아있을 것이다.

물론 이것이 반드시 긍정적인 것만도 아니다. 예컨대 연예인의 경우 과거에는 소문에 대해 자기 귀만 막으면 되었다. 시간이 흐르면 소문이 사라져버리고 그것을 기억하는 이가 거의 없었다. 그런데 이제 그 자료들은 인터넷에 남아있다. 우리는 언제든 마음만 먹으면 한 공인의 과거사를 인터넷에서 상세히 알 수 있다. 지금 어린 아이들이 자라서 해당 연예인의 사생활을 알고 싶을 때도 여전히 그 자료가 인터넷에 남아있을 수도 있다. 가끔 자식에게 말하기 싫은 일들도 있을 것이다. 그 감추고 싶은 비밀을 언젠가 자식들이 알고 말 것이라는 두려움에 사로잡힐 수도 있다. 말하자면 방백에는 희망과 절망이 동시에 담겨 있다.

　그런가하면 무심함도 묻어 있다. 카페의 공지사항을 예로 들겠다. 그것은 제한된 불특정 다수를 대상으로 하더라도 일일이 정을 담아서 얘기하는 것은 아니다. 공식적이고 무표정하다. 대개 문체는 간결하다. 많은 사람이 효율적으로 읽는 것을 의도하기 때문에 일시나 장소 등을 눈에 띄게 표기하고 문장을 짧게 끊어낸다. 때때로 법을 이야기해야 할 때도 있다. "이 공지사항을 무단 복제하여 사용하면 법적으로 처벌받을 수 있다"는 식의 문장 역시 그것을 담고 있다.

　반면 일반적으로 방백과 독백은 책임감을 요구받지 않는다. 혼자서 뭘 하겠다고 써놓았다고 해서, 정말 그걸 지키는지 감시할 사람도 없다. 지키지 않을 경우 구체적으로 어떤 벌을 주겠다고 할 사람도 없다. 만일 그런 사람이 나타나서 벌칙을 이야기 할 경우, 우리는 자신이 하겠다는 것을 약속한다. 그때 우리는 지켜야 할 의무감을 비로소 얻는다.

　흔히 책임감을 부여받지 못한 말들은 독백과 방백 사이에 갇힌다. 독백에 갇히면 말은 외로움에 소외되고, 방백에 갇히면 '관계를 실패한다'는 두려움에 소외된다.

　나 역시 '독'백과 '방'백 사이에 갇히는 경험한 적이 있다. '독방'에 갇힌 셈이다. 한번은 한 블로거를 다른 인물로 착각하여 오해했었다. 그리고 다른 경우는 방백의 놀이를 하다가 그만 정말 대화하고 싶다는 욕심이 생겨서 발생했다. 대개 인터넷 속의 사람들은 "알면서도 모르는 사이"고 "모르면서도 아는 사이"다. 한 블로거의 말이다.

그걸 인정하고 방백을 활용할 때 그 말법은 매우 풍성한 열매를 우리에게 준다. 그러나 만일 어느 순간 방백이 아니라 실제로 대화하고 싶다면 변화가 일어난다. '더 구체적이고 개인적인' 소통을 갈망하면 방백의 규칙을 깨려할 것이다. 더 가까워지길 원할 때 균열이 생긴다.

그런데 "알면서도 모르는 사이"고 "모르면서도 아는 사이"라는 사실이 걸림돌이 되는 경우가 많다. 선뜻 알은 체 하기도 난감하고 대놓고 모른다고 하기에는 박해 보인다. 그러나 아무래도 모른 척하는 편이 각자에게 나은 경우가 많다. 세상의 관계는 차고 넘친다. 또한 얼굴도 모르는 이에게 자신의 사적인 경험이나 생각을 드러내지 않는 편이 안전하다. 설령 상대에게 호감이 있더라도 딱히 그걸 드러내기에도 적합하지 않다. 그때 우리는 자주 온라인 관계 발전에 소극적으로 대처한다. "알면서도 모르는 사이"는 대개 방어적이거나 소극적이다. 인터넷의 관계다.

그러나 사실 대화는 독방에서 멀리 있지 않다. 면회실로 가면 되는데, 다만 간수가 자신이 죄수의 면회를 허용한다는 서명을 해야 한다. 그와의 면회를 신청한 사람 역시 자신이 와서 "면회를 신청했다"는 사실을 서명하여 인정한다. 명기된 이름은 책임과 관련된다.

이렇게 말해놓고 보니 온라인의 방백이 아주 불량하게 보일 수 있다. 그러나 사실 온라인의 많은 소통 유형은 방백이다. 그리고 그 방백은 수많은 정보 공유에 유용하다. 방백 자체는 결코 나쁜 것이 아니다. 그것은 개인적인 관계의 마지막 열쇠가 될 수 없지만, 많은 사람과 말하기 위해 더없이 좋은 방식이다.

　다만 방백을 넘어 진짜 상대와 말하길 원하면 다른 국면을 맞이한다고 했다. 대화를 원하면서 긍정적인 가능성도 열리기도 하고 인터넷의 한계를 절감하기도 한다.

방백의 놀이

> 방백의 놀이는 제한된 정보를 활용할 때 유용하다. 물론 이는 상상
> 의 세계일 수 있다. 그러나 나는 이를 활용하여 하나의 정보에서
> 다양한 의미를 발견하는 법을 익힐 수 있었다. 적어도 각자의 읽는 방
> 식이나 수준을 끌어올리는 데 적용하면 긍정적인 효과를 볼 수 있다.

⌒

  나는 소통의 유형에서 '알면서도 모르는 사이'라는 표현을 인용했
다.[132] 이때 나는 직접적이고도 구체적인 소통을 하기도 했다. 누군가
와 간접적으로 소통하고 있다는 착각에 빠지기도 했다. 그 착각은 상
대의 말이 어떻게 흘러가는지 집중할수록 심해질 수 있다. 이것이 심
해지면 과대망상이나 편집증의 증세와 비슷하다. 나는 이것을 "방백
의 덫에 걸렸다"라고 표현한다. 그리고 그 가혹한 진실 앞에서 허탈한
적도 있다. 그런가하면 실제로 나나 다른 이가 이런 방식으로 서로 소
통한 부분을 인정한 적도 있다.

  여기서 방백의 놀이는 방백의 다양한 측면을 인식하고 그 덫에 걸
리지 않으면서 역으로 그것을 이용하려는 행위다. 그러면 제한된 정

보로 많은 열매를 얻을 수 있다.

온라인 언어에는 방백이 많다. 이것에 관심을 지니는 이유도 그 부작용 때문만 아니라 이것의 잠재력이 매우 크다고 판단하기 때문이다. 그 정보들이 모두 자기와 관련 있을 수 없지만 일종의 놀이로 그것을 자기 것에 적용한다면 매순간 자기비평을 할 수 있다. 그 몰입할 수 있는 요건이 많을수록 관련 사이트에서 올라오는 정보에 집중할 수 있다.

물론 이것이 과하면 좋지 않다. 한 달 동안 6킬로그램이 빠지고 잠도 못 자고 밤을 지새울 정도로 신경이 날카로워지기도 했다. 과도한 스트레스 때문에 헛구역질을 할 때도 있었다. 모든 말들이 나를 향한 채 나를 간질이고 찌른다고 느낀다면 그것 참 기분 나쁘다.

더구나 자칫 방백의 덫에 빠질 수 있다. 나 역시 두 번 심하게 걸렸었다. 어떤 모르는 블로거나 적당히 아는 블로거의 자료가 다 나를 겨냥한 것이라 여긴다고 실제로 착각한다면 이것은 정말 심각하다.

만일 방백의 덫에 제대로 걸렸다고 판단하면 그때는 놀이를 잠시 중지하고 숨고르기를 해야 한다. 그래도 혼란스럽다면 누구에게나 말할 수 있는 객관적 사실을 적어본다. 그리고 그 외의 것에 대해서는 판단을 유보하고 잠시 묻어둔다.

그렇다면 방백의 덫에 잘 걸릴 만한 이들은 어떤 특성이 있을까? 만일 아래 제시할 특성이 자신에게 많다면 아예 쓰지 마라. 정신건강이 우선이지 않는가. 어쩌면 신경이 좀 무던한 사람들이 다음의 특성을 주의하며 활용할 때 건전하게 효과를 볼 수 있을 것이다.

첫째, '이 세계에 우연은 우리가 생각했던 것보다 차고 넘친다'는 사실을 미처 깨닫지 못할 경우 우물효과에 자주 빠진다. 어떤 현상이 애매할수록 해석의 여지가 많다. 그만큼 다양한 의미가 발생한다. 더구나 그것이 자신이나 주변의 일과 관련 있다고 착각할 수 있다. 토정비결이나 운세가 내 경우와 들어맞는다고 여기는 것은 그만큼 그 예언이 모호하기 때문이다. 그래서 그것이 우리를 적확히 설명하고 우리에게 영향을 준다고 믿을 수 있다. 우물효과다.

그럴 때 간혹 어떤 한 사건을 자기를 향한 의미심장한 계시로 받아들이기도 한다. 예컨대 내가 간절히 원하는 것을 목사님께서 어떻게 알았는지 콕 집어서 얘기해주기도 한다. 그때 우리는 그것을 하나님의 계시라고 설명하기도 한다. 그러나 내가 A를 썼을 때 나를 모르는 이도 A나 A-를 쓸 경우는 얼마든지 있다. 대단한 현상이 아니다.

물론 이런 사례가 쌓이면 우연이 아니라 필연이라고 확신할 수도 있다. 나 역시 처음 우물효과에 빠졌을 때 이 현상을 관찰했다. 모르는 블로거였다. 그런데 그가 갑자기 내 주변을 맴돌고 있다고 느꼈다. 결국 그를 의식했다. 그러다가 그가 나를 마치 아는 것 같다고 의심한다. 게다가 그의 블로그에는 나를 아는 듯한 글들이 여럿 있었다고 여겼다.

물론 그것은 사실이라고 할 수 없다. 일단 의심이 들고나니 그렇게 느꼈을 뿐이다. 그때는 그것이 사실인지 아닌지 가려내기 힘들었다.

하지만 증거물이라고 여길 만한 자료들이 무척 많아지자 "이것은 내가 착각한 것이 아니다!"라고 확신하고 만다. 심각한 방백의 덫에 걸려들고 말았다. 그런 후 "우연은 내가 생각했던 것보다 훨씬 많다"라는 문장을 얻었다. 어쩌면 그 역시 나를 의식하면서 엉뚱하게 상호 반응하는 것이었다고 볼 수도 있다.

둘째, 나름 판단 체계를 지니고 추론을 적절히 할 수 있을 때 위험하다. 즉 나름의 판단 체계를 지니고 이를 활용했는데도 진실을 잘못 파악했을 때, 그들은 오히려 논리에 갇히기도 한다. 차라리 즉흥적으로 움직이는 사람들이 낫다. 자신의 판단을 과신하지 않기 때문이다.

나 역시 무작정 아무 근거 없이 방백의 덫에 걸린 것은 아니다. 지금도 결정적으로 이해할 수 없는 일이 있긴 하다. 그 때문에 '내가 착각했다'고 설명할 수 있으면서 반대로 '내가 착각한 게 아니다'라고 충분히 설명할 수도 있다. 애초에 현상을 잘못 인식하면 논리가 견고할수록 더 큰 오류를 낳을 수 있다. 그때부터 논리를 신뢰하지 않기 시작했다. 사실 논리란 거의 대부분은 진리와는 아무런 관련이 없다고 생각한다. 그냥 논리의 세계일뿐이다.

셋째, 집착·집중을 잘 할 때 그 세계가 보인다. 그러니 그것은 인터넷의 세계가 아니라 정신 병리학적 세계와 겹치는 면이 있다. 그저 일반적인 사람이 볼 때는 편집광과 인터넷에 몰입하는 사람을 구별하기 어렵다. 실제로 후자 역시 매우 부정적인 증상을 보이기도 한다.

내 경우엔 집착에 빠진 경우는 심각하지 않았다. 다만 집중도가 문제였다. 그리고 첫 번째 경험 때 우연이 얼마나 많은지 미처 깨닫지 못했다. 심지어 해킹을 당하고 있다는 망상에 젖기도 했다. 뭔가 보이지 않는 힘에 말려들었다고 여겼다.

대개 이것은 피해망상이나 과대망상과 유사하다. 우연적인 일을 자꾸 필연적인 일로 여기고, 누군가가 자신에게 뭔가 모호하게 말한다고 믿는 증상은 편집증과 유사하다. 심각하지는 않더라도 약한 망상증이요, 약한 편집증을 앓는 것이라 할 수도 있다. 과도하게 스트레스에 시달렸다.

넷째, 이런 경우에 보통 해석과 사실을 자주 혼동한다. 현상을 적확하게 구별하는 기능이 약해지면 종종 자신이 바라는 것, 해석한 현상을 진실이라고 믿어버린다. 너무도 많은 증거를 합리적으로 추론하여 자신이 틀릴 수가 없다고 오판한다.

그런 판단 과정을 거치면서 전혀 엉뚱한 인식을 해내고 웃지 못 할 해프닝을 겪었다. 별로 좋지 않은 경험을 했다.

⌒

그런데 씁쓸하고 신기한 경험을 하고 나니 현상을 인식하는 나만의 방법을 터득할 수 있었다. 잘못된 현상과 의도치 않은 놀이였지만 그것에서 일종의 인식 훈련을 한 셈이다.

방백을 활용할 수 있는 길이 보였다. 그것은 실용적인 면과 인문학적인 측면에서 접근할 수 있다. 우선 실용적인 면에서 방백의 놀이를 하여 자기비평을 풍성하게 할 수 있다. 둘째, 인문학적인 측면에서는 이것이 시민지성의 장점을 발현시키는 데 유용하다.

사실 많은 네티즌들이 무의식적으로 이 새로운 소통 방식을 학습하고 있다고 판단한다. 그들은 우의적이고 암시적인 의미들을 민감하게 수용한다. 물론 아직은 초보적인 수준이다. 자신이 어떤 방식으로 소통하고 있는지도 미처 깨닫지 못한 채 감각적으로 방백 혹은 대화를 하고 있다. 간혹 솔직하고 귀엽게 "혹시 그거 저한테 한 말 아닌가요?"나 "혹시 전에 제가 썼던 글 읽은 거 맞죠?"라고 묻는 경우가 있다. 그 순간 아직 드러나지 않았던 소통의 과정 하나가 드러난다.

나는 문학을 좋아하기 전에 이러한 소통이 있다는 자체를 상상하지 못했다. 그것을 처음 인지한 것은 소설 동호회의 읽기 자료 덕분이었다. 그 과정은 다음과 같다.

내가 습작을 올리면 카페지기가 관련된 자료를 올린다. 처음에 나는 내 습작과 자료의 상관관계를 깨닫지 못했다. 물론 카페지기가 내 습작을 보지 않고 여러 자료를 올리는 경우도 많았다.

그런데 어느 날 내 습작과 강하게 연관된 자료를 읽게 된다. 가볍게 우물효과를 경험한 순간이었다. 그런가하면 카페지기는 실제로 내게 그것을 참고하라며 자료를 올리기도 했다. '대화'를 통해서 알 수 있었다. 비공개된 소통 방식으로 나를 끌어들이는 공식적인 초대였다. 그때 나는 그 자료를 유심히 읽었다.

나는 어느 순간 그 자료에 카페지기의 관점이 담겨 있다고 생각하기에 이르렀다. 말하자면 고집 센 소설가지망생들에게 일일이 말해봤자, 입 아프고 감정 상하는 경우가 많으니 말 없는 소통 방식을 채택했다고 추측했다. 정보를 많이 수집한 이들은 시시콜콜 자기 말을 하기보다는 유명인의 말로 대체하기도 한다. 나는 그 방식을 카페지기의 자료에서 처음 인지했다.

물론 그 소통에는 여러 모호한 의미가 섞여들 수 있다. 그 방법으로 내 습작을 부분적으로 '비판한 것'일 수도 있다. '습작 자체는 영 꽝이다. 그러한 소재로는 이 작품을 참조해보라'거나, '이만하면 프로 작품에 버금간다'는 의미를 지닌 것일 수도 있었다. 혹은 '이 작품을 보니 단순하게 누구의 작품을 연상했다'는 말을 대신 한 것일 수도 있다. 말을 아끼지만 말하고픈 욕구 역시 지니고 있어 '말하지 않으면서 말하는' 방법을 택했다고 볼 수 있다.

그때부터 어렴풋이 새로운 소통을 느끼기 시작했다. 그리고 혹독한 경험을 한 후 그 흐름을 몸에 철저히 익힌 셈이다. 이것을 다양하게 발견하고 활용할 수 있었다.

이제 나는 여러 사이트에서 자료의 유통 과정을 지켜본다. 예컨대 한 블로거가 A라는 자료를 올린다고 가정해보자. 그럴 때 주변 사람들이 묵묵히 그 자료를 읽는다. 그리고 즉각적으로 반응을 보이며 댓글을 다는 이들이 있다. 또 어떤 사람은 그 자료의 장점을 인정하되 굳이 교류를 하지 않는다. 그들은 종종 그 자료에서 연상된 A1·A2의 자료를 올리면서 반응한다. 또 어떤 이는 B1·B2를 올려 A에 대치되는 의견을 보인다. 그리고 다른 이는 긍정적이거나 부정적인 어떤 반응도 보이지 않는다. 또 어떤 이는 그 자료에 반응을 보이지는 않았지만 무의식중에 A와 연관된 정보 a를 올린다.

그때 처음의 블로거가 우연히 그 자료를 본다고 하자. 그는 a라는 정보에서 자신의 흔적을 발견하고 a1을 올릴 수도 있다. 이 과정을 반복하다보면 실제로 소통하지 않는 사람과 소통하고 있다고 착각하기도 한다. 다행히 정말로 적절하고도 말없이 소통하는 경우도 있다. 결국 대화하게 되는 경우도 있다.

그런가하면 전혀 엉뚱하게도 자신을 모르는 사람에게 화를 내는 경우도 있다. 물론 그 화도 aaa1라는 자료를 올리거나 일기로 상황을 우의적으로 빗댈 수 있다. 해당 블로거의 글에 댓글을 달면서 우회적으로 전혀 다른 문제에 불만을 토로하기도 한다. 신세대는 일찍 사이버 대화를 익힌 터라 자연히 이를 터득하고 있는 듯했다.

다만 이는 객관적이지 않다. 증명된 것도 아니다. 나는 그들에게 일일이 그 심정을 확인하지 않았다. 그저 짐작하는 대로만 말하자면, 모두가 예민한 감각과 우의적 기법을 매일 연습하는 듯했다.

이것을 객관적인 현상이라 진단하기 위해 엄밀하게 연구해야 할 것이다. 물론 나는 그것에 관심을 지니고 있지 않다.

이 현상이 실제로 있든, 없든 나는 이 소통 방식을 자기비평에 활용한다. 이것이 방백의 놀이다. 방백의 놀이를 유익하게 활용하기 위해 방백의 덫에 걸릴 조건을 역으로 이용하는 것이다.

첫째, 엄밀하게 이 놀이는 가상의 환경에서 이루어지고 있는 점을 잊지 않아야 한다. 간혹 이 사실을 잊는 경우가 있는데 그러면 심각해진다.

둘째, 최소한의 소통 가능성을 열어두어야 한다. 만일 내가 전혀 모르고 그가 나를 전혀 모른다면 둘의 소통이 있다고 여기기 매우 힘들다. 그러면 상대의 정보가 나에게 향한다는 조건을 세우기가 어렵다. 결국 몰입도가 떨어진다. 즉 뉴욕 시민이 나를 알고 내 글에 반응을 보일 것이라 상상하기란 거의 불가능하다.

이런 경우를 제외하고, 누군가 내 글을 봐주고 있다는 조건이 생기면 방백의 놀이는 탄력을 받는다. '상호교류를 하고 있다'는 믿음으로 글을 쓴다. 그것은 상대 반응을 지켜보고 자기비평을 할 수 있는 추진력으로 기능한다. 그래서 나는 그것과 관련된 조건을 성립시키기 위해 최소한의 행위를 한다. 예컨대 특정 블로거에게 댓글을 단다. 그가 반응을 한다. 그는 이제 나를 알았다. 그리고 서로 가끔 교류하면서 구체적으로 반응한다. 이때부터 방백의 놀이를 시작할 수 있다. 여러 자료를 올리고 그의 반응을 지켜보는 것이다.

이때 '서로 교류하고 있다'는 믿음을 만드는 선행행위는 중요하다. 만일 이 행위도 없이 세상 모든 사람, 자신을 알지도 못하는 사람이 자신에게 반응한다고 착각하면 그는 심각한 정신적 문제를 지니고 있을 수 있다. 이들은 방백의 놀이꾼이 아니라 편집광이 될 만한 자들이다.

셋째, 여기서 우물효과를 적절히 이용한다. 그들이 나에게 반응한다고 가정하면 상대 자료에 깊게 몰입할 수 있다. 그럴수록 글의 내용이 내게 더 많이 들어온다. 수많은 의미가 내 정보와 상대의 자료에서 발생한다. 다양한 사람들의 의견을 듣는 것과 같은 효과가 생긴다.

제한된 정보와 사이트를 방문하면서도 매순간 다양한 의미를 얻을 수 있다. 몇 사이트만 겹쳐놓고 참조하다보면 다양한 의견 사이에 충돌이 일어난다. 그때 놀랍도록 다채로운 비평적 의미를 보게 된다. 이것은 다른 사이트의 정보와 겹치면서 더 복합적인 비평문처럼 변화한다. 암호를 푸는 것과 같다. 그러면서 의외의 문학적 연습을 한다. '아하, 이렇게 생각할 수도 있구나!' 하고 무릎을 친다. 오히려 내 것과 무관해 보이는 생뚱맞은 정보일수록 내 정보와 긴장하며 아주 독창적인 비평문으로 드러나기도 한다. 방백의 놀이를 활용할 때 전혀 어울릴 것 같지 않은 분야를 끌어와 변형하는 길을 찾기도 한다.

나는 내 생각이 경쟁력이 있는지 알려고 이런 방식을 자주 쓴다. 우선 내 생각을 올리고 방백의 놀이를 하려고 조건을 만들어두었던 곳들을 방문한다.

초창기에는 내 생각을 올리면, 그것과 연관돼 보이는 보충 정보를 올리거나 직접적으로 내게 반응한 경우도 있다. 그러면 나는 "이 생각은 경쟁력이 없다"고 마음에 적는다. 그런가하면 내 생각을 잘 못 이해하거나 엉뚱하게 반응을 보이거나, 관련 자료가 거의 올라오지 않기도 했다. 여러 번 시도해도 그럴 경우, 그때 나는 "이 생각은 경쟁력이 있다"고 적었다. 그렇게 나는 매순간 자기비평과 점검을 한 셈이다. 방백의 놀이를 적절히 이용하면 자신에 대해 더 많은 것을 생각할 수 있다. 제한된 정보에서 출발하는 비판적 상상력을 키우는 데도 유익하다.

또한 이러한 과정을 거친 후 사람들에게서 직접 구체적인 비평을 들으면서 균형을 맞춘다. 이때는 주로 내가 의도한 것을 그들이 적절히 읽어내는지에 초점을 맞춘다. 자기비평을 하면서 수많은 의미를 고려하더라도 독자가 그걸 제대로 수용하지 못하면 무의미하다. 그러므로 그 표현의 수위와 보편타당한 표현력을 익히기 위해 그들의 의견을 참고한다.

☞ 강수택, 『다시 지식인을 묻는다』, 삼인, 초판1쇄, 2001

: 『다음으로 필자가 의미하는 시민이 누구인지 간략히 설명하고자
한다. 간략히 정의하면 시민은 생활 세계의 참여자로서 외부의 힘
으로부터 생활 세계를 지키고 이를 자율적으로 개선하려는 사람들이
다. 통상 우리말에서 사용되는 시민의 의미는 상호 연관된 세 가지로
크게 나뉜다. 첫째는 도시 지역 주민, 둘째는 시민 계급의 구성원, 즉
부르주아, 셋째는 시민 사회의 구성원이다. 필자가 뜻하는 시민은 이
가운데 세 번째에 해당된다.

그렇다면 시민 사회란 무엇인가? 이를 설명하는 여러 이론적 관점
이 있지만 필자가 여기서 뜻하는 시민 사회란 영어의 'civil society'에
해당된다. 이것은 시민 계급의 사회를 뜻하는 'bourgeois society'와
구별된다. 따라서 시민 사회를 단순한 시민 계급의 사회와 개념적으
로 구별하여 설명한 그람시의 관점과 프랑크푸르트 학파의 비판 이
론적 관점에 필자는 주목하고자 한다. 그람시의 시민 사회론에서는
부르주아 계급과 프롤레타리아 계급 사이의 투쟁이 가장 중심 되는
주제다. 오늘날 한국 사회의 현실을 이해하는 데 있어서도 계급 갈등
은 여전히 가장 중요한 주제 가운데 하나다. 하지만 필자는 계급 갈등
을 가장 중요한 주제 가운데 하나로 간주하지 결코 유일한 혹은 언제

나 가장 중요한 주제로 여기지는 않는다.

　그런데 하버마스의 비판 이론에서는 자본주의 체제의 모순뿐 아니라 국가의 정치 행정적 체계의 문제도 핵심적인 논의의 대상으로 다루고 있다. 그리고 문화 변동의 문제도 자본주의 혹은 국가 관료주의의 문제와 독립적인 문제로서 중요하게 다루어져 있다. 이렇게 본다면 오늘날 한국 사회 현실의 논의 주제를 포괄적으로 다룰 수 있는 여지가 그람시보다 하버마스의 이론에서 더욱 많다. 따라서 시민 사회를 파악하는 데 있어서 그람시보다는 오히려 하버마스의 이론적 관점을 더욱 취하고자 한다. 물론 필자는 하버마스 논의의 현실적 배경인 서구 사회가 한국 사회와 상당히 다르기 때문에 그 논의가 한국 사회의 현실에 그대로 적용되기 어렵다는 점을 충분히 인식하고 있다.

　여기서 필자가 특히 관심을 기울이는 하버마스의 이론은 그의 소통 행위론에서 발견되는 생활 세계론이다. 이 생활 세계론은 그의 초기의 역사적 시민 사회론을 이론적으로 성숙하게 만드는 중요한 계기가 되었기 때문이다. 그의 생활 세계론은 코헨과 아라토에 의해서 본격적인 시민 사회론으로 발전되었다. 하버마스에게 있어서 생활 세계란 원래 정치적·경제적·사회적 그리고 문화적인 재생산 영역이었다. 그 후 생활세계가 합리화되는 과정에서 정치 행정적 영역과 경제적 영역이 각각 자립적 하위 체계로서 생활 체계로부터 분리되어 나감으로써 생활 세계는 이제 사회 문화적 영역으로 남게 되었다. 생활 세계의 중심 기제는 의사 소통으로서 이에 근거하여 문화의 전수, 사회적 통합, 그리고 개인의 사회화가 이곳에서 이루어지는데, 이들이 생활 세계의 재생산 과정이기도 하다. 이러한 재생산은 전통의 보존과 쇄신, 또 연대와 정체성 개발을 위한 제도를 요구하는데, 코헨과 아라토에 의하면 이것이 오늘날의 시민 사회 개념과 가장 잘 조응하는 제도적 수준에서의 생활 세계 개념이다.』[133]

저자 강수택이 제시하는 모든 이론가들을 섭렵한 것은 아니어서, 그의 주장 모두를 이해했다고 할 수는 없다. 다만 나는 시민지성에서 시민의 범위를 확정하려 할 때 그가 기록한 시민의 범위와 개념을 참고하여 수용했다.

물론 저자가 제시하는 시민적 지식인상과 내가 생각하는 시민지성은 정체성이 다르고 방향성이 다르다. 사유의 방법, 저술의 구체적인 틀과 지향성에도 차이가 있다.

그럼에도 둘 모두 시민이며, 계급적 관점을 완전히 배제할 수 없다는 것에 동의한다. 즉 시민은 중간 계급이면서 노동자일 수 있다. 이 생활세계에 한쪽만 존재하는 경우는 없다. 또한 강수택은 시민적 지식인의 조건으로 "첫째, 비판적 지성이어야 하고, 둘째, 생활에 '밀착하여 사유해야 하며, 셋째, 반엘리트적·반계몽적이어야 한다"고 제시했다. 이것 역시 시민지성과 크게 다르지 않다.

시민지성은 무엇으로 표현하는가?

┃ 시민지성의 여러 표현 수단을 언급하면서 자신의 복합적인 위상을
┃ 치밀하게 인식하는 도구로 글쓰기가 가장 효과적이라 주장했다.
글을 써서 세상의 정보를 구체적이고도 성실하게 수용할 수 있다.

다만 그것만이 전부는 아니다. 사실 표현의 난도만을 따진다면 사
진 작업이야말로 정보생산에 참여하기 가장 쉽다. 물론 수준 높은 사
진을 찍으려면 여전히 난제는 있다. 그래도 가끔은 예리한 안목과 끈
기 있는 기다림이라는 덕목만으로 좋은 사진을 찍을 수 있다. 아마추
어 사진가들은 이를 자주 증명한다.

또 사진기라는 표현 매체가 글을 쓰기 위한 도구보다는 비싸지만,
그렇다고 개인이 감당하지 못할 수준도 아니다. 책과 사진을 놓고 볼
때 하나의 작품을 생산하는 시간도 사진 작업 쪽이 빠르다. (칼럼과 같
은 짧은 글을 작품으로 놓는다면 얘기가 달라진다.) 대신 직접 현장에 뛰어
들거나 예술적 연출을 구상하고 모델과 장소를 섭외하는 사전 작업
까지 포함한다면 어느 쪽이 더 빠르다고 하기는 어렵다.

어쨌든 나는 사진 쪽이 참여의 측면에서는 글보다 더 수월하다고
여긴다. 그래서 사진을 주목한다. 다만 사진은 구체적이고 명징하게
의미를 드러내기보다는 상징적인 처리나 짧은 순간을 통해 전체를

드러낸다. 시적이다. 이와 같은 방식은 세계에 대처하는 데 모든 생각을 상세하게 드러낼 수 없다는 한계를 지닌다.

그렇다면 비디오카메라를 활용하는 건 어떨까? 실제로 비디오 저널리스트들은 캠코더를 들고 구체적인 사건의 진행을 매체에 담아낸다. 극영화의 서사 문법이나 산업적인 제약에 비해 훨씬 자유롭다. 창작 기술의 난도도 그리 높지 않다. 역시 오래 활동하다 보면 결코 만만치 않은 표현의 한계가 있겠지만, 많은 이들이 동영상 조작법을 빠르게 익힌다. 관찰과 인내만이 중요한 덕목이다.

게다가 점점 휴대폰 등 다른 매체에 동영상 기능이 붙는다. 우리는 이것을 적절하게 활용할 수 있다. 디카로도 영화를 찍을 수 있다. 다만 아직은 전문가의 수준에 버금가려면 많은 비용과 시간을 들여야 한다. 단순히 질이 떨어져도 '저예산' 혹은 '독립'이라는 표현이 정당화될 수 있다면 그만큼 높은 수준의 작품을 만들기에는 여러 장벽이 존재하는 것을 의미한다.

반면 글쓰기에서 '저예산'이라는 표현을 쓰지 않는다. 애초에 저예산이라 이것으로 질이 떨어진다고 변명할 수 없다. 또한 '독립'이라는 개념도 제도권에서 떨어져있다는 의미로 한정할 뿐 그것이 비용이나 유통망 등에 대한 한계를 의미하는 것이 아니다. 그만큼 글쓰기의 참여 가능성은 높다. 다만 글쓰기 자체는 단순히 관찰과 끈기만 가지고 좋은 작품을 쓸 수 있는 것은 아니다. 사유를 매끈하게 풀어내고 상대를 공감하게 하는 능력이 다른 수단보다 더 요구된다. 더구나 사람들이 책에서 감응을 느끼는 능력도 많이 퇴화되었다. 그래서 시각이나 청각을 활용한 매체에 비해 독자의 반응을 끌어내기가 어렵다.

그러면 음악은 어떨까? 사실 나는 '저술 참여'라는 화두를 붙잡을 때 강력하게 주류로 기능하는 '대중음악'을 참고했다. 참여의 측면에서 보면 음악은 너무 어렵다. 단순히 의지만 가지고 우리가 음악가가 될 수 있는 것은 아니다. 물론 예전보다 접근도가 높아진 것도 사실이다. 많은 음악장비들이 대중의 참여를 수월하게 하기도 한다. 그래서 20대 이후 뛰어난 선율 감각이 있을 때 간혹 성공할 수 있다는 신화가 생겼다. 더구나 음악은 감성적인 면에서 호소력이 강하니 시민예술가가 검토할 수 있다.

그럼에도 장비 가격이나 예술적 감성, 리듬 감각 등 여러 요인이 높은 벽인 것은 맞다. 유럽고전음악과 같은 고난도 예술은 말할 것도 없다. 나는 아무리 드럼을 배우려고 해도 '왼손이 하는 일을 오른손이 모르게 할 수 없다'. 그게 따로 놀아야 하는데 꼭 보면 결국 손들은 같이 움직인다. 노래를 부를 때도 그렇다. 베이스 파트를 맡았는데 어느새 보면 테너음을 따라하고 있다. 음정도 살짝 불안하다. 음정이 불안한 것을 내 스스로 알지 못하니 더욱 심각하다. 아무리 지적받아도 뭐가 잘못되었는지 모른다.

게다가 대중음악은 글쓰기처럼 세계를 구체적이고도 자세하게 인식하는 데 용이하지 않다. 그럼에도 대중음악의 진로를 살필 때 시민지성의 두 가지 맥락의 길을 닮아있어 흥미로웠다. 나는 먼저 '시민'

이라는 표현을 떼어내기 위해 정식으로 제도권의 절차를 밟는 방법을 제시했다. 대중음악가라면 유럽고전음악이나 국악의 아카데믹한 절차를 밟아서 예술음악(?)을 하는 경우가 있겠다. 그런가하면 시민지성이 자기 정체성을 인정하고 제도권의 문법을 흉내 내지 않는 방식이 있을 수 있다. 이럴 때 사실 아마추어들은 전문가보다 더 나을리 없다. 그럴 가능성은 매우 희박하다.

하지만 그런 사례가 대중음악에 분명 있다. 여러 좋은 음악이 결국 유럽고전음악의 성과와 견줄 수 없어 그 그늘에 가려버리지만, 재즈는 다르다. 가장 밑바닥에서 성장하여 결코 유럽고전음악이 가지 않았던 지점에 이르렀다. 그 대별되는 지점에 섰기 때문에 재즈는 특별하다. 재즈가 유럽고전음악보다 못 하다는 말을 이제는 함부로 하지 않는다. 편견이야 존재하지만, 유럽에서는 이제 재즈와 클래식을 제도권에서 함께 가르치기도 한다. 재즈 역시 아카데믹화하는 길을 걷게 되었다. 그러면서도 여전히 제도권으로 편입되지 않은 채 활동하는 독립적인 예술가들도 많다. 말하자면 여전히 재즈계에서는 음악가가 그냥 음악을 하고 음반을 내다보니 재즈 음악가라 불린다. 인디록계에서도 마찬가지다.

즉 대중음악과 재즈 창작에 참여하긴 힘들어도 충분히 의미 있다. 나는 그것을 시민지성이 독자적으로 성숙할 수 있을 것이라 주장할 때 하나의 사례로 삼는다.

시민지성의 화두, popular

나는 'popular'라는 표현을 네 가지로 나누어 살핀다.

첫째는 흔히 '대중적으로 널리 알려지다'라는 뜻이요,

둘째는 형식적인 면에서 짧고 단순하여 접근도가 높은 틀을 가리키거나,

셋째는 기술적인 면에서 대중이 감당할 수 있는 수준일 때 이 수식을 붙일 수 있다.

마지막으로 소재적인 면에서 흔히 자주 쓰이는 대중 문화적 소재를 적극적으로 인용하여 작품을 구성할 때 이 수식을 쓸 수 있다.

물론 이는 참여 여부에 따라 달라진다. 단순히 어떤 정보생산물을 수용만 한다면 수용자는 세세한 부분을 신경 쓰지 않는다. 그들은 전체를 뭉뚱그려서 그것에 반응하는 자신이 중요하다. 아무리 예술이라 한들 아무도 감상하지 않는 예술에 'popular'하다는 표현을 붙이지 않는다. 그들은 그것이 첫 번째 의미에 합당한지를 고려할 것이다.

그러나 시민지성에게는 다양한 분야에 접근할 수 있는 도구가 필요하다. 따라서 형식과 기술적인 면에 더 집중해야 한다. 이들에게 첫

번째와 마지막 의미는 선택적인 사항일 뿐이다. 다만 시민지성은 지적 권위주의를 극복하려한다. 따라서 보편적인 감성에 호소하는 첫번째 작업을 활용하는 것도 나쁘지 않다. 그런가하면 자신의 삶이 대중문화에 잠식당했다고 인식하고 이를 비판할 수도 있다. 이때 대중문화적인 요소를 오히려 더 적극적으로 인용하여 전복적인 의미를 연출할 수도 있다. 자기 지점을 명확히 알고 창작한다는 면에서 네 번째 작업을 진지하게 고려하는 것이다.

이때 팝아트라는 개념을 더 생각해볼 수 있다. 팝아트의 대가 앤디 워홀은 현대예술가의 입장에서 대중문화적 요소를 전시실로 끌어들였다. 네 번째 의미로 'popular'한 소재를 끌어들여 작업을 했지만 그는 엄연히 현대 '예술가'의 태도를 지닌다. 그는 대중문화를 관찰했다. 또한 그의 작품은 첫 번째 의미로 'popular'하지 않다. 누군가 앤디 워홀의 작업이 '팝아트지만 팝적이지 않은' 아이러니한 면이 있다고 했다. 여기서 그것은 '(소재구성 면에서) 팝-아트지만 (첫 번째 의미로) 팝적이지 않다'는 뜻이다. 'popular'의 의미를 하나의 범주에 놓고 보았기 때문에 오류가 생겼다.

그런가하면 비디오 아트와 그래피티는 앤디 워홀의 연장선에 있다. 특히 그래피티 등의 힙합 문화는 시민예술가에게 매력적인 면이 많다. 뒤샹이나 몬드리안의 작업은 두 번째와 세 번째의 의미로 'popular'하다. 예술가로서 그들은 기술적인 면을 단순화했지만, 작품 내용마저 단순했다고 하기는 어렵다. 분명 사람들에게는 난해한 예술이었다. 첫 번째 의미로 'popular'하지 않다. 다만 뒤샹은 레디메이드한 오브제를 인용하여 네 번째의 의미로 'popular'함을 성취했다. 정크 아트는 뒤샹의 작업을 확장했다고 볼 수 있다.

미니멀리스트들 역시 두 번째와 세 번째의 의미로는 'popular'한 예술세계를 제시했다. 추상화가들도 마찬가지다. 이들의 기술적인 면 역시 'popular'하다고 할 수 있다. 다만 이들 역시 몬드리안처럼 소재가 네 번째의 의미로는 'popular'하지 않다. 옵티컬 아트의 경우엔, 형식적으로만 'popular'하다. 기술적인 면에서 쉬워 보이지만 의외로 정교한 구성은 오래 숙련하지 않으면 감당하기 힘들다.

이와 같이 그들의 작업을 예술가의 관점에서 분류할 때는 대개 첫 번째 의미로 'popular'하지 않다. 드물지만 첫 번째 의미로 'popular'한 경우로는 일러스트나 애니메이션 작업이 있을 것이다. 그리고 펑크 록이 있다. 특히 이 장르는 'popular'한 거의 모든 요소를 아우를 수 있는 가능성을 지닌다. 다만 섹스 피스톨즈나 클래쉬처럼 정통 펑크 록그룹들은 첫 번째 의미의 'popular'를 의도적으로 배척한다.

또한 대중음악의 많은 장르는 'popular'하다. 사진은 어떤가. 감상의 관점에서는 첫 번째 의미로 'popular'하지 않지만 기술적인 면에서는 다루기가 매우 쉽다. 고급예술의 관점에서 대개 대중예술들은 형식적·기술적인 면에서 'popular'하다.[1]

그런데 참여의 관점에서 보면 시민예술가가 이러한 수준에 이르는 건 쉽지 않다. 상대적이라고 할 수 있다. 어떤 면에서는 클래식이나 국악 이외의 대중음악가들도 시민예술가다. 하지만 이미 자리 잡고 고도로 체계화되어 현실적으로 분명 탁월한 재능이 있어야 접근 가능한 장르의 대중음악가들을 시민예술가라고 부르기는 어렵다.[2]

시민예술가는 예술가의 창작 방식을 수용하여 지식과 일상을 성실히 흡착할 수 있는 2차 독서로서 예술창작을 한다. 예술적 상상은 현상에서 가장 멀리까지 나아가볼 수 있게 한다.

시민예술가는 반드시 첫 번째 의미로서 'popular'함에 집착하지 않는다. 오히려 다른 의미의 'popular'함을 활용하여 나름대로 정보를 생산할 수 있다. 이들은 일반적인 예술가처럼 이에 접근할 수 있다. 예술가가 획득한 '또 하나의' 전문성은 학계의 전문성과는 다르다. 따라서 시민예술가들은 수용자의 태도를 고수하지 않고 각자의 경험 안에서 개별적인 권위자가 될 수 있다. 제도에 속하지 못할 뿐 창작 방법이 매우 난해해서 접근하기 힘든 것은 아니다. 특히 글의 경우는 누구나 쉽게 접근할 수 있는 표현수단이다. 시민문학가의 길을 걸어가는 것이 여러 갈래 중 하나의 길이 될 수 있듯, 모든 분야에 시민예술가가 있을 수 있다. 그들은 제도권 외곽에 위치하면서 창조적 작업

---

[1] 극영화도 마찬가지로 현대 대중예술의 핵심이다. 그러나 이들 장르는 대개 첫 번째 의미로만 'popular'하다.

[2] 다만 대중음악계는 예술음악계와 달리 제도적인 압박이 크지 않다. 음악가가 음악가로서 활동하기 위해 음대를 졸업해야 하거나 유명 콩쿠르에서 우승해야 하는 것도 아니다. 홍대 음악가들은 악기를 들고 라이브 클럽에서 연주하기 위해 노력할 뿐이다. 그도 싫다면 길거리에서 연주하고 음반을 내기 위해 노력한다. 그런 면에서는 일반적으로 대중음악가는 시민예술가다.

을 할 수 있다. 이때 몬드리안이 바랐던 대중적인 파급효과를 참여의 관점에서 이룰 수 있다.[134] 저술 대중화 중 우리가 직접 생산자 역할까지 소박하게나마 할 때 저술 참여화는 시작된다.

정보수용자의 수준이 오른다는 것은 두 가지를 의미한다. 하나는 재야에서 제도권의 관행에 휘둘리지 않고 독창성을 확보할 가능성이 높아지는 것이요, 또 하나는 유럽의 축구시스템에서 알 수 있듯 해당 관심 장르를 고난도로 읽어낼 수 있는 고급수용자가 양산되는 것을 의미한다. 참여하여 익힌 기술 습관은 감상 수준을 끌어올려 줄 것이다.

아무리 많이 독서하더라도 우리는 평생 동안 동네 도서관의 책조차 다 읽지 못한다. 하루에 한 권씩 읽더라도 1년에 365권을 읽고 100년 간 36,500권을 읽는다. 당연히 정독을 할 수 없다. 만일 하루에 한 권씩 정독한다면 아주 가벼운 책이거나 독자가 아주 탁월한 능력을 가진 경우뿐이다. 대개 이것은 불가능하다고까지 말할 수 있다.

내 경우엔 책을 느리게 읽는다. 아무리 빨리 읽어도 3일이요, 일주일 동안 한 권의 책을 붙잡고 있는 경우도 있다. 그런가하면 직장을 다니거나 다른 일이 있을 경우 몇 달 간 한권의 책도 제대로 읽지 못한다.

대개 100살을 넘기지 못한다. 그러니 어렸을 때를 빼놓고 보면 10살에서 70살 정도까지 책을 읽는다. 기껏해야 60년 정도 책을 읽는다고 해도 무리는 아니다. 그것도 책을 좋아하는 경우에나 그렇다. 그랬을 때 나는 일 년에 122권을 읽고 60년 동안 7,320권을 읽는 셈이다. 여기서 글을 쓰는 동안 읽지 않는 습관까지 포함하면 다시 반이 줄어든다. 6개월을 독서하고 6개월을 쓴다고 가정했을 때 그렇다. 그러면 일 년에 61권이요, 60년 동안 3,660권을 읽는다. 책을 제대로 읽었다고 할 때 이렇다. 많은 이들이 이 범위에서 약간 더 읽거나 덜 읽는다.

결국 독서법에 따라 얼마 차이 나지 않는 분량 안에서 효과가 달라진다. 어떤 이는 여러 책을 읽으면서 사유의 망을 짜기도 하고 어떤 이는 즉흥적으로 책을 읽는다. 그 책 하나하나에 대한 감흥은 비슷할지라도 사유의 망을 짜는 습관을 들인 쪽이 어떤 한 현상을 입체적으로 인식하기 수월하다.

망을 짜는 쪽은 거시적 독서를 하는 축이다. 그들은 개론적이고 역사적인 흐름을 파악하는 독서를 하면서 전체를 조망한다. 물론 거시적 독서만으로 망을 짤 때도 한계는 있다. 망이 성길수록 우리는 제한된 정보에서 많은 걸 얻어내기 힘들다. 또한 잘못된 판단을 할 가능성도 그만큼 높다.

이때 각 분야에 대해 오차범위를 줄여가기 위해서는 망의 틈이 좁아야 한다. 즉 미시적 독서를 병행해야 한다. 가벼운 독서를 할 때는 손 가는 대로 재미있는 책을 읽을 수 있다. 각자 그러면 된다. 개별적 독서는 미시적 독서일 경우가 많다. 그들은 책읽기 자체로 취미생활을 한다. 다만 미시적 독서만을 할 경우 전체를 인식하기 어렵다. 숲을 보지 못하고 나무만 보는 꼴이다.

반면 거시적 독서를 충분히 한 사람은 자신이 미시적 독서를 할 때 그 책에 담긴 내용이 어떤 분야의 어디쯤 위치한다는 것을 짐작할 수 있다. 그래서 거시적 독서를 할 때 여러 분야의 역사서를 먼저 탐독하는 것이 좋다. 역사의 범위가 세부적일수록 좋다. 문화사·경제사·철학사·과학사·예술사·문학사·패션사·건축사·의학사 등등 전체 역사를 보다보면 시간별로 겹치는 부분들이 엮이면서 전체를 조망할 수 있는 힘을 얻는다. 거기서 범위를 좁혀갈 수 있다. 다양한 분야의 원론과 각론 등을 읽어나가면서 '생각'의 변천사를 알 수 있다. 결국 모든 역사는 인간이 세상을 대면하는 사유의 변화를 기록한 것이다. 그 사유의 변화가 여러 사건이나 배경으로 드러난다. 우리는 이를 통해 세밀한 사유의 흐름을 읽어나갈 수 있다. 거시에서 미시로 좁히고 미시에서 다시 거시로 넓혀가는 독서를 하면서 미처 발견하지 못했던 사유의 흐름이 눈에 띈다. 그것이 엮이면서 기록에서 드러나는 의미가 더 풍성해진다. 그러면 창의적으로 비교하거나 해석할 수도 있다. 또한 인간을 중심에 두는 인문학과 문학, 현상 중심으로 인간을 객체로 두는 분야를 입체적으로(거시적이면서 미시적으로) 독서할 수 있다. 이를 통해 인간을 안과 밖에서 살필 수 있다.

이것을 조화롭게 할 때 입체적 독서를 성숙하게 할 수 있다. 이때 상황에 따라 여러 독법을 사용할 수 있다. 어떤 책이나 부분을 빨리 넘길 수 있는지 판단할 수 있는 여력이 생긴다. 어떤 부분은 정독하고 숙독해야 한다. 그런가하면 어떤 부분이 자기에게 필요한지를 목차와 부분만 보고 파악하여 발췌독할 수 있다. 능력이 있는 사람은 속독할 수도 있다.

하지만 나는 속독을 선호하지 않는다. 읽고 나서 아무것도 남지 않았기 때문이다. 특히 문학서처럼 문장 자체부터 복잡다기한 어조를 담고 있는 고도의 집적물을 독서할 때는 아무래도 정독, 그보다는 숙독을 권유한다. 시간을 많이 들여 생각할수록 내용이 몸에 붙는다고 해야 할까. 내 경우에는 그렇다. 다만 사람에 따라서 내 경우와 다를 수 있다. 따라서 함부로 속독하지 말라고 할 수는 없다.

그런가하면 독자에 따라서 (즉 전문가가 아니라면) 어떤 한 철학가의 사상을 명료하고 적확하게 아는 것보다 그 사람의 사상을 간결하게 읽고 때때로 오독하면서 자기 생각의 밑천으로 삼을 수도 있다.

물론 인용한 내용 안에서는 그 사상을 이해해야 한다. 혹은 어떻게 오독했는지 냉철히 인식하고 이를 다른 방식으로 활용할 수는 있다. 만일 잘못된 정보를 인지하지 못한 채 그것을 인용한다면 자기 글에 책임지지 못한 것이겠다.

읽을 수 있는 만큼 쓸 수 있는 건 아니지만 잘 쓸 수 있는 가능성은 높아진다. 제대로 볼 수 없는 상태에서 감각적 읽기나 쓰기는 분명 한계가 있다. 결국 자신의 수준만큼, 감각만큼만 읽어 내거나 쓸 수 있다.

또한 수용자의 저술 참여는 궁극적으로 더 잘 읽기 위한 절실한 실천 행위다. 만일 입체적으로 아주 뛰어나게 독서할 수 있다면 굳이 쓰지 않아도 된다. 그래도 써야 한다면 그때 그들의 저술 행위엔 자기가 얻은 기술을 공유하려는 의미까지 담겨 있다.

글이 중요한 것은 이러한 읽은 내용을 구체적으로 남들에게 보일 수 있기 때문이다. 어떤 대상이나 책에 대한 감평이나 비평을 살피면 그 인식 수준과 깊이를 짐작할 수 있다. 동시에 각자의 문제점을 점검할 수 있다. 단순히 쓰고 읽는 것만으로 끝나지 않는다.

아무리 구체적이고 상세하게 밀도 있는 글을 구성하더라도 언제나 거기에는 행간의 틈이 있기 마련이다. 뛰어난 독자라면 오히려 이 자세한 내용에서 빈틈을 찾아내 더 방대한 오독과 상상을 할 수도 있다. 이 정도 수준의 독자가 있다면 우리는 더는 저술 참여화 등을 고민하지 않아도 된다.

세상에 대한 읽기에도 이를 똑같이 적용할 수 있다. 그래서 우리는 더 상세히 써야 할 것이다. 그렇게 쓰면서도 결국 '완벽하게 밀도 있는 글이란 불가능하다'는 것과, '언제나 글에서는 복잡다기하고 예상치 못한 의미가 돌출된다'는 것을 절실하게 느낄 수 있다. 그 단계에서 우리는 가장 고급한 독자가 될 것이다.

이 단계에 이르면 하나의 정보가 감각적으로 어느 지점에 위치하고 어떤 의미를 지니는지를 가늠하면서 보충자료를 검색할 수 있다. 인터넷은 언제나 열려 있고 수많은 관련 자료가 우리를 기다린다.

그때 우리는 단순한 한 문장에서 출발한 다양한 이야기를 할 수 있을 것이다. 기본자질을 얻는 순간이라 해야겠다.

⌒

한편 입체적으로 독서하면서 얻은 수많은 사유를 나누어 적어볼 수 있다. 한 분야의 어떤 사상이 어떻게 흘러오는지를 간단하게 적어보면서 파악할 수 있다. 다양한 인식이나 발견을 표현한 기본 문장을 두고, 그 문장에서 어떤 문장이 파생할 수 있는지 최소한의 생각을 가늠할 수 있다. 매순간 다양한 관점에서 여러 방식의 갈래 길을 만들 수 있다. 독자는 순수한 읽기를 즐기거나 저술을 염두에 두면서 정보를 읽을 수 있다. 이때 각자가 터득한 방법으로 한 분야 혹은 소재에 대한 인식을 분류하여 적합한 책을 좀 더 빠르게 찾을 수 있다. 나의 경우엔, '인식의 삼각뿔'을 습관처럼 활용한다. 이 정도가 어떤 한 문제를 인식하는 가장 기초적인 형태라고 생각했다.

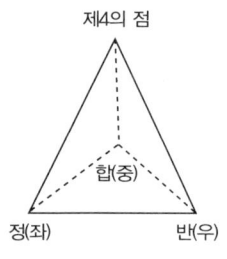

여기서 나는 이 도형의 밑면을 '정-반-합' 혹은 '좌-우-중'의 꼭짓점으로 둔다. 그리고 위의 꼭짓점을 '제4의 점'으로 '관조(비참여)'의 꼭짓점으로 본다. 거리를 두거나 신의 관점에서 보는 태도라 할 수 있다. 또한 삼각뿔의 내면과 외면 중 어디에 놓이느냐에 따라 태도가 달라진다. 이는 자신이 문제나 제도권 안팎 중 어디에 있는지를 의미한다. 자기의 위치를 찍었을 때 '그 위치가 각 4개의 꼭짓점 중 어디에 가까운지'에 따라 미세하게 태도가 다르다. 그 수는 헤아리기 어렵다. 다양한 관점마다 삼각뿔이 도입되고 다른 인식에 대한 삼각뿔들이 연결되면 그 태도는 복합적이고 입체적이라 단번에 헤아리기 어렵다. 그렇게 따지면 사람의 숫자만큼 태도가 존재한다.

요컨대 하나의 삼각뿔에 대해 투박하게라도 최소 8가지의 태도로 분류할 수 있다. 3개의 점, 관조의 점 그리고 안팎 중 어디에 위치하느냐에 따라 유형적인 태도를 고려할 수 있다. 예를 들어, '현 사회에 퍼져 있는 도덕을 (완벽히) 지켜야 한다'라는 문장이 있다고 치자. 그러면 이에 반대하여 '현 사회에 퍼져있는 도덕을 (완벽히) 지키지 않아야 한다'라는 태도를 취할 수 있다. 경제적인 이유나 종교 교리 등의 신념에 맞지 않기 때문일 수도 있다. 또는 사회적인 모순을 강화해준다고 해석하여 비판적 태도를 취할 수 있다. 즉 각 관점에 따라 같은 문장이라도 다양한 삼각뿔이 생긴다. 그러나 문장 중심으로 틀을 짜고 그 태도를 취한 이유나 관점을 일일이 추적하는 편이 자료를 찾을 때 수월하다.

더 나아가 '합'의 꼭짓점에서 보면 '현 사회에 퍼져 있는 도덕 중 인간에게 여전히 유익한 것을 지켜야 하고 그렇지 못한 부분을 개선하거나 새로운 가치를 제시할 수 있다'는 태도가 엿보인다. 그런가 하면 '중'의 꼭짓점에서는 어떤 관점에 맞는 것을 지키고, 그렇지 않은 것에는 가치 중립적인 태도를 취할 수도 있다.✻

또한 '관조(비참여)'의 꼭짓점에서는 '나는 도덕과 관련된 문제에 아무런 태도를 취하지 않으려 한다'고 말할 수 있겠다. 그 이유도 여러

✻ '합'은 양측(정-반)의 성질이 긍정적으로 변한 화학적 중간이다. 반면 '중'은 양측(좌-우)의 성질이 변하지 않은 채 단순히 산술 평균적이고 가치중립적인 중간을 뜻할 때가 많다. 물리적 중간이다. 즉 편의상 '합'과 '중'을 같은 꼭지점이라 하지만 미세하게 다른 꼭지점으로 볼 수도 있다. 이에 민감하다면 '인식의 사각뿔'로 생각을 구별하면 된다.

관점에 따라 다양할 것이다. 만일 도덕에 대한 자기 태도를 직접적으로 밝혀야 한다면 그것은 삼각뿔의 안에 위치한다. 반대로 해당사회에 속하지 않은 이라면 자기의 입장을 밝히고 대의적인 차원에서 개입하거나 관망하고 무관심할 수 있다. 삼각뿔 바깥에 있는 자다.

여기에 인식의 출발점은 반드시 진행방향과 힘을 갖는다. 속도 개념을 연상하면 되겠다. 따라서 인식의 흐름과 강도에 따라서도 급진적인지 온건한지도 분류할 수 있다. 대개 이러한 뿔 몇 개 즉 해당 분야의 중요한 인식 몇 문장을 연결하고 체계적으로 나누다 보면, 어떤 현상에 대한 개략적인 생각을 파악할 수 있다. 만일 전혀 예상치 못한 내용을 적은 책이 있다면 그 책의 저자에게 배워야 할 것이다. 그 오차의 빈도가 적어질 때 (관념적이고도) 정밀한 글쓰기의 기본 토대가 마련될 것이다.

물론 이것은 전체를 스케치하기 위한 사전작업일 뿐이다. 추론적인 분류는 언제나 실제적인 사례가 있을 때 힘을 받는다. 입체적(거시적이고 미시적) 독서를 할 때나 작은 단서를 붙잡고 인터넷과 도서관 자료를 활용할 때 인식의 삼각뿔은 유용하다.

나는 이 책에서 비판적 상상과 문학적 상상을 주로 언급했다. 비판적 상상은 모든 상상에 기초를 제공할 수 있다. 반면 문학적 상상은 문학과 관련된 특성을 지닌 상상일 것이다. 과학적 상상, 철학적 상상, 수학적 상상 등 모든 분야에서 상상력은 중요하다. 뭔가를 비판하고 이를 바탕에 두고 추론하는 것을 넘어서려면 상상력은 중요하다. 기발하거나 도발적인 상상이 없다면 학문이나 예술이 역동적으로 변화하지 못했을 것이다. 가끔은 엉뚱하고 무모해 보이는 상상이 실현되는 순간 우리는 그 상상력의 주인공에게 경의를 표한다.

그런가하면 상상의 강도가 좀 세서 현실과 괴리될 때도 있다. 판타지문학 등의 상상력을 전문가들은 공상적이라 표현하기도 한다. 여기서 '공상'이란 보통 '현실적이지 않거나 실현 불가능한 터무니없는 상상'이라는 어조가 담겨있다. 그래서 간혹 현실을 중시하는 입장에서 공상은 아이에게 어울릴 법하다고 볼 여지가 있다. 공상은 현실에 뿌리 내리지 못한 상상이다. 그래서 상상은 창의적인 발상에 좋지만 공상은 현실을 외면하는 마취제 같다고 비판하기도 한다.

이에 대해서는 잘 모르겠다. 비판적 상상력과 문학적 상상력을 시민지성의 주요한 상상력으로 제시했다. 즉 어떤 정보에 대한 소극적이거나 적극적인 주관화 작업을 염두에 두었다. (학계의) 전문가적인 상상력을 발휘하기보다는 이 유형의 상상력이 현실적이다. 만일 다른 상상력을 발휘할 수 있다면 비판적 상상에서 출발하여 다양하게 상상해볼 수 있을 것이다.

또한 나는 상상을 글로 옮길 때 주로 농담이라는 형식을 거론했다. 농담의 영역에서는 사실과 의견, 참과 거짓 사이를 가로지르면서 유희적으로 정보를 다룬다. 그러면 의외의 의미를 드러내어 새로운 시선을 보여줄 수도 있다.

물론 이런 유희적 태도를 경계하는 이들도 있을 것이다. 그들이라면 상상을 진지하게 몰고 갈 수도 있겠다. 문학가들처럼 그럴듯한 허구로 이야기를 구성할 수도 있다. 예컨대 (농담과 다소 겹칠 수 있는) 미니픽션과 같은 장르가 이에 해당한다. 이때도 비판적 상상을 주로 활용한다면 사실과 의견, 참과 거짓에 엄밀한 태도를 취할 수 있다.

문학적 상상을 적극적으로 활용하면 때때로 비의를 드러내려고 허구적으로 연출할 수 있다. 그렇게 사실을 의도적으로 왜곡할 수도 있다. 예컨대 문학에서는 실화의 주인공이 죽지 않았는데도 주인공이 죽는 것으로 결말을 맺을 수 있다. 하지만 비판적 상상력을 활용한다면 주인공을 절대 죽는 것으로 설정할 수 없다.

이 책에서는 주로 '생각'과 '농담' 정도만을 염두에 두었다. 따라서 상상력을 푸는 방식으로 농담을 자주 거론한다.

일반적으로 독립저술가(Independent Writer)는 '제도권에 의지하지 않고 경제적 수단을 글쓰기에만 두려는' 저술가들을 통칭하는 용어로 쓰인다. 최근 이런 저술가들이 많이 활동한다. 이들은 대개 전문 저술가를 지향한다. 아니면 (문단에 속하지 않는) 수필가로 분류한다. 때때로 역사저술가 이덕일이나 여행수필가 한비야처럼 베스트셀러 저술가가 등장하면서 유행처럼 독립저술가라는 표현이 통용됐다.

경제적인 관점에서 이들을 독립저술가 군으로 묶을 수 있다. 그들은 글쓰기를 주 생계수단으로 삼는다. 글쓰기로만 먹고 살기 힘든 시대에 이채롭고 긍정적인 풍경이다. 그만큼 그들은 대중적 글쓰기를 지향한다. 이때 '독립'은 경제적인 독립을 의미한다. '독립'이라는 단어에는 자기 밥벌이를 자기 글로 하겠다는 의지가 담겨있다.

그런가하면 전문성의 관점에서 독립저술가를 전문 저술가와 일반(혹은 비전문) 저술가로 나누어 살필 수 있다. 그리고 대개 일반(혹은 비전문) 저술가는 자기 전문분야에 대한 사변적이고 일상적인 감정과 경험을 토로하는가하면 우리가 알기 어려운 새로운 지역을 여행하여 그 정보를 저술하여 출판한다.

반면 전문 저술가는 보통 제도권의 교육을 마쳐 박사 학위 등을 지니고 교수직을 얻지 못한 채 활동한다. 그렇지 않으면 독학으로 전문지식을 습득한 재야 학자도 여기에 속할 수 있다. 그 어떤 경우든 이들은 대체로 학계에서 잘 다루지 않는 분야를 파고들어 경쟁력을 갖추거나 참신한 관점에서 자기 분야에 접근하려고 노력한다. 또한 대중적이고 교양적인 글쓰기를 하려는 특성도 지닌다. 학계에서 교양적 글쓰기를 잡일이라 치부하는 경향이 있다고 하는데, 대중과의 소통 면에서 이들은 분명 긍정적으로 기여한다.

한편 최근 독립저술가라 불리는 일련의 저술가군을 살필 때 대부분이 전문저술가를 지향하는 이들이라 판단한다. 그들은 많은 경우 제도권에서 이탈하여 글쓰기에 매진한다. 그러면서도 일반적으로 제도권에서 완전히 벗어나있지도 않다. 그들은 수용자의 입장보다는 전문가의 입장에서 문제에 접근한다. 동시에 대중에게 알기 쉽게 전하려는 태도에 강조점을 찍는다. 여기서 '독립'이라는 표현에는 제도권의 영향에서 되도록 벗어나 전문지식에 대한 과감한 해석을 하려는 의지를 담고 있다.

더 나아가 정체성의 관점에서 독립저술가를 나누어 살필 수 있다. 정보생산자의 관점에서 독립저술가로서 활동하는 이들은 대부분 전문저술가다. 보통 전문저술가들은 한 분야에 매진하여 학자, 비평가, 전문기자 혹은 칼럼니스트를 지향한다. (교수가 아닌) 전문 저술가 역시 제도권의 관점에서는 독립저술가다. 그런데 정체성의 관점에서는 이미 '독립'저술가라 할 만큼 정체성이 불분명한 것도 아니다. 그들에게는 전통적인 문법이 있다. 즉 정체성의 관점에서는 시민지성만이 '독립저술가'다.

나는 지식게릴라를 언급하면서 소수의 시민지성이 아주 독창적인 어법과 사상으로 정보생산자로 완전히 승화할 수 있다고 주장했다. 이들은 시민지성으로서 독립저술가일 수 있다. 물론 그렇다고 지식게릴라와 전문저술가를 엄밀하고 명확하게 구분하기도 어렵다. 또한 그렇게 구별할 실익도 없을 듯하다. 지식게릴라 역시 완전히 자기 분야와 소재를 장악하여 생산자처럼 확고하게 말하는 태도를 취할 수 있기 때문이다.

그러나 시민지성으로 자기를 명확히 자각하면서 독립저술가로 활동하려면, 수용자의 태도를 항상 인식해야 할 것이다. 다만 시민지성이 엄정하게 수용자의 태도를 인식할수록 제한된 정보의 한계에 대해 더 많이 고민할 수 있다. 그때 '전문가의 사회적 역할'과 '생산자와 수용자의 교류'의 중요성을 더 절실하게 느낄 수 있을 것이다.

그들은 수용자라는 정체성을 되새기면서 다양한 분야에 접근할 수 있다. 그러므로 정보생산자로서 접근하는 문체와는 미세하게 다른 문체를 늘 연구해야 할 것이다. 아직 이들은 여러 직함을 지니고 저술 활동을 한다. 다만 '각자의 위치에서 저술에 참여하자'는 취지로 볼 때 독립저술가의 유형을 굳이 엄밀하게 분류할 필요는 없다.

디지털저술 전에 반드시 고려해야 할 사항

요즘 전자책 관련 기사가 종종 흘러나온다. 전자종이 개발도 많이 진척되었다. 이제 우리의 활자는 단순히 종이가 아니라 전류가 흐르는 매체 안에 드러나면서도 동시에 가독성 문제도 종이에 버금가는 수준에 이를 것이다. 또 많은 책을 파일형태로 보관하여 휴대도 간편하다. 인터넷 연결이나 다양한 표현 수단을 활용할 가능성까지도 열려있다.

물론 현재는 단순히 오프라인의 책을 그대로 전자매체에 옮기는 정도로만 활용하고 있다. 그리고 여전히 매체를 활용하기가 책보다 쉽지 않다. 줄을 마음대로 긋거나 메모를 다양하게 응용할 수도 없다. 보기 불편한 전자화면을 보는 것도 쉬운 일이 아니다.

그런가하면 매체가 변화하면서 글쓰기 자체에 영향을 끼친다. 최근 일본에서 유행하는 휴대폰 소설은 기존 인터넷 소설보다는 짧은 분량과 문장으로 가벼운 내용을 다루는 장르다. 사실 이런 점들은 종이책을 선호하는 이들에게는 문화의 타락 정도로 비칠 수 있다. 간편히 읽고 버릴 만한 내용만이 인기리에 출판될 수도 있다.

하지만 이는 전자종이나 전자책이 상용화되고 가독성을 높이면 극복할 수 있다. 가독성만 해결하면 휴대하기 간편하고 더 다양한 기능을 지원하면 독특한 방식의 글을 볼 수 있을 것이다. 그때는 글의 질 역시 좋아질 것이다. 이제는 이 매체들에 어울리는 디지털 문법을 함께 고려할 때다. 이미 로버트 쿠버와 같은 하이퍼 픽션의 선구자도 있다.

그러나 아직 온라인 출판물은 오프라인 책을 그대로 온라인화한 것에 불과하다. 온라인 문법에만 어울릴 법한 글쓰기는 여전히 다듬어지지 않은 채 난립한다. 많은 네티즌은 무의식중에 디지털 글쓰기를 하고 있지만 이를 체계적으로 확립하는 데 무관심하다. 나는 그저 이렇게 난립하는 디지털 글쓰기 유형을 검토하고 때때로 그 위에 나의 개성을 입힐 몇 가지 저술 계획을 가지고 있다.

다만 그 유형을 검토하기에 앞서 네 가지 문제에 대해 먼저 고려해야 할 것이다.

첫째, 디지털저술을 할 경우 독자의 선별적 독서 습관을 더 고민할 필요가 있다. 디지털저술을 가장 거칠게 말한다면 하이퍼링크 글쓰기라고 할 수 있다. 디지털 저작은 신속하고 용이하게 다른 자료와 연결되면서 단순히 하나의 집적체로 완결된 성과물은 아니다. 오히려 여러 다양한 내용과 끊임없이 이어질 수 있는 출발점으로 기능할 수 있다. 저자로서는 수많은 링크를 구성하는 가운데 나름의 완결된 매듭을 지으려 할 수 있다. 독자의 입장에서는 무수히 연결된 링크를 참조할 수 있다. 그러니 독서가 어디로 튈지 모른다. 어떤 이는 그 링크들을 무시하고 디지털 저작 하나만을 독서할 수도 있다. 또한 내용과 관련된 유익한 자료를 먼저 보고 그 다음 저술 내용을 읽을 수도 있고, 반대로 할 수도 있다. (오프라인의) 나열형 글쓰기에서 아무거나 먼저 읽어도 문제가 되지 않는 경우도 있지만, 연쇄형 글쓰기에서는 나름 순차적인 면이 강조된다.

디지털저술에서는 이를 중요도에 따라 더 세분해서 순서를 배치할 수 있다. 정말 중요한 자료라면 모두 게재할 수도 있다. 아니면 편집하여 일부만 인용할 수 있다. 그도 아니라면 링크를 걸어둘 수도 있다. 혹은 그 중요도를 역으로 이용하여 독자의 기대를 배반하는 구성을 짤 수도 있다.

더 나아가 디지털저술에서는 이미지와 글 내용의 충돌을 통해서 아이러니한 상황을 연출할 수도 있다. 또한 독자의 선별적 수용 습관을 면밀하게 꿰뚫을 때 그들의 자발적 참여 수위를 조절하는 글쓰기를 의도할 수 있다. 오프라인 글쓰기 때보다 독자의 선별적 수용습관을 더 다양하게 활용할 수 있는 여지가 생긴다.

여기서 둘째, 각 표현 수단의 특성을 충분히 이해해야겠다. 이미지·움짤·동영상·음원 등 다양한 표현 수단을 더 잘 이해할수록 디지털저술을 다양하게 활용할 수 있다. 단편적인 예로 음원을 활용하는 방식을 생각해보자. 일단 여러 복합적 표현 수단을 활용하면서 디지털저술은 혼종적인 경우가 많다.

분위기에 알맞은 배경음악으로 분위기를 돋울 수도 있지만 생경한 결합을 통해서 전혀 다른 효과를 낼 수도 있다. 만일 내용이 불행한 것인데, 음악은 행복을 노래하는 내용이라면 아이러니한 상황을 연출할 수 있다. 또는 글이 묘사한 상황에 대한 극복의지나 위무 등을 암시하는 것으로 처리할 수 있다.

그런가 하면 글을 읽을 때 자동으로 음악이 재생되도록 하거나 독자가 음원을 틀어야지만 중층적인 의미가 생기도록 꾀할 수도 있다. 음원을 편집해서 해당 가사만을 무한 반복하도록 할 수도 있다. 그래서 독자에게 저자가 무엇을 의도했는지 범위를 좁혀줄 수도 있다. 선별적 독서를 얼마큼 허용할지는 저자의 의지에 달렸다.

이는 다른 표현 수단에 대해서도 마찬가지다. 동영상을 '캡처'하여 사진 이미지로 배치할 수도 있다. '움짤'로 해놓고 무음처리하거나 관련 대사를 반복 재생할 수도 있다. 또한 이를 독자가 정지할 수 있게 하거나 자동 재생되게끔 설정할 수도 있다. 혹은 독자의 의지에 따라 설정 선택권을 줄 수도 있다. 그뿐이 아니다. 다양한 애니메이션 효과 등 표현 기능을 강화해 글쓰기 자체를 입체적인 장르로 변환할 여지는 많다.

다만 셋째, 매체 자체의 기술적 지원이 어느 정도 되느냐에 따라 이를 표현할 수 있는 범위를 결정할 수 있다. 매체가 지원하지 않는다면 하고 싶어도 못한다. 대표적으로 인용에 관해서도 여전히 간편한 기능이 지원되지 않는다. 수용자의 글쓰기는 더 잘 읽기 위한 행위다. 독창성보다는 다양한 문장의 기초가 어디에서 비롯했는지를 가늠하는 과정이기도 하다.

출처를 더 다양하게 표기할 수 있고 간편하게 기록할 수 있는 지원 기능이 있으면 디지털저술에 유익할 것이다. 만일 이러한 기술적 한계 혹은 무관심이 불만이라면 이에 대해 해당사이트에 건의를 할 수 있다. 아예 인터넷 기술자와 함께 독자적으로 사이트를 구축하거나 관련 소프트웨어를 개발하여 온라인 창작을 실천할 수도 있다. 그래서 자기가 원하던 방식으로 디지털저술을 할 여지는 있다. 그럼에도 여전히 문제는 남는다.

넷째, 저작권에 관한 문제가 그것이다. 예컨대 누군가 일상을 기록한 사진을 올렸을 때 이를 전혀 엉뚱하게 해석하여 저술 놀이에 활용할 수 있다. 그러나 이는 엄연히 저작권을 위반하는 상황이다. 그렇다고 직접 사진을 찍어 대신 싣는다면 글과 사진의 즉흥적인 충돌 때문에 생기는 의외의 재미를 상실할 수밖에 없다. 원래 맛을 유지하고 싶다면 해당 사진의 저작권자나 초상권자와 상의해야 한다. 하지만 인터넷에 배포된 사진 중에는 그 출처를 알 수 없는 경우가 많다. 누구와 협상해야 하는지 모르는 상황에서 이러한 디지털저작물을 출판하기는 쉽지 않다. 그런 사진이 많이 실릴수록 그렇다.

이에 대해 저작권 자체의 한계를 좀 더 확실하게 하여 좀 더 안심하고 당당하게 활용할 수 있으면 좋겠다. 정부 주도로 저작권 추후협상 가이드라인과 같은 것을 만들 수도 있겠다. 더 많은 가능성을 애초에 차단하지 말고 그러면서도 저작권이 지닌 선의의 의도를 지킬 수 있는 범위를 끊임없이 재조정할 수 있겠다. 인터넷 상에서 동영상, 음원

그리고 글, 사진 등이 이러한 문제에 자주 걸린다. 최근 네이버와 다음 등에서는 저작권이 있는 음원을 불법적으로 재생할 수 없게끔 필터링하고 있다. 음원 편집 기능은 지원하지 않는다. 자연히 인터넷 음원을 통째로 사용해야 한다. 이는 우리의 표현 범위를 한정시킨다. 이역시 디지털저술을 하면서 조정해나가야 할 부분이다.

주

1) 마뉴엘 카스텔, 『인터넷 갤럭시』, 한울아카데미, 2004, 16쪽

2) 데이비드 와인버거, 『인터넷은 휴머니즘이다』, 명진출판, 2003, 1판1쇄, 13~14쪽

3) 우메다 모치오, 『웹진화론』, 재인, 2006, 25쪽

4) 시정곤 편저, 『디지털로 소통하기』, 글누림, 2007, 188~189쪽

5) 시정곤 편저, 『디지털로 소통하기』, 글누림, 2007, 187쪽

6) 한기호, 『디지로그 시대 책의 향방』, 한국출판마케팅연구소, 207쪽

7) 참고인용 : 데이비드 와인버거, 『인터넷은 휴머니즘이다』, 명진출판, 2003, 1판1쇄, 187~190쪽

8) 우메다 모치오, 『웹진화론』, 재인, 2006, 25쪽

9) 우메다 모치오, 『웹진화론』, 재인, 2006, 139, 146, 153쪽

10) 마뉴엘 카스텔, 『인터넷 갤럭시』, 한울아카데미, 2004, 16쪽

11) 강미은, 『인터넷 속의 성치』, 한울아키데미, 2005, 31쪽

12) 구연상, 『매체 정보란 무엇인가』, 살림, 2004, 초판1쇄, 29쪽 ; 데이비드 와인버거, 『인터넷은 휴머니즘이다』, 명진출판, 2003, 1판1쇄, 14쪽

13) 김진우 外, 『UCC2.0_우리가 만드는 21세기의 Creativity』, 연세대학교출판부, 2008, 수정판1쇄, 20쪽

14) 찰스 리드비터, 『집단지성이란 무엇인가』, 21세기북스, 2009, 초판1쇄, 19쪽

15) 한국경제,「美 블로그로 먹고 사는 사람 45만명」, 2009-4-21

16) 레베카 블러드,『블로그_1인 미디어 시대』, 전자신문사, 2003, 170~171쪽

17) 김진우 外,『UCC2.0_우리가.만드는 21세기의 Creativity』, 연세대학교출판부, 2008, 수정판1쇄, 138쪽

18) 김진우 外,『UCC2.0_우리가 만드는 21세기의 Creativity』, 연세대학교출판부, 2008, 수정판1쇄, 50쪽 ; 참조인용 : 찰스 리드비터,『집단지성이란 무엇인가』, 21세기북스, 2009, 초판1쇄, 54쪽

19) 참조인용 : 찰스 리드비터,『집단지성이란 무엇인가』, 21세기북스, 2009, 초판1쇄, 33, 118, 278쪽

20) 한기호,『디지로그 시대 책의 향방』, 한국출판마케팅연구소, 67쪽

21) 연합뉴스,「'사이버 망명' 바람 솔솔.. 강풍될까」, 2009-4-12

22) 참고인용 : 허버트 실러,『정보 불평등』, 민음사, 2001, 171쪽

23) 조정환,『21세기 스파르타쿠스』, 갈무리, 2001, 초판1쇄, 272~273쪽

24) 참고인용 : 허버트 실러,『정보 불평등』, 민음사, 2001, 95, 97, 99~100, 110, 139쪽

25) 구글은 좀 묘한 위치에 있다. 영역 나누기 등 정보 상업화를 심화하려던 혐의가 있는가 하면 역시 이메일광고(자동검색엔진) 등을 통해 프라이버시권을 침해한다는 논란의 소지가 있었다. 반면 구글 북스 등 저작권자와의 문제를 기업 차원에서 해결하려 노력한다. 이 네티즌은 무료로 더 많은 정보를 이용할 수 있다는 면에서는 정보평등화에 기여한 면도 있다.

26) 찰스 리드비터,『집단지성이란 무엇인가』, 21세기북스, 2009, 초판1쇄, 36쪽

27) 한스 디터 퀴블러,『지식사회의 신화』, 한울, 2008, 74쪽

28) 대체인용 : 찰스 리드비터,『집단지성이란 무엇인가』, 21세기북스, 2009, 초판1쇄, 247쪽

29) 참조인용 : 시정곤 편저,『디지털로 소통하기』, 글누림, 2007, 210쪽

30) 시정곤 편저,『디지털로 소통하기』, 글누림, 2007, 211쪽

31) 노야 시게키,『논리트레이닝』, 일빛, 2002, 92쪽

32) * 시정곤 편저,『디지털로 소통하기』, 글누림, 2007, 211쪽 : 1. 정보공급 단계에서의 격차 2. 접근 단계에서의 격차 3. 정보이용 단계에서의 격차 4. 정보처리 단계에서의 격차 5. 지식축적 단계에서의 격차

* 최상희, 『신문 스크랩 기술』, 빅서스BOOKS, 2006, 54쪽 : 1. 정보 검색 능력 2. 정보 분석 정리 능력 3. 정보 응용 처리 능력

33) 찰스 리드비터, 『집단지성이란 무엇인가』, 21세기북스, 2009, 초판1쇄, 58쪽 ; 재인용 : 찰스 리드비터, 『집단지성이란 무엇인가』, 21세기북스, 2009, 초판1쇄, 87쪽(E.F 슈마허, 『작은 것이 아름답다』중에서)

34) 김진우 外, 『UCC2.0_우리가 만드는 21세기의 Creativity』, 연세대학교출판부, 2008, 수정판1쇄, 138쪽 ; 참조인용 : 우메다 모치오, 『웹진화론』, 재인, 2006, 182쪽

35) 우메다 모치오, 『웹진화론』, 재인, 2006, 197쪽 : "개인이 분산돼 있고 다양성과 독립성이 보장된다면, 그리고 그런 무수한 개인의 의견을 집약하는 시스템이 제대로 기능한다면 집단의 가치 판단이 옳을 가능성이 있다. 다양성과 독립성을 보장하려면 다양한 의견을 긍정적으로 받아들여야 하며, 참가자들 간 교류는 적당한 수준의 정보 교환 정도로 그쳐서 특정 개인의 주장이 타인에게 영향을 미치지 않는 환경을 갖춰야 한다." (제임스 서로위키의 가설)

36) 전자신문, 「구글 '디지털 도서관' 사업 '방향타 잃었나」, 2010-2-22

37) 마뉴엘 카스텔, 『인터넷 갤럭시』, 한울아카데미, 2004, 30쪽

38) 대신 자기 만족하거나 누군가 자신을 인정해주기 바랐을지도 모른다. 그것이 기술적 헌신의 동력일 수 있다. 만일 그렇다면, 사람들에게 지속적으로 인정받을 기회를 제공하는 것은 중요하다. 사실 공유·참여·협력은 참여자가 없어 교류하지 못할 때는 애초에 불가능하다. 그런 면에서 인정욕구는 구체적인 금전적인 보상을 대신해서 대안문화를 지탱해왔다고 볼 수 있다. 실제로 일부 전문가는 저작권 윤리와 대별되는 네티즌의 정신을 공유·인정·참여의 정신으로 본다. 나는 '개방·공유·참여'든 '공유·참여·협업'이든 그 과정에 '인정욕구'가 중요하게 작용한다고 본다.

39) 마뉴엘 카스텔, 『인터넷 갤럭시』, 한울아카데미, 2004, 61, 71쪽

40) 참고인용 : 우메나 모치오, 『웹진화론』, 재인, 2006, 25~29, 61, 76, 82, 83, 108

41) 참고인용 : 우메다 모치오, 『웹진화론』, 재인, 2006, 69, 178쪽

42) 찰스 리드비터, 『집단지성이란 무엇인가』, 21세기북스, 2009, 초판1쇄, 12쪽

43) 김진우 外, 『UCC2.0_우리가 만드는 21세기의 Creativity』, 연세대학교출판부, 2008, 수정판1쇄, 6쪽

44) 김진우 外, 『UCC2.0_우리가 만드는 21세기의 Creativity』, 연세대학교출판부, 2008, 수

정판1쇄, 6쪽 ; 우메다 모치오, 『웹진화론』, 재인, 2006, 7쪽

45) 찰스 리드비터, 『집단지성이란 무엇인가』, 21세기북스, 2009, 초판1쇄, 11쪽

46) 김진우 外, 『UCC2.0_우리가 만드는 21세기의 Creativity』, 연세대학교출판부, 2008, 수정판1쇄, 39쪽

47) 네이버에서 "미네르바 짜깁기"로 검색해보면 많은 기사를 볼 수 있다.

48) 프로앰은 다른 표현수단을 자주 활용한다. 그중에는 오프라인의 아마추어 예술가들도 있다. 시민예술가다. 그들은 자신의 작품을 동영상이나 그림파일로 손수 제작해서 올린다. 아마추어 사진가는 어떤가. 그러나 프로앰의 복합적 위치를 효과적으로 고민하기 위해서 아직은 글이 가장 강력한 표현수단이다.

49) 강수택, 『다시 지식인을 묻는다』, 삼인, 2001, 초판1쇄, 317~320쪽

50) 참고인용 : 강수택, 『다시 지식인을 묻는다』, 삼인, 2001, 초판1쇄, 192, 315쪽 ; 참조인용 : 강수택, 『다시 지식인을 묻는다』, 삼인, 2001, 초판1쇄, 74, 81~83, 218, 226, 247, 310, 314, 321쪽

51) 참고인용 : 강수택, 『다시 지식인을 묻는다』, 삼인, 2001, 초판1쇄, 제2부 ; 니콜 라피에르 지음, 이세진 옮김, 『다른 곳을 사유하자』, 푸른숲, 2007, 첫판1쇄, 94, 98쪽

52) 강수택, 『다시 지식인을 묻는다』, 삼인, 2001, 초판1쇄, 220, 289쪽 ; 참조인용 : 전상인, 『우리 시대의 지식인을 말한다』, 에코리브르, 2006, 초판1쇄, 40~45쪽

53) 장 폴 사르트르, 『지식인을 위한 변명』, 이학사, 2007, 102쪽

54) 참고인용 : 강수택, 『다시 지식인을 묻는다』, 삼인, 2001, 초판1쇄, 122~133쪽

55) 강수택, 『다시 지식인을 묻는다』, 삼인, 2001, 초판1쇄, 147쪽

56) 미상인용

57) 전상인, 『우리 시대의 지식인을 말한다』, 에코리브르, 2006, 초판1쇄, 33~34쪽

58) 재인용 : 전상인, 『우리 시대의 지식인을 말한다』, 에코리브르, 2006, 초판1쇄, 35~36쪽

59) 강수택, 『다시 지식인을 묻는다』, 삼인, 2001, 초판1쇄, 346~347쪽

60) 일부 전문가들은 "지식사회나 정보사회를 허상이라며, 정보 불평등이 해결되지 않으면 디지털 격차는 더욱 심해질 것"이라 본다. 정보 유통이 애초에 제한되거나, 금전적인 문제 때문에 명목상으로는 공개되어 있어도 쉽사리 접근하기 어려울 수 있다. 설령 정보를 자유로이 공유할 수 있어도 수용자의 역량 때문에 정보격차가 발생한다. 그 어떤 경우든 수용자는 실제

로 생산된 정보보다는 적은 양의 정보만을 수용할 수 있다. 정보생산자를 상층위에 놓고 정보 수용자를 아래층위에 놓으면 '활용할 수 있는 정보의 양'은 역피라미드(혹은 역사다리꼴) 구조를 띤다.

61) 참조인용 : 데이비드 와인버거, 『인터넷은 휴머니즘이다』, 명진출판, 2003, 1판1쇄, 175쪽

62) 이광주, 『대학의 역사』, 살림, 2008, 53, 55쪽

63) 참조인용 : 전상인, 『우리 시대의 지식인을 말한다』, 에코리브르, 2006, 초판1쇄, 74~78, 85, 88, 105~106쪽

64) 참고인용 : 경향신문, 『(민주화 20년,) 지식인의 죽음』, 후마니타스, 2008, 1판1쇄, 6~10쪽

65) 한국출판마케팅연구소 엮음, 『글쓰기의 힘_디지털 시대의 생존 전략』, 2005, 1판1쇄, 432~433쪽

66) 한국출판마케팅연구소 엮음, 『글쓰기의 힘_디지털 시대의 생존 전략』, 2005, 1판1쇄, 35쪽

67) 한국출판마케팅연구소 엮음, 『글쓰기의 힘_디지털 시대의 생존 전략』, 2005, 1판1쇄, 50쪽

68) 한겨레, 「평전 '성장통'」, 2006-4-13

69) 양자역학과 상대성 이론의 모순적 대립이 그렇다. 또한 괴델의 불확정성의 원리나 비유클리드학을 생각할 수 있다.

70) 지극히 비전문적인 사적 글쓰기를 통해 대개 '저술이라고 할 수 없는 비전문적인' 글 뭉치를 생산한다. 아마도 대대수가 이 글 뭉치를 써내는 데서부터 자신의 글쓰기 인생을 시작했을 것이다. 맞춤법도 다 틀렸을 수도 있다. 논리에도 맞지 않은 글쓰기에서 점점 나아지는 글쓰기를 하고 있겠다. 이 글 뭉치야밀로 '최협의외' 비전문성 영역에서 가장 넓은 부분을 차지한다. 만일 단순히 못 쓰는 글쓰기에 자족한다면 시민지성의 글쓰기란 결국 아무 가치도 지닐 수 없다. 심지어 시민지성이라는 말 자체가 무색해진다. 요컨대 시민지성이 하나의 지성으로서 세련되고 정련하는 글쓰기를 마음먹는 순간, 이미 배설하는 글쓰기는 생각할 필요가 없다. 그러므로 사적인 일기나 현실의 잡다한 기록, 편지, 메모 등등 수많은 글을 어떤 방식으로 다듬느냐 하는 것이 관건이다.

71) 이철호, 『수필창작의 이론과 실기』, 정은출판, 2005, 재중보판, 12쪽

72) 이철호, 『수필창작의 이론과 실기』, 정은출판, 2005, 재중보판, 38쪽

73) 네이버 백과사전

74) 경향신문, 「에세이적 글쓰기 '제4 문학'이 떠오른다」, 2008-1-16

75) 요한 호이징하, 『호모 루덴스 : 놀이와 문화에 관한 한 연구』, 까치, 1981, 초판15쇄, 8쪽

76) 한국출판마케팅연구소 엮음, 『글쓰기의 힘_디지털 시대의 생존 전략』, 2005, 1판1쇄, 40쪽

77) 동아일보, 「美하이퍼 픽션 개척자 로버트 쿠버」, 2005-5-8

78) 한혜원, 『디지털 게임 스토리텔링』, 살림, 2005, 초판2쇄, 8~11, 15쪽

79) 엄밀하게 디지털 자체로는 인터넷을 의미하지 않는다. 다만 대개 디지털이라 할 때 인터넷을 상정한다. 이때 링크성은 무한대로 커진다. 여기서 디지털 글쓰기는 온라인(인터넷) 글쓰기까지 포함한다. 그럼에도 온라인 글쓰기라고 표현하지 않는 이유가 있다. 전자책의 경우, 만일 그것이 인터넷과 연결되지 않는다면 그러한 글쓰기는 온라인 글쓰기가 아니라 디지털 글쓰기라고 해야 할 것이다.

80) 명로진, 『인디라이터』, 해피니어, 2007, 초판1쇄, 30쪽

81) 부산일보, 「태양광 아래서도 가독 탁월 흑백 전자잉크 눈 피로 덜해」, 2010-4-3

82) 레베카 블러드, 『블로그_1인 미디어 시대』, 전자신문사, 2003, 225~229쪽

83) 한국일보, 「보르헤스, 문학을 말하다」, 2004-1-16 : "저는 제 자신을 본질적으로 독자로 생각합니다. 저는 감히 글을 써왔습니다만, 제가 읽었던 것이 제가 썼던 것보다 훨씬 중요하다고 생각합니다. 왜냐하면 누구든 자신이 좋아하는 것을 읽지만, 누구든 자신이 쓰고자 하는 것이 아니라 자신이 쓸 수 있는 것을 쓰기 때문입니다."

84) 히라노 게이치로 지음, 『책을 읽는 방법』, 문학동네, 2008, 1판5쇄, 73쪽

85) 서울경제, 「창조는 상황을 다르게 보는데서 출발」, 2010-5-21

86) (경)수필가의 경우 에세이저술가의 한 유형이다. 이들은 문단 내에 속하는 수필가도 있고 그렇지 못한 이들도 있다. 문학적 에세이와 비문학적 에세이를 어떤 기준으로 가를지 모호하지만 사회적으로, 제도적으로 이러한 분류 경향은 있다. 연예인이나 유명 인사들이 성공체험담 등을 쓰거나 비전문가의 무수한 여행서적이 쏟아지고 베스트셀러가 되곤 한다. 이 책들 거의 모두가 포괄적으로 (경)수필에 해당한다.

한편 (경)수필가들은 자기 경험 안에서 작은 권위자 될 수 있다. 이때 사려 깊게 자기와 주변을 관찰한다. 적극적 주관화가 가능한 글쓰기를 할 수 있다. 다만 경험 하에만 권위를 갖는다. 미래를 적극적으로 개진하고 예상하거나 지나치게 이론화하는 작업을 경계한다.

87) (경)수필가나 시민문학가처럼 일정한 범위 안에서 작은 권위자가 되더라도 결국 시민지성의 가장 중요한 정체성은 수용자다. 자주 언급했듯, 대다수를 차지하는 일반시민 모두가 전문가가 되는 것 역시 좋겠지만 그건 불가능하다. 현실적으로 한 분야의 전문가는 다른 분야의 비전문가다. 거의 언제나 비전문가는 있을 수밖에 없다. 시민지성은 전문성의 시대에 비전문적 수용자다. 그들은 제한된 정보로 '지성을 발현'하고 '진실에 끈질기게 접근'하여 의미 있는 성과를 내려한다. 그러려면 우선 자기 바탕을 명확히 인식해야 할 것이다. 수용자의 태도를 강조할 수밖에 없다.

88) 디지털 자료는 매체를 통해서만 볼 수 있다. 그래서 만일 매체를 사용할 수 없는 미래가 도래하면 기존의 책보다도 쓸모없는 물건으로 전락할 수도 있다. 그러나 여기서는 극한적인 가능성을 배제한다.

89) 나는 다양한 기록 중 글쓰기야말로 시민지성이 자기 스스로나 개인과 사회 간의 관계를 상세하게 표현할 수 있는 가장 유력한 수단이라고 자주 언급했다. 글쓰기는 궁극적으로 기록을 구체적이고도 상세하게 할 수 있게 해준다. 종이와 연필만 있으면 누구나 어디에서든 기록할 수 있다. 그렇기 때문에 글쓰기를 가장 우선적으로 권장한다. 물론 기술이 발전할수록 다양한 기록매체를 사용하기가 수월하다. 기록하는 습관을 기른다는 면에서만 보면, 일례로 사진기나 캠코더가 대중적인 매체로서 기록문화에 크게 기여할 수 있다.

90) 쿠키뉴스, 「미술계에 만연한 '주례사 비평'」, 2009-5-24

91) 전상인, 『우리 시대의 지식인을 말한다』, 에코리브르, 2006, 초판1쇄, 33쪽 ; 강수택, 『다시 지식인을 묻는다』, 삼인, 2001, 초판1쇄, 286~288쪽

92) 강수택, 『다시 지식인을 묻는다』, 삼인, 2001, 초판1쇄, 288쪽

93) 나는 예전에 등단 소설가 앞에서 자신의 소재나 줄거리를 말하지 말라는 충고를 받은 적이 있다. 그것을 가로챈다는 것이다. 물론 이것은 소문에 불과하다. 근거도 불충분하다. 게다가 등단 작가가 형상화를 잘 하는 것도 사실이다. 그것은 흩어져버릴 이야기를 더 가치 있게 만들어줄 행위일 수도 있다. 악의적으로 도용하는 것이 아니고 아이디어 제공자에게 예의만 갖춘다면, 저작권 윤리를 과도하게 적용하는 것에 유보적이다.

단순히 자신의 짧은 발상을 저작권의 그늘 아래 두어 묶어두려는 것은 문화적 다양성을 저해할 수도 있다. 현재 상황에서 저작권 윤리의 확립에는 동의하지만 그것이 최종목표는 아니라고 여긴다. 이 때문에 이와 관련된 더 나은 태도와 방법을 점검할 여지가 있다.

94) 주간한국, 「한국사회, 긴 호흡의 담론을 허(許)하라」, 2009-9-11

95) 참조인용 : 최연구, 『르몽드』, 살림, 2003, 초판2쇄, 38쪽

96) 미디어오늘, 「한국언론 '미군 오폭'만큼 오보 남발」, 2003-4-3

97) 투데이코리아, 「언론의 오보, 이대로 괜찮은가」, 2009-12-28

98) 최연구, 『르몽드』, 살림, 2003, 초판2쇄, 38쪽 : "진실을, 모든 진실을, 오직 진실만을 말하라. 바보 같은 진실은 바보같이 말하고, 마음에 들지 않는 진실은 마음에 들지 않게 말하고, 슬픈 진실은 슬프게 말하다." (르몽드 창간자 뵈브-메리)

99) 이동민, 『수필, 누구를 쓸 것인가』, 북랜드, 2008, 초판1쇄, 34쪽

100) 이동민, 『수필, 누구를 쓸 것인가』, 북랜드, 2008, 초판1쇄, 20쪽

101) 이동민, 『수필, 누구를 쓸 것인가』, 북랜드, 2008, 초판1쇄, 22~24쪽

102) 이동민, 『수필, 누구를 쓸 것인가』, 북랜드, 2008, 초판1쇄, 39~40쪽

103) 재인용 : 이동민, 『수필, 누구를 쓸 것인가』, 북랜드, 2008, 초판1쇄, 27쪽 : 아도르노는 말하기를 '에세이는 사람이 어떤 도그마적 사상을 가졌다고 하더라도 이단적인 다른 생각도 표현할 줄 아는 정신적 자유를 전제하는 것이다'라고 했다. 이 말의 뜻은 수필의 비평적 기능을 통해서 기존의 질서에 얼마든지 이의를 제기하여 좋지 않게 말할 수가 있다는 것이다.

104) 미상인용

105) 우메다 모치오, 『웹진화론』, 재인, 2006, 137-138쪽 : "100명 중엔 적어도 한 명의 재미있는 사람이 있다"

106) 한국일보, 「보르헤스, 문학을 말하다」, 2004-1-16 : "저는 제 자신을 본질적으로 독자로 생각합니다. 저는 감히 글을 써왔습니다만, 제가 읽었던 것이 제가 썼던 것보다 훨씬 중요하다고 생각합니다. 왜냐하면 누구든 자신이 좋아하는 것을 읽지만, 누구든 자신이 쓰고자 하는 것이 아니라 자신이 쓸 수 있는 것을 쓰기 때문입니다."

107) 올림푸스 카메라 광고 카피인 "기록은 기억을 지배한다" 인용.

108) 참조인용 : 허버트 L. 드레퓌스, 『인터넷상에서』, 동문선, 2003, 초판1쇄, 101~108쪽

109) 참조인용 : 허버트 L. 드레퓌스, 『인터넷상에서』, 동문선, 2003, 초판1쇄, 101~108쪽

110) 뉴시스, 「인터넷, 휴대폰, 사회관계 더욱 확대 시켜…인간고립 속설 부정」, 2009-11-06

111) 참고인용 : 홍성욱, 『네트워크 혁명, 그 열림과 닫힘』, 들녘, 2002, 초판3쇄, 46쪽

112) 참조인용 : 홍성욱, 『네트워크 혁명, 그 열림과 닫힘』, 들녘, 2002, 초판3쇄, 49쪽

113) 한국출판마케팅연구소 엮음, 『글쓰기의 힘_디지털 시대의 생존 전략』, 2005, 1판1쇄, 364쪽

114) 홍성욱, 『네트워크 혁명, 그 열림과 닫힘』, 들녘, 2002, 초판3쇄, 55쪽

115) 홍성욱, 『네트워크 혁명, 그 열림과 닫힘』, 들녘, 2002, 초판3쇄, 55쪽

116) 혼합인용 : (홍성욱, 『네트워크 혁명, 그 열림과 닫힘』, 들녘, 2002, 초판3쇄, 58쪽)+(구연상, 『매체 정보란 무엇인가』, 살림, 2004, 초판1쇄, 11, 13쪽)

117) 홍성욱, 『네트워크 혁명, 그 열림과 닫힘』, 들녘, 2002, 초판3쇄, 57쪽

118) 참고인용 : 홍성욱, 『네트워크 혁명, 그 열림과 닫힘』, 들녘, 2002, 초판3쇄, 55쪽

119) 홍성욱, 『네트워크 혁명, 그 열림과 닫힘』, 들녘, 2002, 초판3쇄, 58쪽

120) 참조인용 : 구연상, 『매체 정보란 무엇인가』, 살림, 2004, 초판1쇄, 23~27쪽

121) 한국출판마케팅연구소 엮음, 『글쓰기의 힘_디지털 시대의 생존 전략』, 2005, 1판1쇄, 35쪽

122) 참조인용 : 한스 디터 퀴블러, 『지식사회의 신화』, 한울, 2008, 7~8, 9, 125, 179~180쪽

123) 참조인용 : 한스 디터 퀴블러, 『지식사회의 신화』, 한울, 2008, 9, 279쪽

124) 참조인용 : 한스 디터 퀴블러, 『지식사회의 신화』, 한울, 2008, 128쪽

125) 마뉴엘 카스텔, 『인터넷 갤럭시』, 한울아카데미, 2004, 230쪽

126) 로버트 하그리브스, 『표현 자유의 역사』, 시아출판사, 2006, 371~374쪽

127) 오마이뉴스, 「나는 오늘 저작권법을 몇 개나 어겼을까」, 2009-9-10

128) 디지털저술이었다면 위 기사를 하이퍼링크로도 처리했을 것이다. 오프라인 저술에서는 기사비평을 할 때 기사문을 어디까지 인용해야 할지 줄곧 부담스러울 수밖에 없다. 결국 구매하는 편이 가장 좋다. 그러나 한두 기사가 아니라면 그 비용이 만만찮다. 그런데 디지털저술을 하면 중요한 부분을 인용하고 나머지를 하이퍼링크로 처리할 수 있다. 그 중요도를 배분하여 색다른 효과를 노릴 수 있다. 적어도 기록비평가에게 디지털저술은 링크성을 십분 활용할 수 있는 형식이 될 수 있다.

129) 편집인용 : http://blog.naver.com/zkdlcm1114/50007262901

130) 이원희, 「copymid」 중에서, 편집인용, 2007-7-22

131) 우메다 모치오, 『웹진화론』, 재인, 2006, 139쪽

132) 인터넷 관계에 대해 "알면서도 모르고, 모르면서 아는"이라 했던 블로거 김윤희의 말을 빌려 쓴다.

133) 강수택, 『다시 지식인을 묻는다』, 삼인, 초판1쇄, 2001, 317~320쪽

134) 기혜경, 「빨강, 파랑, 노랑의 구성」, http://navercast.naver.com/art/western/907

참고자료

- 빌리스 듀스 지음, 남도현 옮김, 『'그림으로 이해되는' 현대사상』, 개마고원, 2002, 초판10쇄

- 경향신문, 『(민주화 20년) 지식인의 죽음』, 후마니타스, 2008, 1판1쇄

- 앤드류 커크 지음, 유강은 옮김, 『(세계를 뒤흔든) 시민 불복종』, 그린비, 2005

- 조정환, 『21세기 스파르타쿠스』, 갈무리, 2001, 초판1쇄

- 페넬로페 도이치 지음, 변성찬 옮김, 『How to read 데리다』, 웅진지식하우스, 2007, 초판1쇄

- 김진우 外, 『UCC2.0 : 우리가 만드는 21세기의 Creativity』, 연세대학교출판부, 2008, 수정판1쇄

- 김정탁, 『굿바이 구텐베르크』, 중앙일보 새천년, 2000, 초판2쇄

- 바바라 애버크롬비 지음, 이민주 옮김, 『글 잘 쓰는 기술』, 브리즈, 2008, 1판1쇄

- 한국출판마케팅연구소 엮음, 『글쓰기의 힘_니시털 시대의 생존 전략』, 2005, 1판1쇄

- 홍성욱, 『네트워크 혁명, 그 열림과 닫힘』, 들녘, 2002, 초판3쇄

- 노야 시케키 지음, 서혜영 옮김, 『논리 트레이닝』, 일빛, 2002

- 위기철, 『논리야 놀자』 전 3권, 사계절출판사, 1994

- 니콜 라피에르 지음, 이세진 옮깁, 『다른 곳을 사유하자』, 푸른숲, 2007, 첫판1쇄

- 강수택, 『다시 지식인을 묻는다』, 삼인, 2001, 초판1쇄

- 강심호, 『대중적 감수성의 탄생』, 살림, 2005, 초판2쇄

- 이광주, 『대학의 역사』, 살림, 2008

- 이규연 外 8명, 『대한민국 파워엘리트』, 황금나침반, 2006, 1판1쇄

- 한기호, 『디지로그 시대 책의 향방』, 한국출판마케팅연구소

- 시정곤 편저, 『디지털로 소통하기』, 글누림, 2007, 188~189쪽

- 피종호 엮음, 『디지털미디어와 예술의 확장』, 아카넷, 2006, 1판1쇄

- 최연구, 『르몽드』, 살림, 2003, 초판2쇄

- 구연상, 『매체 정보란 무엇인가』, 살림, 2004, 초판1쇄

- 이종오, 『문체론』, 살림, 2006

- 데이비드 크로토우 지음, 전석호 옮김, 『미디어 소사이어티』, 사계절출판사, 2001

- 롤랑 케롤 지음, 이기현 옮김, 『미디어와 민주주의』, 한울, 2001

- 새뮤얼 프리드먼 지음, 조우석 옮김, 『미래의 저널리스트에게』, 미래인, 2008

- 양운덕, 『미셸 푸코』, 살림, 2003

- 서머싯 몸 지음, 권정관 옮김, 『불멸의 작가, 위대한 상상력』, 개마고원, 2006, 초판1쇄

- 레베카 블러드, 『블로그_1인 미디어 시대』, 전자신문사, 2003

- 서정복, 『살롱문화』, 살림, 2003

- 이동민, 『수필, 누구를 쓸 것인가』, 북랜드, 2008, 초판1쇄

- 이철호, 『수필창작의 이론과 실기』, 정은출판, 2005, 재중보판

- 최상희, 『신문 스크랩 기술』, 넥서스BOOKS, 2006

- 장 폴 사르트르 지음, 왕사영 옮김, 『실존주의는 휴머니즘이다』, 청아출판사, 1989

- 전상인, 『우리 시대의 지식인을 말한다』, 에코리브르, 2006

- 우메다 모치오, 『웹진화론』, 재인, 2006

- 명로진, 『인디라이터』, 해피니어, 2007, 초판1쇄

- 마뉴엘 카스텔, 『인터넷 갤럭시』, 한울아카데미, 2004

- 허버트 L. 드레퓌스, 『인터넷상에서』, 동문선, 2003, 초판1쇄

- 강미은, 『인터넷 속의 정치』, 한울아카데미, 2005

- 데이비드 와인버거, 『인터넷은 휴머니즘이다』, 명진출판, 2003, 1판1쇄

- 허버트 실러, 『정보 불평등』, 민음사, 2001

■ 이케가미 아키라, 『정보력』, 종문화사, 2004

■ 한스 디터 퀴블러, 『지식사회의 신화』, 한울, 2008

■ 이한구, 『지식의 성장』, 살림, 2004, 초판2쇄

■ 장 폴 사르트르, 『지식인을 위한 변명』, 이학사, 2007

■ 레지 드브레 지음, 『지식인의 종말』, 예문, 2001

■ 노암 촘스키 지음, 『지식인의 책무』, 황소걸음, 2005, 구로도서관

■ 찰스 리드비터 지음, 이순희 옮김, 『집단지성이란 무엇인가』, 21세기북스, 2009, 초판1쇄

■ 변광배, 『참여문학론』, 살림, 2006

■ 히라노 게이치로 지음, 『책을 읽는 방법』, 문학동네, 2008, 1판 5쇄

■ 조엘 베스트 지음, 노혜숙 옮김, 『통계라는 이름의 거짓말』, 무우수, 2003, 초판1쇄

■ 로버트 하그리브스 지음, 오승훈 옮김, 『표현 자유의 역사』, 시아출판사, 2006

■ 빌렘 플루서 지음, 김성재 옮김, 『피상성 예찬』, 커뮤니케이션북스, 2004, 초판1쇄

■ 조항제, 『한국의 민주화와 미디어 권력』, 한울아카데미, 2003

■ 조규항, 『해체론』, 살림, 2008

■ 요한 호이징하, 『호모 루덴스 : 놀이와 문화에 관한 한 연구』, 까치, 1981, 초판15쇄

「나 죽으면 "미니홈피를 부탁해"」, www.journalog.net/aykim/17428

「블로그 사용, 인종 편견 깨트린다?」, blog.ohmynews.com/dangun76/306658

「오해의 철학과 철학적 오해」, blog.naver.com/mdpsjk/20022291302

HANItv, 「인터넷 뉴스는 영영 공짜일까?」, 2010-2-6

KBS, 「블로그, 재미로 하다보면 돈이 보인다?」, 2009-12-15

MBC, 「① 심상정 "트위터 단속 선거법 93조, 헌소 제기"」, 2010-2-18

MBC, 「④ 심재근 "트위터는 그릇된 정보를 지정하는 능력 갖춰"」, 2010-2-18

MBC, 「⑥ 이용준 '전자출판 이용 · 유통 활성화'」, 2010-2-8

경향신문, 「 '김민선' 설전, 전여옥→정진영→변희재→진중권」, 2009-8-14

경향신문, 「 '담장' 에 갇힌 전자책 '소비자 마음' 읽어라」, 2010-3-15

경향신문, 「 '오보 정정' 인색한 국내 언론들…KBS '미디어 포커스' 분석」, 2008-3-20

경향신문, 「 '트위터 정치' 에 자유를 달라」, 2010-2-18

경향신문, 「구글 공짜뉴스 제한한다 … 하루 5건만 읽기 가능」, 2009-12-3

경향신문, 「김예슬씨 "거대한 적 '대학·국가·자본'에 작은 돌을 던진 것"」, 2010-4-14

경향신문, 「배우 정진영 "전여옥, 연예인 입조심하라는 건가"」, 2009-8-13

경향신문, 「블로거들의 '넷심전심' 정보바다가 나눔바다로」, 2009-6-18

경향신문, 「사이버 망명」, 2009-4-13

경향신문, 「에세이적 글쓰기 '제4 문학'이 떠오른다」, 2008-1-16

경향신문, 「와이파이, 공공재냐 사유재산이냐 논란」, 2010-3-31

경향신문, 「진화하는 지식과 학문 '대중언어'로 소통하다」, 2008-5-30

국민일보, 「국정원 "스마트폰 보안 골치아프네"」, 2010-2-9

국민일보, 「네티즌 '아이폰 수다', 3사 '옴니아 수다' 다 합쳐도 10배」, 2010-2-10

국민일보, 「미술계에 만연한 '주례사 비평'」, 2009-5-24

내일신문, 「'미쳤어' 노래 인용과 저작권 침해」, 2010-2-23

내일신문, 「UCC동영상 배경음악도 저작권 적용」, 2009-7-21

내일신문, 「세계 도서관, 구글 북스 모습 드러내」, 2009-11-6

내일신문, 「이란정부, 구글 Gmail 서비스 영구폐쇄 선언」, 2010-2-12

내일신문, 「전자책 단말기 시장 '꿈틀'」, 2010-2-2

내일신문, 「학습에 있어 텍스트라는 독(毒)」, 2009-11-28

네이버, 「고전읽기의 즐거움」, book.naver.com/bookdb/today_book.nhn?bid=5350155

네이버, 「물에 빠진 아이 구하기」,
book.naver.com/bookdb/today_book.nhn?bid=6056331

네이버, 「어떻게 말하고 어떻게 쓸 것인가」,
book.naver.com/bookdb/today_book.nhn?bid=1593806

네이버, 「인권」, book.naver.com/bookdb/today_book.nhn?bid=5127716

네이버, 글짱이 되려느냐, news.naver.com/main/magazinec/index.nhn?componentId=
393446

네이버, 전자책 관련 정보, news.naver.com/main/hotissue/sectionList.nhn?mid=hot&sid1
=105&gid=431802&cid=269281

네이트, 「저항의 인문학」, book.nate.com/detail.html?sbid=2837916&mode=search

네트워크독서법, book.naver.com/bookdb/today_book.nhn?bid=1925321

노컷뉴스,「'블로그 마케팅' 1인 미디어인가 1인 기업인가」, 2010-2-15

노컷뉴스,「올해 노벨평화상 '인터넷' 에 수여하자」, 2010-2-7

노컷뉴스,「'인터넷 링크' 저작권 침해 아냐」, 2009-12-20

뉴스엔,「'애플의 공습' 한국은 반쪽짜리 IT강국?」, 2010-2-19

뉴시스,「美 국토안보부, 트위터, 구글 등 집중 감시 돌입」, 2010-2-14

뉴시스,「인터넷·휴대폰, 사회관계 더욱 확대 시켜…인간고립 속설 부정」, 2009-11-6

동아이코노미,「"세상을 바꿀 아이패드(iPad)!"」, 2010-1-28

동아일보,「"미네르바, 전형적 짜깁기형 인터넷 정보 재가공에 탁월"」, 2009-1-12

동아일보,「'인터넷소설 '블로그' 넘어야」, 2009-6-12

동아일보,「루저스피릿③ '딴따라' 예술가 강영민의 '루저 論'」, 2010-1-28

디지털타임스,「시맨틱 검색, 이용자 의도 파악 '꿈의 검색' 활짝」, 2009-10-5

매일경제,「구글, 네티즌 오타로만 연간 5억弗 벌어」, 2010-2-18

매일경제,「불법영상 우리 사이트에 올려라」, 2010-2-18

미디어오늘,「"국가기관, 인터넷 게시물 못 막는다"」, 2009-10-22

미디어오늘,「네이버, 6개 언론사에 시정 권고」, 2010-2-18

미디어오늘,「'아이폰 탈옥' 모르면 '디지털 루저'?」, 2010-3-2

미디어오늘,「어느날 내 트위터 계정이 사라진다면?」, 2010-2-8

미디어오늘,「트위터, 새로운 정치수단으로 급속 확산」, 2010-2-10

미디어오늘,「트위터, 언론 사각지대 감시」, 2010-1-21

미디어오늘,「프랑스, 청소년 선택한 신문 1년간 무료지원」, 2010-2-21

미디어오늘,「한국언론 '미군 오폭' 만큼 오보 남발」, 2003-4-3

미즈내일,「파워 블로거가 돈 버는 방법 5가지」

버즈,「국내 포털, 사회적 책임 크다」, 2010-2-3

버즈,「대한민국에 성공한 웹 2.0 서비스가 없는 이유?」, 2009-8-11

버즈,「인터넷과 웹의 차이는?」, 2009-11-18

버즈,「정직해서 속이기 쉬운 기계 '검색 로봇'」, 2009-10-9

버즈,「트위터 분석해보니 '40%가 잡담'」, 2009-8-19

버즈, 「한국서 전업 블로거 탄생하려면?」, 2009-8-24

부산일보, 「태양광 아래서도 가독 탁월 흑백 전자잉크 눈 피로 덜해」, 2010-4-3

브레인, 「네트워크는 한 명의 천재보다 똑똑하다」, vol.20

블로터닷넷, 「2010년에는 고민 좀 하고 삽시다」, 2010-1-1

블로터닷넷, 「20대 젊은 예술가들의 당돌한 선언… "맘대로 퍼가세요"」, 2010-5-1

블로터닷넷, 「PC 이후의 시대: 소셜 웹이다」, 2010-4-8

블로터닷넷, 「구글, 페이스북 견제하나…G메일에 SNS 기능 추가」, 2010-2-9

블로터닷넷, 「구글과 이통사, 미묘한 긴장감 감돈다」, 2010-2-18

블로터닷넷, 「기자가 본 온라인 저널리즘, "뉴스 공급자주의 관점 벗어야"」, 2010-2-24

블로터닷넷, 「네이버 카페 vs. 다음 카페」, 2009-11-12

블로터닷넷, 「다음 뉴스, 블로그 검색, "빠르게, 정확히, 한눈에"」, 2010-2-22

블로터닷넷, 「레드햇 CEO, "오픈소스 협력 혁신 프로그램 시작한다"」, 2009-11-12

블로터닷넷, 「모든 것을 기록하고 보관한다」, 2010-3-15

블로터닷넷, 「블로그 vs 트위터」, 2009-11-12

블로터닷넷, 「세이클럽, 트위터 · 메신저 · 블로그와 '통' 한다」, 2009-10-21

블로터닷넷, 「소셜 마이크로페이먼트, 우리가 우리를 살찌게 하자」, 2010-2-16

블로터닷넷, 「신문 · 잡지, 아이패드에 미래를 걸다」, 2010-3-15

블로터닷넷, 「웹2.0에 대한 오만과 편견」, 2009-11-27

블로터닷넷, 「위키노믹스: 웹 2.0이라는 유령」, 2010-1-29

블로터닷넷, 「이글루스 · 싸이블로그에 광고 붙여볼까」, 2010-2-18

블로터닷넷, 「페이스북이 그리는 '웹의 개인화'」, 2010-4-23

블로터닷컴, 「나는 소셜 미디어를 의심한다」, 2009-12-1

서울경제, 「창조는 상황을 다르게 보는데서 출발」, 2010-5-21

서울신문, 「"아직 아마추어…네트워크에 특히 둔감" ⑧」, 2009-7-28

서울신문, 「EBS 저작권강화 누구 위한 것?」, 2010-4-10

서울신문, 「美 킨들보다 휴대성 탁월… 깜박이는 화면 거슬려」, 2010-4-10

서울신문, 「블로거로 성공하기 위한 필수요소 '열정과 끈기' ⑦」, 2009-7-25

서울신문, 「유럽의회에 당당히 발 들여놓는 스웨덴 '해적당'」, 2009-6-8

서울신문, 「평전 출판의 매력이란」, 2007-2-24

세계일보, 「"한국, 소리없는 인터넷 검열국가"」, 2009-3-25

세계일보, 「블로거는 기자인가 아닌가?」, 2010-2-22

세계일보, 「인터넷이 인간관계 약화시킨다고?」, 2009-11-6

시사IN, 「소셜 네트워크 서비스의 놀라운 힘」, 2010-4-24

시사IN, 「제2의 트위터 탄생 막는 시대착오적인 규제」, 2010-3-27

아시아경제, 「"구글이 애플에 질 수밖에 없는 이유"」, 2010-3-26

아시아경제, 「"아마존에 웬 지적재산권?"… '아마존의 눈물' 제작진 분노」, 2010-2-18

아시아경제, 「'1만 트윗' 박용만 회장, '어록'도 인기」, 2010-6-5

아시아경제, 「구글이 애플보다 무서운 이유」, 2010-2-25

아시아경제, 「끝나지 않은 '손담비 UCC' 논란」, 2010-2-19

아시아경제, 「목매던 가상인연 '목매기'」, 2010-2-24

아시아경제, 「안철수 교수 "한국에서 구글 탄생 못 하는 이유는…"」, 2009-10-26

아이뉴스24, 「"NHN, 숨은검색으로 도전"」, 2010-2-26

아이뉴스24, 「NHN 고공비행 어디까지?」, 2010-1-28

아이뉴스24, 「구글 메일, 트위터 사냥 나선다」, 2010-2-9

아이뉴스24, 「美, 인터넷 지배권 일정 부분 포기」, 2009-10-1

아이뉴스24, 「블로그 수익모델, '일반 네티즌'으로 파고든다」, 2006-7-16

아이뉴스24, 「언론을 '캐스팅'하는 네이버」, 2009-10-25

아이뉴스24, 「저작권 DNA 필터링 시장 "아직은 잠잠"」, 2009-5-17

아이뉴스24, 「프랑스, "구글·아마존에 문화 잠식 거부"」, 2009-10-20

연합뉴스, 「"내 글은 역사의 기록 아닌 보완의 의미"」, 2010-5-17

연합뉴스, 「④출판.. '저작권 보호'」, 2007-12-16

연합뉴스, 「구글 '스트리트뷰'서 개인정보 수집돼」, 2010-5-15

연합뉴스, 「연암에게 배우는 독서의 기술」, 2010-5-20

오마이뉴스, 「"한국은 직접민주주의 할 수 있는 유력한 국가"」, 2009-6-11

오마이뉴스, 「"美 전자책 1년새 2배 성장… 5년 뒤엔 최소 25%는 차지"」, 2009-11-20

오마이뉴스, 「내 블로그가 좋은 미디어가 되려면」, 2008-1-29

오마이뉴스, 「요리사 꿈꾸던 공지영, 다시 펜 잡은 까닭」, 2010-1-22

오마이뉴스, 「이외수 "미네르바는 진실 유포죄, 가방 끈 짧은 죄"」, 2009-1-14

오마이뉴스, 「전자책 담론, 음악은 잊어줘…답은 애플에」, 2010-1-22

이데일리, 「LGD, 신문 크기 전자종이 개발」, 2010-1-14

전자신문, 「'Googled(구글당하다)'의 의미」, 2010-3-6

전자신문, 「e북, 소비자 지갑 활짝 연다」, 2009-10-7

전자신문, 「NHN, 학술논문 정보 100만건 무료 개방」, 2009-12-17

전자신문, 「구글 "소송·규제 때문에 골치 아파요"」, 2010-4-9

전자신문, 「구글, 'e북 서점' 내년 문연다」, 2009-10-19

전자신문, 「국내 전자책 시장이 비관적인 이유」, 2010-2-5

전자신문, 「국내 '한줄 블로그' 인기 밑줄 쫙~」, 2009-6-23

전자신문, 「美 도서관, 종이책에서 e북 시대로」, 2009-10-16

전자신문, 「방향잃은 구글 '디지털 도서관'」, 2010-2-22

전자신문, 「웹2.0, 이제 藝術이 되다」, 2009-8-24

전자신문, 「인터넷 규제 공백 파고드는 '해커' 활개」, 2010-2-23

전자신문, 「중국 이어 유럽서도 수난 겪는 '구글'」, 2010-2-3

전자신문, 「지하철에서 'e북' 빌려 본다」, 2010-2-8

전자신문, 「책의 진화」, 2009-10-1

전자신문, 「콘텐츠 불법복제 단속 '음악에만 편중'」, 2009-10-14

전자신문, 「트위터 규제 반대 모꼬지 열린다」, 2010-3-2

전자신문, 「페이스북, 얼굴을 '확' 바꿨다!」, 2010-4-23

전자신문, 「힘얻는 '저작권 공정이용'」, 2009-10-6

주간한국, 「아날로그 글쓰기의 세 가지 방법」, 2009-9-16

중앙일보, 「지식인을 경계하라」, 2009-6-9

지디넷코리아, 「'역시 구글'…3분기 16억불 순익」, 2009-10-16

지디넷코리아, 「구글버즈의 거대한 실험이 성공할까」, 2010-2-12

지디넷코리아, 「인문학의 눈에 비친 디지털」, 2010-1-31

지디넷코리아, 「전세계 인터넷접속 수준… 최고 3국, 최악 3국은?」, 2010-4-21

지디넷코리아, 「포털사진검색 상세보기 '저작권 침해' 판결」, 2009-8-31

침묵의 나선, http://blog.naver.com/minu33/120029259502

코리안클릭, 「미투데이와 트위터의 성장」, 제176-2호

투데이코리아, 「언론의 오보, 이대로 괜찮은가」, 2009-12-28

파이낸셜뉴스, 「구글 "개방 시스템이 결국은 승리"」, 2010-1-27

파이낸셜뉴스, 「구글, 지메일 기반 소셜네트워크 개시」, 2010-2-10

파이낸셜뉴스, 「일반 휴대폰도 '무선인터넷' 가능」, 2009-10-23

프레시안, 「"나는 회색인…공동체 외면하는 그들은 비겁하다"」, 2009-12-2

프레시안, 「"이런 '족벌 언론' 이라면 한 번 가져보고 싶다"」, 2009-4-18

프레시안, 「노무현 · 이명박 낳은 '괴물' 은 어떻게 탄생했나?」, 2009-12-19

프레시안, 「美 언론 "한국도 중국 같은 인터넷 검열국"…나라 망신!」, 2009-4-23

프레시안, 「한국에도 파시스트 대중운동이 오는가」, 2009-6-29

프레시안, 「혹시 당신도 '트위터' 중독?」, 2010-2-21

한겨레, 「'IT 한국' 진화 대신 고립 택하나」, 2010-4-15

한겨레, 「'구글 vs 애플' 디지털 맞수의 패권경쟁…술렁이는 디지털 생태계」, 2010-2-24

한겨레, 「'대필' 보다 위대한 내가 쓰는 자서전」, 2009-10-9

한겨레, 「'문학적 리믹스' 창작과 표절의 경계를 묻다」, 2010-3-11

한겨레, 「② 전문가 뺨치는 네티즌」, 2010-2-25

한겨레, 「구글 "적이 아니라 협력자" 통신사 구슬리기」, 2010-2-18

한겨레, 「낙선작가여, 문단 버리고 세상을 공략하라」, 2009-8-21

한겨레, 「디지털, 출판의 미래 바꾼다」, 2009-10-16

한겨레, 「인터넷 정보통제 비웃는 '소통의 기술'」, 2009-6-30

한겨레, 「작가를 부탁해!」, 2009-4-24

한겨레, 「저항의 글쓰기」, 2010-4-15

한겨레, 「정부, 전자출판에 600억 지원」, 2010-4-26

한겨레, 「참된 것을 위한 거짓의 의미는」, 2009-7-10

한겨레21, 「누가 한국 이메일을 믿겠나」, 제770호

한국경제, 「네이트 '질주' …검색 판도 바뀌나」, 2010-1-25

한국경제, 「美 블로그로 먹고 사는 사람 45만명」, 2009-4-21

한국경제TV, 「"지재권 확보가 곧 경쟁력"」, 2010-2-10

한국일보, 「〈3〉 출판계의 게릴라, 1인 출판사」, 2009-11-4

한국일보, 「견제 받지 않는 언론권력, 사회의 희망마저 꺾는다」, 2009-7-2

한국일보, 「그들의 독서엔 뭔가 특별한 것이 있다」, 2009-8-3

한국일보, 「블로그」, 2004-1-6

한국일보, 「블룩(blook), 출판 권력 재편하나」, 2009-6-17

한국일보, 「삼성전자 '컬러 전자종이' 개발한다」, 2010-5-18

한국일보, 「인터넷은 문학을 바꿀 수 있을까?」, 2009-6-23

한국일보, 「한국사회, 긴 호흡의 담론을 허(許)하라」, 2009-9-11

헤럴드경제, 「안철수 "성공하려면 'A자형 인재' 돼야"」, 2010-2-19

웹시대의 지성

1쇄 인쇄 2010년 6월 16일
1쇄 발행 2010년 6월 25일

지은이 이원희
펴낸곳 도서출판 **말글빛냄** · **인쇄** 삼화인쇄(주)
펴낸이 박승규 · **마케팅** 최윤석 · **디자인** 진미나
주소 서울시 마포구 서교동 463-3 성화빌딩 5층
전화 325-5051 · **팩스** 325-5771 · **홈페이지** www.wordsbook.co.kr
등록 2004년 3월 12일 제313-2004-000062호
ISBN 978-89-92114-56-1   03190
가격 16,500원

*잘못된 책은 바꾸어 드립니다.